U0900861

根与魂的对话

——从『第一个结合』到『第二个结合』

主　编　孔繁轲
副主编　冷兴邦　郑敬斌　韩　冰

学习出版社

图书在版编目（CIP）数据

“根”与“魂”的对话：从“第一个结合”到“第二个结合”/孔繁轲主编. -- 北京：学习出版社，2024.4

ISBN 978-7-5147-1254-4

Ⅰ. ①根… Ⅱ. ①孔… Ⅲ. ①马克思主义—发展—研究—中国 Ⅳ. ①D61

中国国家版本馆CIP数据核字（2024）第020135号

“根”与“魂”的对话

“GEN” YU “HUN” DE DUIHUA

——从“第一个结合”到“第二个结合”

孔繁轲　主编

责任编辑：李紫薇
技术编辑：刘　硕

出版发行：学习出版社
北京市崇外大街11号新成文化大厦B座11层（100062）
010-66063020　010-66061634　010-66061646
网　　址：http://www.xuexiph.cn
经　　销：新华书店
印　　刷：北京联兴盛业印刷股份有限公司

开　　本：710毫米×1000毫米　1/16
印　　张：22.25
字　　数：267千字
版次印次：2024年4月第1版　2024年4月第1次印刷

书　　号：ISBN 978-7-5147-1254-4
定　　价：98.00元

如有印装错误请与本社联系调换，电话：010-67081356

"根"的坚守 "魂"的引领

"在新的起点上继续推动文化繁荣、建设文化强国、建设中华民族现代文明，是我们在新时代新的文化使命。"[①]2023年6月2日，习近平总书记在文化传承发展座谈会上发表重要讲话，站在党和国家事业发展全局的战略高度，聚焦铸就社会主义文化新辉煌的时代责任，对关乎中华文化传承发展的一系列重大理论和现实问题进行了深入阐释，对新时代文化使命作出了鲜明界定。"建设中华民族现代文明"，既是一个古老中国的样态更新，也是一个灿烂文明的生命延续。面对新的文化使命，人们不禁思考：中华文明从何而来？又将走向何方？答案就在"两个结合"的理论创新与磅礴实践中——"把马克思主义基本原理同中国具体实际、同中华优秀传统文化相结合是必由之路"[②]。中华民族之所以能够历经挫折而

① 习近平：《在文化传承发展座谈会上的讲话》，人民出版社2023年版，第10页。

② 习近平：《在文化传承发展座谈会上的讲话》，人民出版社2023年版，第5页。

生生不息，中华文明之所以能历经苦难而绵延永续，根本就在于“马克思主义之魂”与“中华优秀传统文化之根”的指导、滋养与支撑。

马克思主义是中华民族从苦难走向辉煌的强大魂魄。我们党的历史，既是一部推进马克思主义中国化、不断丰富和发展马克思主义的历史，也是一部运用马克思主义理论认识和改造中国的历史。中国共产党为什么能，中国特色社会主义为什么好，归根到底是马克思主义行，是中国化时代化的马克思主义行。在中国共产党百余年的发展历程中，在马克思主义基本原理同中国具体实际相结合的实践创新中，马克思主义始终彰显着无与伦比的真理伟力。面对山河破碎、国弊民穷的凋零景象，中国人民在漫长黑暗中上下求索，寻找一条救亡图存的发展之路。何去何从？随着地主阶级的改良之路、资产阶级的共和之路相继失败，中国人民心怀愤懑却又无计可施、苦苦寻找却又求路无门，在无助迷茫之时，俄国十月革命的一声炮响给中国人民送来了光明。马克思主义犹如普罗米修斯手中的火种，燃烧于中华民族救亡图存的火热实践里，点燃了古老中国的新希望。

在新民主主义革命时期，中国共产党把马克思主义基本原理同中国革命斗争的具体实际相结合，从中国的历史状况和社会状况出发，深入研究中国革命的特点和规律，形成了新民主主义革命理论，实现了中国从几千年封建专制政治向人民民主的伟大飞跃；在社会主义革命和建设时期，中国共产党把马克思主义基本原理同中国建设的具体实际相结合，得出了一系列关于社会主义建设的重要认识，实现了一穷二白、人口众多的东方大国大步迈进社会主义社会的伟大飞跃；在改革开放和社会主义现代化建设新时期，中国共产党把马克思主义基本原理同中国改革的具体实际相结合，实现了人民生活从温饱不足到总体小康、奔向全面小康的历史性跨越，推进了中华民族从站起来到富起来的伟大飞跃；在中国特色社会主义新时代，中国共产党把马克思主义基本原理同新时代的具体实际相结合，实现了千年小康梦，迈向全面建设社会主义现代化国家的新征程，中华民族迎来了从站起来、富起来到强起来的伟大飞跃。

中华民族伟大复兴之路是在马克思主义指导下走出来的，也是从5000多年中华文明史中走出来的。“求木之长者，必固其根本；欲流之远者，必浚其泉源”。历史和实践雄辩地证明了，马克思主义是颠扑不破的真理，联结着实现中华民族伟大复兴的光辉未来。但是，要想充分有效发挥马克思主义的指导作用，我们必须扎根本民族历史文化沃土，寻找流淌在中华民族血液中的文化基因，把准马克思主义得以生存发展、中华民族得以复兴的悠悠文脉。

中华优秀传统文化是中华民族屹立不倒的深厚根脉。文化是一个民族最璀璨的星辰，是民族生存和发展的重要力量，没有中华文化繁荣兴盛就没有中华民族伟大复兴。“只有立足波澜壮阔的中华五千多年文明史，才能真正理解中国道路的历史必然、文化内涵与独特优势。”[①] 绵延不断、源远流长的中华文明，从根本上决定了中华民族走自己的路的必然性；革故鼎新、辉光日新的中华

① 习近平：《在文化传承发展座谈会上的讲话》，人民出版社2023年版，第5页。

文明，决定了中华民族不惧新挑战、勇于接受新事物的无畏品格；多元一体、团结集中的中华文明，决定了中华民族始终维护国家统一的坚定信念；美美与共、和谐共生的中华文明，决定了中华民族兼收并蓄的开放胸怀；讲信修睦、亲仁善邻的中华文明，决定了中华民族坚持合作共赢的交往之道……中华民族几千年来沉淀下来的思想观念、精神特质、民族品格，使中国特色社会主义道路有着牢固的历史根基，使中华民族现代文明建设有着深厚的文化底蕴。

马克思主义与中华优秀传统文化的发展从来不是两条平行线，而是始终交叉融合、携手共进、互相成就。党的十八大以来，以习近平同志为核心的中国共产党人坚持把马克思主义同中华优秀传统文化相结合，使马克思主义与中华优秀传统文化在中华民族伟大复兴的时代征程上相映生辉。我们党从“天下为公”与“实现全人类解放”的结合中，升华出“构建人类命运共同体”的伟大设想；从“道法自然”与“人与自然和谐共生”的结合中，凝结出“绿水青山就是金山银山”的生态文明理念；从“天行健，君子以自强不息”与“事物是永恒发展”的结合中，塑造“发扬斗争精神”的顽强拼搏信念；从“民惟邦本，本固邦宁”与“人民群众是社会历史的创造者”的结合中，提炼出“坚持人民至上”的治国理政智慧……掌握真理，扎根文脉；哲思往昔，憧憬未来。中国共产党致力于推动中华优秀传统文化与马克思主义的相遇相知、相融相通，使马克思主义充盈着日益浓郁的中国特色，使中华优秀传统文化焕发出亮丽的时代风采，并在新时代中国绽放出了新的生命力。

这是一场坚持马克思主义为指导并不断开辟马克思主义中国化时代化的铸魂之行；这是一场传承中华优秀传统文化基因并不断以时代精神激活中华优秀传统文化生命力的守根之旅。从追寻马克思主义真理之光到根植中华优秀传统文化之脉，中国共产党铸魂守根，始终坚持把马克思主义基本原理同中国具体实际、同中华优秀传统文化相结合，奏响一曲曲真理悠扬的文明发展乐章，上演一场场遥隔时空的文明传承对话……

在中华民族从站起来、富起来到强起来的历史跨越脉动中，“根”与“魂”的对话始终在继续、在回荡。正是有了“根”的坚守、“魂”的引领，建设中华民族现代文明的步伐才越发铿锵坚定。

编 者

2023 年 12 月

目录

CONTENTS

4 “第一个结合”：从百年历史中走来

5 “第二个结合”：文化的契合与自信

6 “两个结合”：取得成功的最大法宝

7 新的文化使命：建设中华民族现代文明

1

“两个结合”：一个重大理论创新

中国共产党是一个高度重视理论创新的马克思主义政党。坚持和发展马克思主义，不断推进马克思主义中国化时代化，是我们党自成立以来始终探索并实践的重大课题。习近平总书记深刻总结党的理论创新经验，在党的二十大报告中明确指出：“中国共产党人深刻认识到，只有把马克思主义基本原理同中国具体实际相结合、同中华优秀传统文化相结合，坚持运用辩证唯物主义和历史唯物主义，才能正确回答时代和实践提出的重大问题，才能始终保持马克思主义的蓬勃生机和旺盛活力。”[①]“两个结合”的重大科学论断，高度凝结了中国共产党百余年历史实践经验，深刻阐明了中国共产党理论创新的规律，把对马克思主义的认识推进到新高度，为不断开辟马克思主义中国化时代化新境界提供了根本路径。

一、中国历史实践经验的智慧结晶

“两个结合”是中国共产党历史实践经验的深刻把握和时代总结。2021 年，在中国共产党成立 100 周年庆祝大会上，习近平总书记首次提出“两个结合”的重大论断，但“两个结合”的实践却贯穿于马克思主义中国化时代化的整个历史进程。

1840 年鸦片战争以后，中国逐步沦为半殖民地半封建社会，国

① 习近平：《高举中国特色社会主义伟大旗帜　为全面建设社会主义现代化国家而团结奋斗——在中国共产党第二十次全国代表大会上的报告》，人民出版社 2022 年版，第 17 页。

家蒙辱、人民蒙难、文明蒙尘，中华民族遭受了前所未有的劫难。从那时起，争取民族独立与人民解放、国家富强与人民富裕成为中国人民的历史任务，实现中华民族伟大复兴成为全民族最伟大的梦想。

为了拯救民族危亡，中国人民奋起反抗，仁人志士奔走呐喊，太平天国运动、戊戌变法、义和团运动、辛亥革命接连而起，改良派、维新派、革命派相继登场，各种救国方案轮番出台，但都以失败告终。中国迫切需要新的思想引领救亡运动，迫切需要新的组织凝聚革命力量。

1917 年，俄国十月革命一声炮响，给中国送来了马克思列宁主义。此后，中国共产党领导中国人民在完成两大历史任务、实现伟大梦想的百余年实践斗争中，进一步深化了对恩格斯“马克思的整个世界观不是教义，而是方法。它提供的不是现成的教条，而是进一步研究的出发点和供这种研究使用的方法”[①]这一科学论断的理解，逐渐学会了“用无产阶级的宇宙观作为观察国家命运的工具，重新考虑自己的问题”[②]。中国共产党在推动马克思主义中国化时代化的过程中，运用“两个结合”创造了中国化的马克思主义，实现了马克思主义中国化新的飞跃，不断取得革命、建设和改革事业伟大胜利。

（一）马克思主义早期传播者对“结合”的初步探索

19 世纪末 20 世纪初，马克思主义在中国传播伊始，中国人民便开始了把马克思主义同中国具体实际、同中华优秀传统文化结合起来的初步尝试，但并未取得成功。其中的代表人物有改良派的梁启超、

① 《马克思恩格斯文集》第 10 卷，人民出版社 2009 年版，第 691 页。
② 《毛泽东选集》第 4 卷，人民出版社 1991 年版，第 1471 页。

革命派的朱执信以及中国社会党人王淄尘等。1904 年 2 月，梁启超在《中国之社会主义》一文中把社会主义与中国古代的井田制联系起来，认为“中国古代井田制度，正与近世之社会主义同一立脚点，近人多能言之矣”①。尽管梁启超错误地把马克思主义同中国古代的井田制相提并论，但这无疑也是把马克思主义与中国传统文化“结合”的一种表现。1905 年 11 月，朱执信在《民报》发表《德意志社会革命家小传》，对《共产党宣言》《资本论》以及阶级斗争学说作了介绍，试图将马克思主义“介绍于吾同胞”“所期者数子之学说行略，溥遍于吾国人士脑中，则庶几于社会革命犹有所资也”。② 可以说，朱执信主观上已经有了用马克思主义武装中国人头脑、为中国社会革命提供参考的意图，这同样可视为把马克思主义同中国具体实际相结合的一种尝试。1912 年 6 月，王淄尘在《新世界》杂志刊载《社会主义大家马尔克之学说》一文，指出“马尔克者，不啻全世界之造时势者，而万国社会党之共产党宣言书又不啻二十世纪社会革命之引导线，大同太平新世界之原动力也”。他要“将马尔克之行义、之学说绍介于吾同党、吾同胞，知所信从而知所则效矣”③，使中国人在思想上信仰，在行动上实行，以期达到实践效果。这也是立足中国具体实际来理解并运用马克思主义的一种尝试。

由此可以看出，在早期传播阶段，中国人民就已试图把马克思主义同中国当时社会状况、与中国传统文化相联系，并提出要将其运用于中国的革命实践。但由于早期传播者并未确立马克思主义信仰，对马克思主义的理解也只是流于表面，因而“结合”也就不可能真正实现。

① 梁启超：《中国之社会主义》，《新民丛报》第 46、47、48 号合刊，1904 年 2 月 24 日。
② 势伸：《德意志社会革命家小传》，《民报》第 2 号，1905 年 11 月。
③ 煮尘：《社会主义大家马尔克之学说》，《新世界》第 2 期，1912 年 6 月。

（二）中国共产党人对“两个结合”的艰辛实践

新民主主义革命时期，如何运用马克思列宁主义“普遍”原理来解决中国这个半殖民地半封建国家的“特殊”问题，带领中国革命走向胜利，即如何做好“把马克思主义基本原理同中国具体实际相结合、同中华优秀传统文化相结合”成为革命的首要问题。对“两个结合”这个问题的回答，中国共产党人进行了更为艰辛的实践探索。

早期共产党人在传播马克思主义过程中，一开始就有了“两个结合”的自觉意识。1917 年十月革命一声炮响给我们送来了马克思列宁主义。1919 年的五四运动推动了马克思列宁主义在中国的传播。李大钊提出，“要坚持以马克思主义为指导，来回答和解决中国的现实问题”①。毛泽东仔细分析十月革命，认为俄国取得成功的原因就在于“列宁之以百万党员，建平民革命的空前大业，扫荡反革命党，洗刷上中阶级，有主义（布尔失委克斯姆），有时机（俄国战败），有预备，有真正可靠的党众，一呼而起，下令于流水之原，不崇朝而占全国人数十分之八九的劳农阶级，如响斯应。俄国革命的成功，全在这些处所”②。针对中国实际，他指出，“中国如有澈底的总革命，我也赞成，但是不行（原因暂不说）。所以中国的事，不能由总处下手，只能由分处下手”③。1920 年 8 月，蔡和森结合中国实际，提出“先要组织党——共产党……以中国现在的情形看来，须先组织他，然后工团、合作社，才能发生有力的组织”后，又直接提出要“明目张胆正

① 《五四运动文选》，生活·读书·新知三联书店 1979 年版，第 305 页。

② 《毛泽东年谱》（一八九三——一九四九）修订本上册，中央文献出版社 2013 年版，第 63 页。

③ 《毛泽东早期文稿（1912 年 6 月—1920 年 11 月）》，湖南人民出版社 2008 年版，第 456、457 页。

式成立一个中国共产党”[①]。可以说，中国共产党就是马克思列宁主义同中国工人运动“相结合”的产物。

在建党之初和大革命时期，中国共产党人关于“两个结合”的探索取得一系列成果。中国共产党自成立起，就把马克思列宁主义作为观察国家命运的工具，虽然这时既没有对“结合”作出明确表述，也没有提出为什么要“结合”和如何“结合”的理论，但实际上从此就开始了把马克思主义同中国具体实际相结合的探索。这种探索，既是运用马克思主义观察和研究中国实际的认识活动，又是以这种认识为指导开展革命运动、改变中国的实践活动，是实践和认识相统一的过程。例如，1922 年 6 月，陈独秀在《对于现在中国政治问题的我见》中对中国半殖民地半封建社会的国情进行了深刻揭露；毛泽东在《中国社会各阶级的分析》中，运用阶级分析方法，对中国社会各阶级的状况及其对革命的态度等做了较完整分析；邓中夏提出了关于“工人阶级是革命主力军和领袖”的论断，深刻分析了中国革命的力量所在[②]；陈独秀在《中国农民问题》、李大钊在《土地与农民》、毛泽东在《湖南农民运动考察报告》等文章中对农民在中国革命中的作用进行了相关阐释。

土地革命战争时期，中国共产党人努力做到“两个结合”，形成了马克思主义中国化的基本理论，并进行了艰辛实践。大革命失败后，八七会议强调武装斗争和无产阶级领导权的重要性，在这一时期，以毛泽东同志为主要代表的中国共产党人，在井冈山的斗争和红军长征的过程中，立足中国具体实际和历史文化特点，逐渐认识到了

① 《蔡和森文集》，人民出版社 1980 年版，第 51、71 页。
② 《邓中夏文集》，人民出版社 1983 年版，第 42、98、101 页。

推动马克思主义中国化的重要性和紧迫性。毛泽东强调思想建党、政治建军，确立了党对军队绝对领导的原则；创立农村包围城市、武装夺取政权的中国革命道路理论；深入开展调查研究，深刻批评错误思想，初步形成实事求是、群众路线、独立自主的思想内核以及毛泽东思想的理论框架，从理论和实践相结合的角度对推动马克思主义中国化做出了一系列探索。

经典文献

在中央紧急会议上的发言[①]

（一九二七年八月七日）

国际代表报告的全部是很重要的。第一，国民党问题在吾党是很长久的问题，直到现在还未解决。首先是加入的问题，继又发生什么人加入，即产业工人不应加入的问题。实际上不仅产业工人，即农民都无决心令其加入。当时大家的根本观念都以为国民党是人家的，不知它是一架空房子等人去住。其后像新姑娘上花轿一样勉强挪到此空房子去了，但始终无当此房子主人的决心。我认为这是一大错误。其后

① 这是毛泽东一九二七年八月七日在汉口举行的中共中央紧急会议（八七会议）上的一次发言。一九二七年四月和七月，蒋介石和汪精卫相继背叛孙中山所决定的国共合作政策和反帝反封建政策，残酷屠杀共产党人和革命人民，第一次国内革命战争归于失败。八七会议在中国革命的这个紧急关头，坚决地纠正了和结束了陈独秀的右倾投降主义，确定了实行土地革命和武装反抗国民党反动派屠杀政策的总方针。

有一部分人主张产业工人也加入，闻湖北亦有此决定，但仅是纸上空文，未能执行。过去群众中有偶然不听中央命令的抓住了国民党的下级党部，当了此房子的主人翁，但这是违反中央意思的。直到现在，才改变了策略，使工农群众进国民党去当主人。第二，农民问题。农民要革命，接近农民的党也要革命，但上层的党部则不同了。当我未到长沙之先，对党完全站在地主方面的决议无由反对，及到长沙后仍无法答复此问题，直到在湖南住了三十多天，才完全改变了我的态度。我曾将我的意见在湖南作了一个报告，同时向中央也作了一个报告，但此报告在湖南生了影响，对中央则毫无影响。广大的党内党外的群众要革命，党的指导却不革命，实在有点反革命的嫌疑。这个意见是农民指挥着我成立的。我素以为领袖同志的意见是对的，所以结果我未十分坚持我的意见。我的意见因他们说是不通于是也就没有成立，于是党的意见跟着许克祥走了。甚可怪的，唐军还仅承认只有八处军官家庭被毁，我党反似乎承认不知有多少军官家庭被毁。总之，过去群众对于党的领导的影响太少。第三，对军事方面，从前我们骂中山专做军事运动，我们则恰恰相反，不做军事运动专做民众运动。蒋、唐都是拿枪杆子起的，我们独不管。现在虽已注意，但仍无坚决的概念。比如秋收暴动非军事不可，此次会议应重视此问题，新政治局的常委要更加坚强起来注意此问题。湖南这次失败，可说完全由于书生主观的错误，以后要非常注意军事。须知政权是由枪杆子中取得的。第四，组织问题。以后上级机关应尽心听下级的报告，然后才能由不革命的转入革命的。

——《毛泽东文集》第1卷，人民出版社1993年版，第46—47页

尽管有诸多理论成果，但这个历史时期，我们党并没有彻底解决“坚持什么样的马克思主义”和“怎样坚持马克思主义”这两个重大问题，不可避免地犯了主观主义、教条主义错误，因此在实践中困难重重，甚至遭遇严重挫折。尤其是以王明为代表的“左”倾教条主义，把马克思主义教条化、俄国革命经验神圣化、共产国际指示至尊化，把马克思主义同中国具体实际和中国历史传统作了“硬性结合”，而不是自主的、贯通的有机结合，几乎葬送了中国革命。挫折与磨难使中国共产党人逐步确立起把马克思主义基本原理同中国具体实际相结合、同中华优秀传统文化相结合的清醒认识和思想自觉。1935年1月，开始确立了以毛泽东同志为主要代表的马克思主义正确路线在党中央的领导地位。从此，“两个结合”步入了正确的历史轨道。

抗日战争和解放战争时期，“两个结合”理论与实践得到极大推进。1936年，艾思奇的《大众哲学》运用生动具体的事例、比喻、典故，结合中华传统文化中耳熟能详的内容，成功运用“中国话语”将马克思主义哲学原理用通俗易懂的方式表达出来，有效推动了马克思主义在中国的传播、理解和运用。毛泽东在1938年10月《论新阶段》中总结党的历史经验时首次提出“马克思主义中国化”的重大命题和历史任务，指出“马克思主义必须和我国的具体特点相结合并通

过一定的民族形式才能实现”，“使马克思主义在中国具体化，使之在其每一表现中带着必须有的中国的特性，即是说，按照中国的特点去应用它”，“代之以新鲜活泼的，为中国老百姓所喜闻乐见的中国作风和中国气派”①。这实际上内在地要求马克思主义基本原理同中国具体实际相结合、同中华优秀传统文化相结合，实现马克思主义的“民族化”“具体化”，这是推进马克思主义中国化核心的、根本的要求。之后，经过延安整风运动的思想洗礼，全党的马克思主义理论水平得到极大提高，“第一个结合”原则逐步成为全党共识，形成了关于“结合”的理论。这一时期尽管没有明确提出“两个结合”的科学论断，但“两个结合”的精神实质已初步形成并得以实践。在实践上取得了新民主主义革命的胜利，在理论上也使得马克思主义深入人心，产生了毛泽东思想这一重大理论成果。党的七大通过的党章明确规定：“中国共产党，以马克思列宁主义的理论与中国革命的实践之统一的思想——毛泽东思想，作为自己一切工作的指针。”从此，把马克思主义基本原理同中国具体实际相结合，成为中国共产党人高度自觉的理性行为。可以看出，关于“结合”的探索是一个“日益结合”的过程，是一个持续进行、不断发展的“结合”过程，是一个不断从经验上升为理论、从感性认识上升到理性认识的过程。

（三）中国共产党人对“两个结合”的曲折发展

在社会主义革命和建设时期，如何顺利实现由新民主主义社会向社会主义社会的过渡，并在此基础上探索一条适合中国具体实际的社会主义道路，成为党的中心工作。面对千疮百孔、百废待兴、思想封

① 《毛泽东选集》第2卷，人民出版社1991年版，第534页。

闭的社会现实，面对建设社会主义的艰巨任务，我们党紧紧围绕马克思主义中国化“第二次结合”，进行了一系列有益的探索，形成了过渡时期总路线、《论十大关系》和《关于正确处理人民内部矛盾的问题》等理论创新成果，并在这些成果的指导下成功推进了社会主义改造的基本完成，初步总结了我国社会主义建设的经验，顺利实现了社会主义建设的良好开局。

这一历史时期，中国共产党团结带领中国人民，自力更生、发愤图强，创造了社会主义革命和建设的伟大成就。我们进行社会主义革命，消灭在中国延续几千年的封建剥削压迫制度，确立社会主义基本制度，推进社会主义建设，战胜帝国主义、霸权主义的颠覆破坏和武装挑衅，实现了中华民族有史以来最为广泛而深刻的社会变革，实现了一穷二白、人口众多的东方大国大步迈进社会主义社会的伟大飞跃，为实现中华民族伟大复兴奠定了根本政治前提和制度基础。这一历史时期进一步推动了马克思列宁主义同中国具体实际、同中国历史文化相结合，进一步丰富和发展了马克思主义中国化第一个理论成果——毛泽东思想，实现了马克思主义中国化“第一次历史性飞跃”。但是，社会主义建设的良好开端并没有得以很好地坚持和继续，相反却出现反右派斗争扩大化、“大跃进”、“反右倾”斗争以及“文化大革命”，根本原因在于背离了我们党一切从实际出发、实事求是的优良传统，背离了“两个结合”的思想，出现了一些脱离实际、超越阶段的主观主义的思想和做法，其中许多是对马克思主义的片面理解和教条化，再加上党对领导社会主义建设实践经验不足，把过去的成功经验教条化、绝对化，把过去群众性斗争的旧方法和旧经验进行照搬，致使党的事业遭受严重挫折。这一历史时期正反两方面的经验教训，充分证明了“两个结合”的极端重要性。

（四）中国共产党人对“两个结合”的全面展开

改革开放和社会主义现代化建设新时期，如何加快社会主义经济建设，提高人民生活水平成为党的中心工作。这一历史时期，中国共产党团结带领中国人民，解放思想、锐意进取，创造了改革开放和社会主义现代化建设的伟大成就。我们实现了新中国成立以来党的历史上具有深远意义的伟大转折，确立党在社会主义初级阶段的基本路线，坚定不移推进改革开放，战胜来自各方面的风险挑战，开创、坚持、捍卫、发展中国特色社会主义，实现了从高度集中的计划经济体制到充满活力的社会主义市场经济体制、从封闭半封闭到全方位开放的历史性转变，实现了从生产力相对落后的状况到经济总量跃居世界第二的历史性突破，实现了人民生活从温饱不足到总体小康、奔向全面小康的历史性跨越，为实现中华民族伟大复兴提供了充满新的活力的体制保证和快速发展的物质条件。

经过中国共产党人的不懈追求与探索，“两个结合”在这一历史时期全面展开。我们党深刻反思过去的错误，把马克思主义基本原理同中国具体实际相结合，在党的十一届三中全会上作出把党的工作中心转移到经济建设上来、实行改革开放的历史性决策，开启了我国改革开放和社会主义现代化建设新时期。改革开放和社会主义现代化建设新时期，以邓小平同志、江泽民同志、胡锦涛同志为主要代表的中国共产党人，坚持“两个结合”，紧紧抓住中国特色社会主义这一根本主题，科学回答了“什么是社会主义、怎样建设社会主义”“建设什么样的党、怎样建设党”“实现什么样的发展、怎样发展”等核心问题，进行了一系列探索发展中国特色社会主义的伟大实践，创立了邓小平理论，形成了“三个代表”重要思想、科学发展观，形成了中国特色社会主义理论体系，实现了马克思主义中国化新的飞跃，实现了中华民族从“站起来”到“富起来”的伟大飞跃。邓小平明确指出，“把马克思主义的普遍真理同我国的具体实际结合起来，走自己的路，建设有中国特色的社会主义”①，这是我们党在马克思主义中国化过程中，历经千辛万苦、付出巨大代价得出的宝贵历史结论。这一历史时期，我们党也始终强调把马克思主义基本原理同中华优秀传统文化有机结合，邓小平引用中国古代的“小康”一词，描绘我国的现代化建设要实现的国家发展和人民生活水平，为我国社会主义现代化建设提出了一个明确的阶段性目标；江泽民在党的十六大上提出“伟大民族精神”，强调“面对世界范围各种思想文化的相互激荡，必须把弘扬和培育民族精神作为文化建设极为重要的任务，纳入国民教育全过程，纳入精神文明建设全过程，使全体人民始终保持昂扬向上的精神状态”②；胡锦涛引用孔子“和为贵”的思想以及《礼记·礼运》中所描绘的大同社会，论证了广大人民群众对美好生活的向往古今贯通，提出要努力构建“社会主义和谐社会”，这些构想、理念、方案无不蕴藏着丰富的中华优秀传统文化价值内涵，这是中国共产党人不懈推进马克思主义中国化“两个结合”思想的生动典范、创新成果与成功实践。

（五）中国共产党人坚持“两个结合”实现了新突破

党的十八大以来，中国特色社会主义进入新时代，面对中华民族伟大复兴战略全局和世界百年未有之大变局，习近平总书记在庆祝中国共

① 《邓小平文选》第3卷，人民出版社1993年版，第3页。

② 江泽民：《全面建设小康社会　开创中国特色社会主义事业新局面——在中国共产党第十六次全国代表大会上的报告》，人民出版社2002年版，第39页。

产党成立100周年大会上的重要讲话中，首次明确提出了“把马克思主义基本原理同中国具体实际相结合、同中华优秀传统文化相结合”①的科学论断。这个重大论断与“第一个结合”前后相续，一脉相承，是我们党对马克思主义中国化持续深入思考和探索的标志性理论成果。它实际上指出，中华优秀传统文化是保证马克思主义在中国拥有长久生命力的关键所在，是思想文化上首要的“结合”对象。只有植根本国、本民族历史文化沃土，马克思主义真理之树才能根深叶茂。马克思主义要真正“化”入中国人民的精神生活、文化日常，就必须同中华优秀传统文化这个中华民族的“精神命脉”有机结合、融会贯通。习近平总书记系统阐明了把马克思主义基本原理同中华优秀传统文化相结合的现实需要、内在机理、结合方式等一系列重大理论和实践问题，对我们党推进马克思主义中国化的宝贵历史经验进行科学总结和提炼升华，形成了关于“两个结合”的系统论述。当前，中华民族伟大复兴进入关键时期，思想文化力量的战略地位日益突出，“第二个结合”尤其具有强烈的现实意义，它既是继续推进马克思主义中国化时代化的必然要求，也是继续推进中华民族伟大复兴历史伟业的必然要求。党的十八大以来，我们在“两个结合”的最新理论成果——习近平新时代中国特色社会主义思想指导下，坚持和加强党的全面领导，统筹推进“五位一体”总体布局，协调推进“四个全面”战略布局，坚持和完善中国特色社会主义制度、推进国家治理体系和治理能力现代化，坚持依规治党，形成比较完善的党内法规体系，战胜一系列重大风险挑战，实现第一个百年奋斗目标，明确实现第二个百年奋斗目标的战

① 习近平：《在庆祝中国共产党成立100周年大会上的讲话》，人民出版社2021年版，第13页。

略安排，党和国家事业取得历史性成就、发生历史性变革，为实现中华民族伟大复兴提供了更为完善的制度保证、更为坚实的物质基础、更为主动的精神力量，中华民族伟大复兴进入了不可逆转的历史进程。

在新时代十年的伟大变革中，以习近平同志为核心的党中央深刻把握世界形势和中国具体国情，顺应时代发展与历史潮流，将马克思主义基本原理同中国具体实际、同中华优秀传统文化牢牢结合在一起，从理论与实践上系统回答了“新时代坚持和发展什么样的中国特色社会主义、怎样坚持和发展中国特色社会主义”，“建设什么样的社会主义现代化强国、怎样建设社会主义现代化强国”，“建设什么样的长期执政的马克思主义政党、怎样建设长期执政的马克思主义政党”等重大时代课题，针对发展改革稳定、内政外交国防、治党治国治军等方面提出了一系列原创性的理念、思想、战略，推动实践取得新发展、新突破，开辟了当代中国马克思主义、21 世纪马克思主义发展新境界，凝结了中华文化和中国精神的时代精华，实现了马克思主义中国化新的飞跃，中华民族伟大复兴历史进程正大踏步向前迈进！

纵观百年党史，把马克思主义基本原理同中国具体实际相结合、同中华优秀传统文化相结合，不断推进马克思主义中国化时代化，是贯穿其中的一条基本历史经验，是中国共产党历史实践经验的智慧结晶。“两个结合”既是中国共产党团结带领中国人民百年奋斗历程的经验总结，也是实现中华民族伟大复兴波澜壮阔大潮的实践写照。在内容上，“两个结合”要求运用马克思主义立场、观点、方法分析和解决中国革命、建设、改革中的具体问题，并将所积累的丰富实践经验加以概括、总结、升华，形成中国化的马克思主义；在形式上，要求将欧洲形式、俄国形式的马克思主义转变为带有中国特性、中国形式的科学社会主义理论，即运用一定的民族形式、民族语言阐释马克思主义基本原理，阐释中国共产党的理论与政策，使之为群众所掌握、为中国工农大众所掌握；在结果上，实现了马克思主义中国化与中华优秀传统文化现代化同频共振、同步共进，马克思主义在中华优秀传统文化滋养下得到了新发展、注入了新内涵，中华优秀传统文化在马克思主义的激发下展现了强大生命力、体现了普遍适应性。“两个结合”的重大论断，是在实践中形成的，也必将会随着实践不断丰富和发展。

二、党的理论创新规律的准确把握

党的二十大报告指出：“中国共产党为什么能，中国特色社会主义为什么好，归根到底是马克思主义行，是中国化时代化的马克思主义行。”[①] 而中国化时代化的马克思主义之所以行，关键在于我们党准确把握了理论创新的规律，在推进马克思主义中国化时代化的过程中始终坚持“两个结合”。“两个结合”以其宽广的历史视野、深邃的理论思考和生动的社会实践，大大深化了对马克思主义中国化时代化的规律性认识，准确把握了党的理论创新的历史逻辑、理论逻辑、实践逻辑，在马克思主义理论发展史上具有重要意义。

（一）“两个结合”是马克思主义中国化的内在要求和必然逻辑

推进马克思主义中国化时代化是一个追求真理、揭示真理、笃

① 习近平：《高举中国特色社会主义伟大旗帜　为全面建设社会主义现代化国家而团结奋斗——在中国共产党第二十次全国代表大会上的报告》，人民出版社2022年版，第16页。

行真理的过程，也是一个不断推动理论发展、实现理论创新的过程。这个过程必须符合、遵循理论创新的内在要求和必然逻辑。“两个结合”深刻反映了这一内在要求和必然逻辑。

1.“两个结合”在马克思主义中国化时代化的发展过程中具有现实可能性

从马克思主义的理论本原来看，“两个结合”具有可能性。作为马克思主义立场观点方法的集中体现，马克思主义基本原理更具普遍性、根本性、长远性，具有与各国具体实际相结合的普遍特性，具有与世界各民族文化相结合的一般特点，在与各国实际相结合的过程中解决了各国不同历史时期的具体问题。同样，马克思主义在与中国国情相结合的过程中，为中国革命、建设、改革的伟大实践提供了思想指引和理论指导。而在这个过程中，又通过不断形成与时俱进的理论成果丰富和发展了马克思主义。

从价值追求和践行方法上，“两个结合”具有可能性。马克思主义与中华优秀传统文化具有基因“契合性”和价值“一致性”，因而能在中国落地生根。在价值追求上，马克思主义追求全人类的解放，主张实现每个人的自由全面发展，坚持辩证唯物主义与历史唯物主义思想，坚持以人民为本、共同富裕与社会和谐，这与中华优秀传统文化中所包含的唯物主义立场、相生相克的朴素辩证法、“天人合一”的宇宙观、“协和万邦”的天下观、“经世致用”的知行观、“和而不同”的社会观、“人心和善”的道德观等诸多内容内在契合，这也是马克思主义基本原理在中国“落地生根”的文化基础。在践行方法上，马克思主义和中华优秀传统文化皆具有高度的开放包容性和实践性，都具有躬身力行的实践价值、兼容天下的济世情怀、修身自省的人本精神、兼收并蓄的文化特性等。这为马克思主义与中华优秀传统文化有机融合提供了可能与基础。前者在批判吸收人类全部知识的基础上不断提升，在认识和改造世界的实践中创新发展；后者以开放包容的态度在与其他文明交流互鉴的过程中充实自身，并推崇“知行合一”“经世致用”的实践观点。马克思主义基本原理依据不同的时代任务，为中华优秀传统文化的创新发展提供科学指引、增添时代内涵、激发发展活力；中华优秀传统文化则赋予马克思主义鲜明的中国特色和强大的精神支撑，夯实马克思主义中国化时代化的历史基础和群众基础。因此，两者能够实现良性互动、融合共进。

延伸阅读

“协和万邦”出自《尚书·虞书·尧典》，原文为“克明俊德，以亲九族；九族既睦，平章百姓；百姓昭明，协和万邦”。邦是指古代诸侯的封国、国家。中国自古就是世界上人口最多的地区之一，加之族群众多，在上古时期，就已经是小邦林立。在尧舜时代，鉴于当时“天下万邦”的社会现实，尧提出了一个道德理念：“克明俊德，以亲九族；九族既睦，平章百姓；百姓昭明，协和万邦。”即主张先由家族和谐，扩展到社会和谐，乃至不同邦族之间的和谐，引申到今天，就是协调不同国家之间的关系，让各个国家都能够相互尊重、相互合作、共同发展。

2.“两个结合”在马克思主义中国化时代化的发展过程中具有必然性

从推动实践看，必须落实好“第一个结合”。马克思主义只有同中国具体实际相结合，才能正确回答时代和实践提出的重大问题，从而更好地指导中国实践。马克思主义基本原理的运用，必须随时随地都要以当时的历史条件为转移。党在每一个历史时期都创造了与时代相适应的科学理论，指导党和人民事业不断从胜利走向胜利。特别是党的十八大以来，以习近平同志为主要代表的中国共产党人统筹国内国际两个大局，用马克思主义之“矢”射中国之“的”，深刻回答一系列重大时代课题，创立习近平新时代中国特色社会主义思想，实现了马克思主义中国化时代化新的飞跃，为新时代党和国家的事业发展提供了根本遵循。

从马克思主义“落地”“扎根”看，必须落实好“第二个结合”。中华文化积淀着中华民族最深沉的精神追求，是中华民族生生不息、发展壮大的丰厚滋养。习近平总书记指出：“如果没有中华五千年文明，哪里有什么中国特色？如果不是中国特色，哪有我们今天这么成功的中国特色社会主义道路？只有立足波澜壮阔的中华五千多年文明史，才能真正理解中国道路的历史必然、文化内涵与独特优势。”[①] 中华优秀传统文化为马克思主义中国化时代化提供了文化沃土和思想渊源。马克思主义只有同中华优秀传统文化相结合，才能始终保持自身的蓬勃生机和旺盛活力，在中华大地牢牢扎根。在运用马克思主义的思想理论武器带领中国人民进行革命、建设、改革的过程中，我们

---

① 习近平：《在文化传承发展座谈会上的讲话》，人民出版社 2023 年版，第 5 页。

党深刻认识到中华优秀传统文化的重要价值，总结出了将马克思主义基本原理同中华优秀传统文化相结合的重要经验。马克思主义只有深深植根于中华优秀传统文化这片文化沃土之中、融入中国的历史与现实、成为中国历史传统文化和社会生活的重要组成部分，才能不断实现中国化时代化，才能形成既符合科学社会主义原则，又彰显中华民族鲜明特色的创新理论成果，实现中华优秀传统文化的创造性转化和创新性发展，为中华民族伟大复兴凝聚起更基本、更深沉、更持久的强大力量。

（二）“两个结合”是推动党的理论创新的根本路径

习近平总书记指出，“推进马克思主义中国化时代化的根本途径是‘两个结合’”①。这一重要论断，实际上指出了“两个结合”是推进马克思主义中国化时代化的一条基本规律，也是党的理论创新的一条基本规律。它不仅深刻揭示了马克思主义中国化时代化所蕴含的“历史”“现实”“理论”3个根本环节，而且通过建构三者之间的本质联系实现了三者有机统一。

1. 坚守好“魂脉”“根脉”是马克思主义理论创新的基础和前提

推进马克思主义中国化时代化，必须坚守马克思主义这个“魂脉”，坚守中华优秀传统文化这个“根脉”。一方面用马克思主义这个“魂脉”观察认识中国实际；另一方面用马克思主义激活中华优

① 《习近平在陕西延安和河南安阳考察时强调　全面推进乡村振兴　为实现农业农村现代化而不懈奋斗》，《人民日报》2022年10月29日。

秀传统文化中富有活力的优秀因子并赋予其新的时代内涵，有效把马克思主义思想精髓同中华优秀传统文化精华贯通起来。坚守好这个“魂”和“根”，是理论创新的基础和前提，更是理论强党的本质要求。“两个结合”为理论强党提供了丰富的方法论，使我们能够从世界观和方法论的高度来认识和推动理论创新的发展。马克思主义使我们党拥有了科学的世界观和方法论，拥有了认识世界、改造世界的强大思想武器，拥有了推进理论创新的伟大认识工具。

2.“第二个结合”掌握了思想和文化主动，推动了理论创新

掌握思想和文化主动是理论创新的重要支撑。把马克思主义同中华优秀传统文化相结合，就是掌握思想和文化主动的方式方法。在2023年6月2日召开的文化传承发展座谈会上，习近平总书记提出了“第二个结合”作用于理论的3个方面。

一是中国式现代化的文化形态经由“结合”而形成。“第二个结合”让马克思主义成为中国的、中华优秀传统文化成为现代的，让经由“结合”而形成的新文化成为中国式现代化的文化形态。中国式现代化的文化形态既是理论创新的结晶，又是进一步推动理论创新的动力。“第二个结合”让马克思主义在深刻改造中华民族文化沃土的基础上，真正成为中国的。这个“中国的”既是中国人的世界观和方法论，又是中华民族的智慧体现。马克思主义同科学社会主义价值观主张具有高度的契合性，这种契合是辩证的契合，是相互促进的契合，更是矛盾运动中的契合。这种契合并非体现在字义或形式上，而更多体现在道德理想和价值追求上。这也是马克思主义与中华优秀传统文化为什么“能结合”与为什么能“结合好”的重要原因。

二是“第二个结合”本身就是思想解放和理论创新。“第二个结

合"不仅意味着我们应充分运用中华优秀传统文化的宝贵资源来推动理论创新；还意味着我们对马克思主义的认识更加科学全面，马克思主义中国化时代化一刻也离不开中华优秀传统文化，正是中华优秀传统文化博大精深思想的融入才使马克思主义成为中国的；更意味着我们对中国实际的认识更加深刻系统，应更多地对传统文化加以诠释提升，赋予其新的时代内涵，使中华文明再现辉煌，为人类文明进步作出更大贡献，让中华优秀传统文化在马克思主义真理之光的淬炼下迸发出新的强大生命力。

三是"第二个结合"是我们党理论认识的新高度。"第二个结合"不仅是对马克思主义中国化时代化历史经验的深刻总结，还是对中华文明发展规律的深刻把握，表明我们党对中国道路、理论、制度的认识达到了新高度。在 100 多年马克思主义中国化的历史进程中，我们党深刻认识到，在中国革命、建设、改革各个历史时期，用马克思主义发展传统文化具有极其重要的意义。在这一进程中，我们党提出了新民主主义文化理论、社会主义文化理论以及中国特色社会主义文化理论、习近平文化思想等，赋予中国化马克思主义理论创新以强大的精神和文化力量。我们党还深刻认识到，中华文明发展的基本规律就是用马克思主义激活中华优秀传统文化，使中华优秀传统文化创造性转化、创新性发展。可以说，"第二个结合"既是实践发展的必然结果，也是新时代中国共产党人推进马克思主义中国化时代化新的起点。

3. "两个结合"彰显了中国共产党坚持和发展马克思主义的科学态度和真理精神

马克思主义是随着时代、实践、科学发展而不断发展的开放的理论体系。把坚持马克思主义和发展马克思主义统一起来，结合新的实践不断作出新的理论创造，这是马克思主义永葆生机活力的奥秘所在。100 多年来，中国共产党始终把马克思主义这一科学理论作为行动指南，并坚持在实践中不断丰富和发展马克思主义。我们党深刻认识到，马克思主义只有本土化才能落地生根，只有时代化才能充满生机。继续推进马克思主义中国化时代化，继续推进实践基础上的理论创新，是马克思主义政党的责任。“两个结合”作为理论和实践、历史和现实的辩证关系的具体体现，不仅直接构成了马克思主义中国化不可分割的两个主要内容，而且是马克思主义中国化不断得到推进的内在逻辑和深层原因。“两个结合”体现了新时代中国共产党人对马克思主义发展规律的深刻把握，从历史和现实相统一的角度，科学阐发了马克思主义在中国落地生根、根深叶茂的内在机理，拓展了马克思主义中国化时代化的丰富内涵和实现途径，是继续发展当代中国马克思主义、21 世纪马克思主义的基本遵循。

（三）“两个结合”为我们党深化对“三大规律”的认识开拓了全新视野

共产党执政规律、社会主义建设规律、人类社会发展规律，是马克思主义政党必须遵循的“三大规律”。从共产党执政规律看，“两个结合”推动我们党既向前看——准确判断中国特色社会主义发展趋势，又向后看——善于继承和弘扬中华优秀传统文化精华，坚持古为今用、推陈出新，从中国历史文化中汲取治国理政的理念思维、经验教训，弘扬中华优秀传统文化、革命文化、社会主义先进文化，不断丰富和完善党长期执政的规律。从社会主义建设规律看，“两个结合”深刻表明，只有把科学社会主义基本原理同本国具体实际、历史文化传统、时代要求紧密结合起来，在实践中不断探索总结，才能把蓝图变为美好现实。从人类社会发展规律看，"两个结合"有力推进和拓展了中国式现代化，创造了人类文明新形态，深刻改变了现代化的世界版图，深刻回答了人类文明向何处去的时代之问，指明了人类文明进步的发展方向。

历史钩沉

甲申对、窑洞对、赶考对

——中共党史上事关生死的三次"重要对谈"

第一次"甲申对"。毛泽东致函郭沫若说："你的《甲申三百年祭》，我们把它当作整风文件看待。"1944年3月，中国全民族抗战进入后期，胜利的大势已趋明朗。郭沫若撰写的纪念明朝和大顺王朝灭亡三百年的文章《甲申三百年祭》在重庆《新华日报》发表后，在延安的毛泽东赞赏郭文说，全党同志对于我党的几次骄傲引发的错误，要引为鉴戒。近日我们印了郭沫若论李自成的文章，也是叫同志们引为鉴戒，不要重犯胜利时骄傲的错误。是年11月，毛泽东在六届七中全会总结党的历史经验期间再函郭沫若："你的《甲申三百年祭》，我们把它当作整风文件看待。小胜即骄傲，大胜更骄傲，一次又一次吃亏，如何避免此种毛病，实在值得注意。……我虽然兢兢业业，生怕出岔子，但说不定岔子从什么地方跑来。你看到了什么缺点错误，希望随时示知。"毛泽东与郭沫若的这次笔谈，姑且称之为"甲申对"。

第二次"窑洞对"。毛泽东对黄炎培说："我们已经找到新路，我们能跳出这周期率。这条新路，就是民主。"1945年7月初，党的七大刚刚闭幕，国民参政员黄炎培等6位先生访问延安。他们走访了延安新市场和光华农场，会见了丁玲、陈毅、范文澜等朋友，考察了延安的经济发展、民主政治建设、社会治理和军民关系等方面的情况，感受到延安发生的巨大变化。在5天的考察期间，中共领导与黄炎培一行举行了3次会谈。毛泽东问黄炎培，对延安的感想如何？黄炎培说，"我生六十多年，耳闻的不说，所亲眼看到的，真所谓'其兴也浡焉'、'其亡也忽焉'，一人，一家，一团体，一地方乃一国，不少单位都没有能跳出这周期率的支配力"，"一部历史，'政怠宦成'的也有，'人亡政息'的也有，'求荣取辱'的也有。总之没有能跳出这周期率。中共诸君从过去到现在，我略略了解的了，就是希望找出一条新路，来跳出这个周期率的支配"。毛泽东稍作思考后回答："我们已经找到新路，我们能跳出这周期率。这条新路，就是民主。只有让人民来监督政府，政府才不敢松懈。只有人人起来负责，才不会人亡政息。"这次著名对谈，史称"窑洞对"。

第三次"赶考对"。毛泽东对周恩来说："我们决不当李自成。我们都希望考个好成绩。"怎样才能防治腐败？毛泽东的上述两次对谈实际上给出了答案。一条是兢兢业业、永不骄傲；一条是民主新路、民督政府。这两条就是我们现在所讲的教育自律和制度他律两个方面。两者相辅相成，缺一不可。这两个思想的发展就是1949年3月毛泽东在党的七届二中全会上所强调的"务必使同志们继续地保持谦虚、谨慎、不骄、不躁的作风，务必使同志们继续地保持艰苦奋斗的作风"。这"两个务必"，可视为两次对谈内容的提升。在党中央由西柏坡到北京城时，毛泽东对同行的周恩来说："今天是进京的日子，进京赶考去。"周恩来说："我们应当都能考试及格，不要退回来。"毛泽东说："退回来就失败了。我们决不当李自成，我们都希望考个好成绩。"这段对话，被人们誉为"赶考对"。

三、开辟了马克思主义的新境界

马克思主义中国化时代化的历史，是中国共产党人运用马克思主义科学理论认识和改造中国的历史，是不断丰富和发展马克思主义的历史，也是马克思主义中国化时代化从"一个结合"到"两个结合"创新发展的历史。"两个结合"重大命题的提出和系统阐述，丰富和拓展了马克思主义中国化的基本内涵和实践途径，指明和规定了新时代推进马克思主义中国化时代化的科学方向，揭示和指出了我们党过去、现在及未来之所以成功的根本所在，深化和提升了我们党对坚持和发展马克思主义的规律性认识，是马克思主义中国化时代化的新飞跃，开辟了马克思主义的新境界。

（一）“两个结合”是对马克思主义普遍真理、基本原理的新发展

“两个结合”思想原则的确立，在马克思主义发展史上具有重要意义。“两个结合”既是马克思主义中国化时代化的深刻历史总结和重大成果，也是马克思主义普遍真理、基本原理的新发展。

马克思主义的科学体系是由其基本原理构成的。发展马克思主义最重要的是对其基本原理的发展。各国马克思主义者在发展马克思主义的过程中，基于本国实际都会提出一些新的思想和原则。开辟马克思主义的民族化之路，这是坚持和发展马克思主义的基本前提。但这些民族化的思想和原则并不都具有超出一国范围的普遍真理性。中国共产党在“马克思主义中国化”的奋斗历程中，曾有过照搬苏联模式的惨痛教训。党的主要领导人毛泽东、邓小平、江泽民、胡锦涛和习近平总书记也都曾在不同时期或不同场合表达过不要照搬别国经验的观点。但不能否认，也有一些基于一个国家的实践而产生的理论、原则，包含超出一国范围的普遍真理性，为马克思主义基本原理的发展作出了贡献。作为不断发展、开放的理论，马克思主义的基本原理也会在指导各国马克思主义者和人民群众的实践中不断得以发展、扩充，这是马克思主义发展的规律。

“两个结合”立论的主体是“中国”，具有特殊性，但它所反映的认识、所揭示的规律，则是具有普遍性的。毛泽东、邓小平都曾指出，“结合”原则具有普遍的真理性。毛泽东提出：“各国应根据自己国家的特点决定方针、政策，把马克思主义同本国特点结合起来。”①

① 《毛泽东文集》第 7 卷，人民出版社 1999 年版，第 64 页。

邓小平强调：“马克思列宁主义的普遍真理与本国的具体实际相结合，这句话本身就是普遍真理。它包含两个方面，一方面叫普遍真理，另一方面叫结合本国实际。”[①] 这些论述中所说的“各国”“本国”，实际上都超出了“中国”一国的范围。在毛泽东、邓小平看来，中国共产党创立的“结合”原则也适用于“各国”。这样就将其提升到了普遍真理、基本原理的高度。

习近平总书记提出的“两个结合”思想，同样具有超出一国范围的普遍真理性，是对马克思主义基本原理的新发展。“两个结合”的思想，既揭示了推进马克思主义中国化的特殊规律，也揭示了包含在特殊性中的马克思主义发展的普遍规律，即“把马克思主义基本原理同本国（或各国）具体实际相结合、同本国（或各国）优秀传统文化相结合”。这是一条新提出的马克思主义基本原理，是对马克思主义的原创性贡献。可以说，“两个结合”是习近平新时代中国特色社会主义思想的哲学基础，是当代中国马克思主义、21 世纪马克思主义的重要思想原则，是开辟马克思主义新境界的原理性集中体现。

（二）“两个结合”是马克思主义中国化时代化内涵的新拓展

时代是思想之母，实践是理论之源。从“第一个结合”到“第二个结合”，既是中国共产党对于中国特色社会主义文化规律的科学把握，也是马克思主义中国化时代化新境界的开辟。“两个结合”为马克思主义创新发展提供了丰富实践依据和深厚文化底蕴，是我们党推进马克思主义中国化时代化的根本途径，标志着我们党对推进马克思主义中国化时代化的规律性认识达到了一个新高度。

---

① 《邓小平文选》第 1 卷，人民出版社 1994 年版，第 258—259 页。

1. 马克思主义中国化时代化的理论话语表达更科学

话语是理论的载体，话语创新是理论创新、理论发展的基础环节。“两个结合”的提出是马克思主义中国化时代化话语体系的重大创新。这种创新体现在以下 4 个方面：一是始终坚持和发展马克思主义。马克思主义科学揭示了人类社会发展规律，指明了人类寻求自身解放的道路，极大推进了人类文明进程。习近平总书记指出：“马克思主义是不断发展的开放的理论，本土化才能落地生根，时代化才能充满生机。”① 这里的“马克思主义”是指广义上的马克思主义，即马克思、恩格斯创立的基本理论、基本观点和学说的体系及其后继者对它的发展，即发展着的马克思主义，充分彰显了马克思主义的整体性和开放性。二是统一用“中国具体实际”来替代各类不同表述。“两个结合”中用“中国具体实际”替代百年党史先后使用过的“中国革命的具体实践”“当代中国实践和时代特征”“中国革命和世界革命的具体实践”“实现四个现代化的具体实践”和“中国革命和建设具体实际”等概念。这一概念内涵更深、适用范围更广，能够涵盖百余年党史各个历史阶段。三是将“中华优秀传统文化”作为“第二个结合”的重要内容。这明确了中华优秀传统文化在“两个结合”中的突出鲜明地位，从横向来看拓展了马克思主义中国化时代化的文化视野，从纵向来看拓展了马克思主义中国化时代化的历史深度。四是建构了马克思主义中国化时代化的理论逻辑。习近平总书记在主持二十届中共中央政治局第六次集体学习时指出：“马克思主义中国化时代化这个重大命

① 《习近平向中国共产党与世界马克思主义政党论坛致贺信》，《人民日报》2022 年 7 月 29 日。

题本身就决定，我们决不能抛弃马克思主义这个魂脉，决不能抛弃中华优秀传统文化这个根脉。坚守好这个魂和根，是理论创新的基础和前提，理论创新也是为了更好坚守这个魂和根。”[①] 推进马克思主义中国化时代化，必须坚守“魂脉”与“根脉”。

2.“两个结合”丰富了马克思主义中国化时代化的内涵

“两个结合”这一重大论断的提出，使马克思主义中国化内涵在关于中华优秀传统文化方面有了新拓展。“两个结合”不仅彰显了中华优秀传统文化在中国具体实际中的地位和作用，而且突出了中华优秀传统文化在马克思主义中国化和继续发展当代中国马克思主义、21世纪马克思主义中的地位和作用。在以往“一个结合”理论研究和实践推进中，中华优秀传统文化虽然被包含在中国具体实际之中，但主要是从马克思主义中国化何以可能的角度，来认识中华优秀传统文化及其地位和作用。因此，“两个结合”不仅拓展了中国具体实际的内涵，而且拓展了马克思主义中国化的内涵。

习近平总书记将“一个结合”发展为“两个结合”，把中华优秀传统文化从中国具体实际的理解中独立出来，不仅充分彰显了文化在国家软实力竞争中的地位和作用，而且充分彰显了中华优秀传统文化在坚定文化自信、推动社会主义文化繁荣兴盛、推进马克思主义中国化时代化中的地位和作用，这既是对中国具体实际内涵的新拓展，也是对马克思主义中国化内涵的新拓展。这种新拓展的理论价值和实践意义的本质与核心，在于其不仅从理论上深刻阐明了中华优秀传统文化与中国特色社会主义以及中国化马克思主义之间的内在关联，而且

① 习近平：《开辟马克思主义中国化时代化新境界》，《求是》2023 年第 20 期。

为传承和发展中华优秀传统文化，实现马克思主义在民族化语言形式、思想内涵以及精神特质上的深度中国化，开辟了更为广阔的理论领域和更为光明的发展前景。

（三）“两个结合”是对马克思主义中国化时代化发展规律性认识的新提升

党的历史经验反复证明，坚持“两个结合”，不断推进马克思主义中国化时代化，是“党之所以能够领导人民在一次次求索、一次次挫折、一次次开拓中完成中国其他各种政治力量不可能完成的艰巨任务”[①]的根本原因。可以说，党的历史是一部不断推进马克思主义中国化时代化的历史，也是一部坚持“两个结合”不断取得伟大理论成果和实践成就的历史。在这个过程中，我们党对马克思主义中国化时代化的规律性认识也在不断深化和发展，认识到“马克思主义理论不是教条而是行动指南，必须随着实践发展而发展，必须中国化才能落地生根、本土化才能深入人心”[②]。可以说，“两个结合”既是对马克思主义中国化百年实践重大成就和历史经验的科学总结，同时本身也是对马克思主义中国化规律的新认识。

坚持把马克思主义基本原理同中国具体实际相结合，是回答和解决时代问题的现实需要，也是坚持和发展马克思主义的内在要求。马克思主义自诞生以来，坚持和发展马克思主义始终是一条主线。马克思主义传入中国以后，在马克思列宁主义同中国工人运动的结合过程

① 《中共中央关于党的百年奋斗重大成就和历史经验的决议》，人民出版社 2021 年版，第 66 页。
② 《中共中央关于党的百年奋斗重大成就和历史经验的决议》，人民出版社 2021 年版，第 66 页。

中，中国共产党应运而生。由此开启了马克思主义基本原理同中国具体实际相结合的历史进程，这是我国坚持和发展马克思主义的必然结果。一方面，中国具体实际需要马克思主义的理论指导；另一方面，马克思主义只有与具体实际相结合才能转化为实践的力量。当然，“相结合”的结论不是一蹴而就、自然形成的，而是历经磨难与痛苦、挫折与失败得出的正确结论。

坚持和发展马克思主义，必须同中国具体实际相结合。这是经过实践探索得出的宝贵结论，是党的事业不断成功的根本原因，也是我们党深化对坚持和发展马克思主义规律性认识的标志。历史反复证明，马克思主义同中国具体实际相结合的程度决定了马克思主义在中国的生机活力，并对中国的发展前景和命运产生了深远影响。没有马克思主义的指导、没有马克思主义同中国革命具体实际相结合，中国革命就不可能取得胜利，中国也不可能实现民族独立和人民解放。任何时候、任何情况下，我们必须坚持解放思想、实事求是、与时俱进、求真务实，一切从实际出发，着眼解决社会主义现代化建设中的实际问题，不断回答中国之问、世界之问、人民之问、时代之问，作出符合中国实际和时代要求的正确回答，得出符合客观规律的科学认识，形成与时俱进的理论成果，以更好地指导中国实践。坚持和发展马克思主义，必须同中华优秀传统文化相结合。中华优秀传统文化始终是中国人认识理解马克思主义、让“马克思说中国话”的思想文化基础。中华优秀传统文化源远流长、博大精深，是中华文明的智慧结晶，其中蕴含的天下为公、民为邦本、为政以德、革故鼎新、任人唯贤、天人合一、自强不息、厚德载物、讲信修睦、亲仁善邻等，是中国人民在长期生产生活中积累的宇宙观、天下观、社会观、道德观的重要体现，同科学社会主义价值观主张具有高度契合性。要让马克思主义在中国牢牢扎根，就不能脱离中国100多年伟大社会变革的历史基础和群众基础，以坚定的历史自信、文化自信，坚持古为今用、推陈出新，把马克思主义思想精髓同中华优秀传统文化精华贯通起来、同人民群众日用而不觉的共同价值观念融通起来。

马克思主义中国化的“两个结合”过程，并非简单拼接或随意调整，而是一个双向互动、相互激发的动态进程。实际上，“第一个结合”中蕴含着“第二个结合”，“第二个结合”则是“第一个结合”的延伸和拓展，是其发展的必然结果。我国实际涵盖了现实的社会实践以及中华优秀传统文化。尤其党的十八大以来，党中央高度重视传承和弘扬中华优秀传统文化，开创了马克思主义与中华优秀传统文化相结合的新境界，提出了“两个结合”的科学论断。

“两个结合”的提出，反映了100多年来党在将马克思主义基本原理同中华优秀传统文化相结合、相融通的历史进程中，展现出高度的文化自觉和自信。这一论断是对马克思主义中国化时代化规律性认识和总结的体现。马克思主义只有实现“中国化”，与我国实际和时代特征相结合，在解决我国实际问题过程中得出符合客观规律的科学认识，形成与时俱进的理论成果，方能成为“活的马克思主义”，摆脱教条主义和封闭僵化。

同样，马克思主义只有实现“本土化”，不断赋予科学理论鲜明的中国特色，才能真正实现“具体化”和“中国化”。“相结合”既是成果，也是过程。这一思想是通过实践认识过程得出的结论。同时，“相结合”并非一成不变、一劳永逸，而是在发展中不断与时俱进的“结合”。在一定程度上，“结合”得越好，事业发展就越顺利；反之，则亦然。

从“一个结合”到“两个结合”，既是坚持和发展马克思主义的内在要求，也是马克思主义在中国发展的确切体现；既是“让马克思说中国话”的深化具体，也是中华优秀传统文化不断焕发生机活力的标志；既是历史发展的必然逻辑，也是理论发展的必然结论。从党的百年奋斗历程和马克思主义中国化的实践看，“相结合”的内容和内涵必须与时俱进和丰富发展。明确“第二个结合”，是对马克思主义中国化规律的概括，展现了新时代的发展成果，彰显了认识观念的升华，为在创新实践中持续推进当代中国马克思主义、21 世纪马克思主义的发展提供了基本准则。

时代声音

党的十八大以来，以习近平同志为核心的党中央站在实现中华民族伟大复兴的高度，全力推动中国特色社会主义民主理论创新与实践创新，深化对中国民主政治发展规律的认识，提出全过程人民民主重大理念。强调社会主义民主不仅要有完整的制度程序，而且要有完整的参与实践。要把人民当家作主具体地、现实地体现到党治国理政的政策措施上来，具体地、现实地体现到党和国家机关各个方面各个层级工作上来，具体地、现实地体现到实现人民对美好生活向往的工作上来。全过程人民民主，是在吸收直接民主、间接民主、选举民主、协商民主等人类民主文明成果基础上，坚持马克思主义民主政治理论，结合中国国情与中华优秀传统文化，不断探索、创新发展起来的，是过程民主和成果民主、程序民主和实质民主、直接民主和间接民主、人民民主和国家意志的有机统一。全过程人民民主，不仅有“全”的民主主体参与、“全”的参与内容、“全”的覆盖范围和“全”的民主流程，而且使民主选举、民主协商、民主决策、民主管理、民主监督各个环节形成了完整闭环。全过程人民民主，是对中国特色社会主义民主政治建设经验的继承与发展，是全面建设社会主义现代化国家的民主政治制度保障，是结构科学、覆盖全面、流程合理、运行高效、广泛真实管用的民主，是中国对人类政治文明发展作出的重大贡献。

（四）“两个结合”是中华民族伟大复兴历史自信、文化自觉的新境界

中华民族伟大复兴，是近代以来中华民族最伟大的梦想。中国共产党在百年奋斗征程中，始终坚持把马克思主义基本原理同中国具体实际相结合，成功走出了一条具有中国特色的革命、建设、改革、发展之路，这是我们党历史自信的底气所在，也是我们党继续推进伟大复兴新征程的底气所在。实现中华民族伟大复兴必然要求我们树立文化自信。“文化自信是更基础、更广泛、更深厚的自信，是一个国家、一个民族发展中最基本、最深沉、最持久的力量，没有高度文化自信、没有文化繁荣兴盛就没有中华民族伟大复兴。”[①] 文化是一

---

① 《中共中央关于党的百年奋斗重大成就和历史经验的决议》，人民出版社 2021 年版，第 44 页。

“中法文化之春”创立于2006年，旨在推动中法两国艺术机构和艺术家之间的交流对话，增进两国民众的友谊和对彼此文化的了解。图为“中法文化之春”具有浓郁两国文化氛围的演出现场

个国家、一个民族的灵魂，中华优秀传统文化是中华民族的“根”和“魂”。我们党在中国革命、建设、改革的历史进程中，形成的革命文化、社会主义先进文化，与中华优秀传统文化同根同源，并在与马克思主义基本原理相结合的过程中不断升华，成为中国特色社会主义道路越走越宽广的强大精神力量。新时代，以习近平同志为核心的党中央高度重视将马克思主义基本原理同中华优秀传统文化相结合，将我们党的历史自信、文化自信推向了新境界。

“第二个结合”的提出，表明我们党的历史自信、文化自信达到了新高度。近代以来，面对中华民族前所未有的历史劫难和悲惨命运，无数仁人志士上下求索，苦苦寻求民族衰败的根源所在，从器物层面的落后到制度层面的落后再到文化层面的落后，在反思中，有人丧失了民族自信、陷入了文化自卑的思想旋涡。在“古今中西”之争中，以新儒家为代表的文化保守主义和以西化论为代表的自由主义尽管观点不同，但都反对将马克思主义与中华优秀传统文化相结合。前者认为马克思主义是西方思想的，不能"蹿升"，后者则认为马克思主义无法代表西方文化。中国共产党的百年历史，就是一部推动马克思主义中国化不断发展的历史，"两个结合"是对"古今中西"之争的科学回答。"马克思主义传入中国后，科学社会主义的主张受到中国人民热烈欢迎，并最终扎根中国大地、开花结果，决不是偶然的，而是同我国传承了几千年的优秀历史文化和广大人民日用而不觉的价值观念融通的。"[①] 马克思主义同中华优秀传统文化的结合融汇不是自发的，而是我们党主动性和自觉性的结果。

"第二个结合"是文化自信当代价值的时代表达。文化自信展现一个国家的精神面貌，是一个民族发展进步的深层动因。毛泽东指出："我们不但要把一个政治上受压迫、经济上受剥削的中国，变为一个政治上自由和经济上繁荣的中国，而且要把一个被旧文化统治因而愚昧落后的中国，变为一个被新文化统治因而文明先进的中国。"[②] 社会主义核心价值观、中华优秀传统文化所具有的强大精神动力，是凝聚人心、汇聚民力、支撑中华儿女战胜一切艰难险阻的强大精神力量。新时代，我们党团结带领全国各族人民风雨同舟、守望相助，在打赢脱贫攻坚战、抗击新冠疫情中所体现的伟大精神，无不彰显着中华民族精神的当代价值，为中国共产党的文化自信增添了新的时代注脚。

"两个结合"是推进中华优秀传统文化创造性转化、创新性发展的根本遵循。坚持把马克思主义基本原理同中华优秀传统文化相结

① 习近平：《坚持和完善中国特色社会主义制度推进国家治理体系和治理能力现代化》，《求是》2020年第1期。

② 《毛泽东选集》第2卷，人民出版社1991年版，第663页。

合，这种结合不是简单对等的外在结合，而是马克思主义居于主导地位，马克思主义与中华优秀传统文化二者双向互动互进的过程。即在马克思主义世界观、方法论指导下，以马克思主义激活中华传统文化的生命力，对传统文化取其精华、去其糟粕，通过吸收、改造和转化等赋予传统文化以新的时代内涵，使中华优秀传统文化实现创造性转化和创新性发展。100 多年来，在一代又一代中国共产党人推动马克思主义中国化时代化的过程中，中华优秀传统文化已成为马克思主义发展的源头活水和重要组成部分；马克思主义也已成为融注中华优秀传统文化的重要思想基因和激活力量，实现了与中华文明的相互作用、相互融合，使中华文明从传统形态跃升为现代形态，形成中华文明新样态，创造人类文明新形态。一部马克思主义发展史，就是不断吸收人类历史上一切优秀思想文化成果丰富自身的历史。只有在改革中守正创新、在开放中博采众长，才能不断开辟马克思主义中国化时代化新境界。

今天，继续推进马克思主义中国化时代化，必须旗帜鲜明地坚持"两个结合"，解读好、传承好、运用好中华优秀传统文化这一内在的基因密码，推动中华优秀传统文化创造性转化、创新性发展，不断谱写马克思主义中国化时代化新篇章。

2

“根”在何处：源远流长的中华优秀传统文化

习近平总书记在文化传承发展座谈会上的重要讲话中指出：“中华民族具有百万年的人类史、一万年的文化史、五千多年的文明史。这次参观考察中国历史研究院、中国国家版本馆，我更加深切感到中国文化源远流长，中华文明博大精深。只有全面深入了解中华文明的历史，才能更有效地推动中华优秀传统文化创造性转化、创新性发展，更有力地推进中国特色社会主义文化建设，建设中华民族现代文明。”①这一科学论断清晰表明：中国文化源远流长，中华文明博大精深，在5000多年文明发展中孕育的中华优秀传统文化是中华民族的智慧结晶，为中国发展和人类文明进步提供了强大精神动力。“求木之长者，必固其根本；欲流之远者，必浚其泉源”，厘清中华文明的“源”与“流”，理解中华文明的突出特性，把握中华文化的精神特质与中华民族的精神依归，是坚定文化自信自强的需要，是增强国家文化软实力的需要，更是激发全民族文化创新创造活力、建设社会主义文化强国的需要。

一、中华文明的“源”与“流”

中华文明源远流长，是世界上最悠久、最灿烂的文明之一，中国也是世界上唯一一个文明没有中断过的国家。“中华民族具有百万年

① 习近平：《在文化传承发展座谈会上的讲话》，人民出版社2023年版，第42页。

的人类史、一万年的文化史、五千多年的文明史。”[①] 认识中华文明的“源”和“流”，有助于我们进一步寻求中华文明形成密码、了解中华文明发展的历史脉络、增强对中华文明的自觉认同，坚定文化自信自强。

（一）中华文明的“源”

根据中华文明探源工程的研究成果，早在 100 多万年前，中华民族的先人就在中国大地上繁衍生息，到了 1 万年前左右，在华北平原、长江流域出现了原始的农业，逐渐形成了早期的农业文化，到了 5000 多年前，逐渐孕育出古老的中华文明。

1. 中华文明的起源

千年遗址展现着古老文明的峥嵘岁月，精美瓷器凝聚着广大先民的智慧结晶，璀璨辉煌的中华文明在一次又一次寻根探源中得以展现起源的秘密。从 1 万年前开始的文化史，到 5000 年前形成的文明史，中华文明可以划分为“万年奠基，八千年起源，六千年加速，五千多年进入（文明社会）”[②] 若干个不同的发展时期。

“万年奠基”：距今 1 万年左右，伴随“新仙女木”事件的发生，全球气温变化使生存环境改变，人类在采集狩猎的同时也开始以栽培作物来获取新的食物来源。为满足农作物耕种的需要，先民们开始磨制石器和制作陶器，浙江浦江上山遗址出土了栽培稻和陶器、石器，湖南道县出土少量的陶器和稻谷遗存以及石、骨、角、牙器、动物骨

---

① 习近平：《在文化传承发展座谈会上的讲话》，人民出版社 2023 年版，第 1 页。
② 王巍：《中华文明探源研究主要成果及启示》，《求是》2022 年第 14 期。

骼，都是这一历史时期的生动印迹。同时，农耕的出现和发展使人类与土地命运相连，人类从“居无定所”的迁徙流动生活方式逐步走向季节性半定居状态，各地也出现了小型的定居村落，并以此为基础实现了文字、语言、风俗等不同文化的碰撞与融合，奠定了中华文明的深厚底色。

“八千年起源”：距今8000—6000年，全球气候进入大暖期，风调雨顺的环境为农业创造了得天独厚的发展条件。中国地貌与气候的多样性使农业形成了稻作与旱作（南稻北粟）两大农业体系的雏形，为应对精耕细作的农耕需求，石器和陶器数量不断增加且逐渐标准化。在农作物采集与耕种共生共存的同时，动物的狩猎与饲养也相伴相随，出现了具有驯化特征的猪、狗等家养动物。这一时期，社会经济总体上形成了以采集狩猎为主、农耕生产和家畜饲养为辅的模式，推动了中华文明的起源。同时，绿松石器、七孔骨笛、契刻符号的龟甲与石器等文化器具也于此产生，河南贾湖遗址、内蒙古兴隆洼遗址出现规模较大、随葬玉玦等的墓葬，说明社会已经出现分化，开启了文明起源的进程。

“六千年加速”：距今6000年前后，中华文明加快了起源的节奏，形成了原始手工业和原始艺术，其人口规模、族群规模和部落规模进一步扩大，此时社会处于母系氏族末期，社会分化加剧。黄河流域的粟黍栽培技术向长江流域传播，水稻耕作技术也向北传播到汉水流域和黄河中下游地区。随着农业的发展，手工业也取得了显著进步，以仰韶文化为代表，山西夏县师村遗址发现距今6000余年石制蚕茧，发掘者认为此时养蚕缫丝已经出现。同时，以黑彩为主的彩陶艺术流行和普及，陕西半坡出土众多的人面鱼纹盆等作品反映了先民们的精神文化追求与艺术创作能力。

"五千多年进入"：距今 5500—5000 年，是中华文明发展的重要时期，随着技术和社会的进步，农耕饲养比重逐渐增大，采集狩猎的作用逐渐降低，以种植粟和黍两种小米为代表的旱作农业和稻作农业取代采集狩猎。在距今 5500 年前后，黄河流域、长江流域等地已经分别形成了"谷豕是飨""饭稻羹鱼"为主要特点的农业社会，为中华文明的形成奠定了坚实的农业经济基础。随着农业生产发展，人们开始定居生活，并在此基础上逐渐出现社会分工，贫富分化也渐次发生，随之而来的便是阶级、阶层和各种社会组织的出现，并最终产生国家，东亚最早的国家形态的良渚文化也由此发展，进入了文明社会。

在良渚文化圈的北方，以泰山为中心的海岱地区，发现了距今 5300—4600 年的城墙、壕沟、大型墓葬等丰富的大汶口文化遗迹 2000 余处，出土玉器、彩陶等各类文物万余件。制造工具、发明科技、建设聚落、营造城池……各方面的发展进步展现出这个时代文明要素齐全、文明社会开启、以棺椁制度为代表的礼制初步形成等多重特征，有力证实了中华 5000 多年的文明史。

此外，从东北地区辽河流域的红山文化牛河梁坛、庙、冢，到江淮地区的凌家滩墓地和环壕聚落，再到中原地区以双槐树为代表的河洛古国遗址，在距今 5500—5000 年各地均出现了以城址、祭坛、王陵、"璧琮璜"玉礼器和"鼎豆壶"陶礼器为标志的古国，它们像满天星斗，最终形成了中华文明的源头。

中华文明探源工程的最新成果，深化了我们对中华文明起源和早期发展的认识，进一步推动了中华文明的历史研究，极大提升了中华文明的影响力和感召力。随着探源工程第五阶段工作的深入开展，有关中华文明起源、形成、发展的基本图景、内在机制以及各区域文明演进路径等重大问题也将会得到更加清晰明确的解答。

延伸阅读

中华文明探源工程

中华文明探源工程，全称是“中华文明起源与早期发展综合研究”，是继国家“九五”重点科技攻关项目——“夏商周断代工程”之后，又一项由国家支持的多学科结合、研究中国历史与古代文化的重大科研项目。

中华文明探源工程于2001年正式提出，该项目首先进行了为期3年（2001—2003年）的预研究。在预研究的基础上，2004年夏季，国家“十五”重点科技攻关项目“中华文明探源工程”正式启动。2004年，在全国范围内众多古文化遗址中，选定了河南郑州大师姑遗址、河南灵宝西坡遗址、河南登封王城岗遗址、河南新密新砦遗址、河南洛阳偃师二里头遗址及山西襄汾陶寺遗址中原地区六座规模大、等级高的城邑为第一阶段重点发掘和研究的中心性遗址。其间还通过对浙江良渚遗址、陕西石峁遗址、湖北石家河遗址等都邑性遗址和黄河流域、长江流域、辽河流域的其他中心性遗址实施重点发掘，并对这些遗址周边的聚落群开展大规模考古调查，以丰富的考古资料证实了中华大地5000多年文明。

项目研究认为，从距今约5800年开始，中华大地上各个区域相继出现较为明显的社会分化，进入了文明起源的加速阶段。可将从距今5800年至距今3800年划分为古国时代。与探源工程第四阶段相比，对古国时代的认识更加深化。

2. 中华文明起源的内在支撑

中华文明的发轫与早期的农耕、定居和文化发展密切相关，这些元素为中华文明的形成奠定了基础，并为后来的历史文化发展创造了条件。农耕生产方式的形成、超稳定国家机构的确立以及“大一统”观念的树立为其发轫奠定了坚实支撑。

（1）农耕生产方式的形成

中华文明的起源可以追溯到距今约8000年前的新石器时代晚期，主要分布在黄河流域和长江流域。这一时期，中国黄河流域和长江流域的人们逐渐放弃了狩猎采集的生活方式，开始依靠农耕来生存。他们学会了种植谷物、蔬菜和其他作物，学会了养殖家畜，这为群体的聚集和定居创造了条件。这一时期的农耕活动奠定了中华文明的经济基础，为后来的政治和文化发展创造了条件。

农耕生产方式的形成不仅仅是农业行为的简单实施，还涉及农业技术的不断进步，这使得中国可以满足不断增长的人口需求，同时也为粮食储备和贸易提供了机会，促进了城市的兴起。随着农耕生产方式的稳定发展，中国逐渐形成了以农业为基础的社会结构，土地所有权和分配体制得以建立。此外，农业也促进了文化和宗教的发展，因为农民需要用农事仪式来祈求好收成，同时农产品也成为贡品和宗教祭品的重要来源。这种宗教和文化的发展有助于形成中华文明的价值观念和社会秩序。

（2）超稳定国家机构的确立

中国政治体系的起源可以追溯到夏、商、周三代。夏朝被认为是中国历史上的第一个王朝；商朝继承了夏朝的传统，但在统治体系和仪式方面有所改进；周朝建立了著名的封建体制，为国家机构的确立奠定了更加稳定的基础。

秦汉时期是中国政治体系发展的重要阶段。秦始皇统一中国，建立了高度集中的中央政权，这一政治结构为中国后续的王朝政权奠定了基础，对确立超稳定性的国家机构起到了关键作用。汉朝继承了秦朝的政治体系，并在其基础上做了改进，汉朝中央集权和相对稳定的政治体系为中国的统一和长期发展创造了有利条件。

唐宋时期被认为是中国政治和文化发展的高峰时期。唐朝恢复了中央集权的秩序，科举制度也在这一时期进一步发展。宋朝则强调了文化和文学的重要性，儒家思想在国家治理理念中占主导地位。这个时期的政治繁荣为古代中国政治体系的持续稳定和文化繁荣打下了坚实的基础。

（3）“大一统”观念的树立

“大一统”观念的渊源可追溯到儒家思想，儒家强调社会秩序、君臣关系和家族道德的重要性，其思想大大强化了中央集权的政治统治。除此之外，法家思想也蕴含着“大一统”观念，法家着力强调法律、法治和强有力的国家机构在维护国家秩序方面的重要作用，为进一步强化国家统一观念作出了贡献。

“大一统”观念还体现在中国文化、语言和宗教方面。汉字作为共同的文字连接了中国各地，汉语的普及促进了信息流通和文化传播，中国的儒家、道家和佛教等各种宗教传统都在一定程度上强调个体与整体的和谐关系，这有助于增强社会的稳定性和统一性。“大一统”观念深入人心，在文化中根植深厚，在思想、政治和宗教层面层层渗透，塑造了中国人的价值观念，为中国的政治体系提供了理论基础，维护了社会的和谐与统一。

（二）中华文明的“流”

中华文明历经了多个朝代的更迭，政治、经济、文化等领域也都各自实现了不断进步和繁荣发展。晚清以降，中国面临内忧外患的严峻局面，中华民族历经了诸多艰难探索。幸运的是，自 1949 年新中国成立后，中华文化重新焕发活力，正在逐步实现中华文明的伟大复兴。中华文明源远流长和不断发展的历史充分体现了其韧性和影响力，为中国及国际社会的未来发展提供了无限可能。

1. 中华文明的发展

中华文明的形成阶段可以追溯到夏、商、周时期，这一时期是中华文明发展和演化的重要时期。

夏朝（约公元前 2070—前 1600 年）是中国历史上第一个有文字记载的王朝，被认为是中华文明的起点。夏朝的发展标志着中国社会从部落社会向国家政权的转变。夏朝的历史和文化遗产主要通过《夏小正》和《尚书》等文献记载下来。

商朝（约公元前 1600—前 1046 年）继承了夏朝的传统，发展了青铜冶炼技术和青铜文化。商朝时期的青铜器是中国古代文明的杰作，反映了当时的技术和工艺水平。商朝也见证了中国社会政治制度的进化，国家的统一性逐渐增强，官僚体系和礼仪制度开始形成。

周朝（公元前 1046—前 256 年）是夏商周时期的最后一个王朝，分为西周和东周两个阶段。周朝的建立标志着封建体制的确立，国家分封制度的建立使国家更加统一和稳定。西周时期的《周礼》和《周易》等经典文献强调了礼仪和道德，对后来的中国文化产生了深远的影响。东周时期则见证了分裂和战国时期的到来，这个时期是中国历史上政治动荡和文化繁荣的阶段。

中华文明的发展在秦汉魏晋南北朝时期取得了重要进展，这个时期经历了政治、社会和文化领域的巨大变革。

秦朝（公元前 221—前 207 年）是中国历史上第一个中央集权政权。秦始皇统一了六国，建立了中国的统一国家政权。秦始皇的政策包括标准化货币、度量衡和文字，这促进了国家统一和政府管理的有效性。“海内为郡县，法令由一统。”中华文明进入“大一统”国家的文明阶段，开启了统一多民族国家形成发展的新阶段。

汉朝（公元前 202—220 年）是中国历史上最为辉煌的王朝之一。汉朝继承了秦朝的中央集权政治体制，但也加强了官僚制度的建立和察举制度的实施，这为朝廷的管理和发展提供了人才支持。此外，汉武帝还开辟了丝绸之路，促进了中西文化和经济的交流。

魏晋南北朝时期（220—589 年）是中国历史上分裂与动荡的时代，中国分为多个王朝和政权。这个时期出现了多种文化、宗教和哲学思想，如佛教和道教的兴起，以及玄学和儒家思想的变革。这些思想和文化的交流和碰撞为中国文化的多样性和繁荣作出了重要贡献。

历史钩沉

丝绸之路

一般指陆上丝绸之路，广义的“丝绸之路”分为陆上丝绸之路和海上丝绸之路。狭义的“丝绸之路”是指起始于古代中国长安或洛阳，经甘肃、新疆，到中亚、西亚，并连接地中海各国的陆上通道。历代丝绸之路的起点都始自国都。这条路被认为是连接亚欧大陆的古代东西方文明的交汇之路，而丝绸则是最具代表性的货物。丝绸之路真正形成始于西汉张骞凿空。西汉时，阳关和玉门关以西即今新疆乃至更远的地方，称作西域。西汉初期，联络东西方的通道被匈奴所阻。汉武帝时，中原始与西域相通，开始加强对西域的经略。西域本36个国，后来分裂至50多个，都位于匈奴之西，乌孙之南。汉武帝听说被匈奴侵犯西迁的大月氏有报复匈奴之意，就派人出使大月氏，联络他们东西夹攻匈奴。陕西汉中人张骞以郎应募。建元二年（前139年），张骞率领100余人向西域进发，途中被匈奴俘获，滞留了10年，终于寻机逃脱，西行数十日到达大宛。这时大月氏已不想攻打匈奴而继续西迁，张骞没有达到目的，在西域待了一年多东返，途中又被匈奴扣留了一年多，后适逢匈奴单于死，国内大乱。元朔三年（前126年），张骞趁机回到大汉，受到汉武帝的热情接待，被封为太中大夫。此次西行前后达10余年，虽未达到目的，但获得了大量西域的资料，史学家司马迁称张骞此行为“凿空”。清代初期以后，政府采取了闭关锁国的政策，与此同时，造船技术和航海技术不断发展，海上交通代之而起，使丝绸之路贸易全面走向衰落。

2. 中华文明的成熟

中华文明在隋唐宋元明时期进一步成熟和繁荣，文化、艺术、科技、经济等各个方面都有了突出的发展。这一时期被称为中国历史上的黄金时代，也是古代中国在世界范围内享有极高声誉的辉煌时代，积淀着中华文明的深厚底蕴，展现了中华文明在政治、文化和经济领域的高度成就。

隋朝（581—618年）由隋文帝杨坚建立，结束了自南北朝时期以来的分裂局面，恢复了中国的统一。隋朝的主要成就之一是完成了大运河的修建，这一运河系统连接了中国南北，促进了贸易和文化交流。隋朝还推动了中央集权和官僚体制的改革，为后来的唐朝奠定了基础。

唐朝（618—907年）被视为中国历史上最为繁荣的时期之一，在政治、文化和经济方面都取得了重大突破。此外，唐朝的丝绸之路贸易繁荣，各种文化和宗教在中国传播交流，促进了文化的多元化发展。

宋朝（960—1279年）分为北宋和南宋两个阶段。北宋时期，中国政治稳定，科技进步，出现了许多重要的发明，如活字印刷术和火药。南宋时期，尽管丧失了北方领土，但文化繁荣仍然继续，绘画、文学和哲学取得了显著进展。

元朝（1271—1368年）是中国历史上首次由少数民族建立的“大一统”王朝。尽管元朝的政治局势相对动荡，但在经济领域实行了一系列重要的政策，如完善了货币制度，推动了国际贸易，为中国经济的繁荣和文化的融合作出了贡献。

明朝（1368—1644年）时期君主专制空前加强，多民族国家也进一步统一和巩固。明初废丞相、设立厂卫特务机构，加强了专制主义中央集权，但同时也为中后期宦官乱政埋下伏笔。明代手工业和商品经济繁荣，出现了商业集镇和资本主义萌芽。

3. 中华文明的衰落

清朝（1616—1911 年）是中国历史上最后一个封建王朝，尽管清朝初期的统治相对稳定，但它最终陷入了政治腐败和社会动荡的泥淖。清朝在 19 世纪中叶面临外部压力，包括来自英国、法国、沙俄等列强的侵略和不平等条约，这导致了中国领土的割让和国家的疲弱。1840 年鸦片战争以后，中国逐步沦为半殖民地半封建社会，国家蒙辱、人民蒙难、文明蒙尘。

19 世纪末，中国爆发了一系列社会和政治运动，如太平天国运动、白莲教起义和义和团运动，这些都反映了民众的不满和对清朝统治的反抗。清朝的衰落和国内外压力的增加最终导致了辛亥革命的爆

圆明园被称作“万园之园”，是中国园林艺术的巅峰之作，是一座收藏珍品相当丰富的皇家博物馆，1860 年 10 月 18 日，被英法联军纵火焚毁

发，这是中国近代史上的一次重要事件，由此结束了清朝的统治，建立了中华民国。1912 年到 1949 年，中国人民进行了艰辛的探索，进行了一系列政治、社会和文化改革，推动国家的现代化和民主化，然而在这一时期，中国面临着分裂、战乱、政治动荡和外部压力的挑战，中华文明和中华民族遭受了前所未有的苦难。

4. 中华文明的复兴

中华人民共和国于 1949 年成立，新中国的成立结束了中华民族多年的战乱和政治动荡，恢复了统一与稳定，中华民族从此开辟了一个新的历史纪元，迎来了实现伟大复兴的光明前景。在中国共产党的领导下，新中国着力于现代化建设，实施一系列社会变革，以推动工业化和农业现代化。20 世纪 70 年代末，中国开始进行一系列经济改革，引入了市场经济元素，吸引了外国投资和技术，并逐渐融入国际分工体系，这一时期的改革开放政策为中国经济的迅速增长和国际地位的提升奠定了基础。

在新中国成立特别是改革开放以来长期探索和实践基础上，自党的十八大以来在理论和实践上的创新突破，我们党成功推进和拓展了中国式现代化，习近平总书记从党和国家事业发展全局的战略高度提出：“在新的起点上继续推动文化繁荣、建设文化强国、建设中华民族现代文明，是我们在新时代新的文化使命。”① 今天，我们比历史上任何时期都更接近、更有信心和能力实现中华民族伟大复兴的目标，中国人民更加自信、自立、自强，极大增强了志气、骨气、底气，在历史进程中积累的强大能量充分爆发出来，正在信心百倍地书写着新

① 习近平：《在文化传承发展座谈会上的讲话》，人民出版社 2023 年版，第 10 页。

时代中国发展的伟大历史，在中国式现代化进程中深入推进中华民族现代文明建设。

二、中华文明的突出特性

习近平总书记指出：“中华优秀传统文化有很多重要元素……共同塑造出中华文明的突出特性。”[①] 这一重要论述表明，中华优秀传统文化形塑了中华文明突出的连续性、创新性、统一性、包容性、和平性。其连续性在于有悠久的历史渊源、有深厚的精神传承、有连续的政治制度和社会体制；其创新性在于有悠久的创新传统、有科技与文化的交流互鉴、有创新的社会发展模式路径；其统一性在于有共同信仰和核心价值观的传承、有多民族融合和统一的国家体制、有和平统一的文化传承；其包容性体现在文明的互学互鉴、融合包容，以及中国式和谐社会的构建；其和平性在于中国文化中一以贯之的和平理念、和平外交政策，以及推动世界和平的责任与贡献等。

（一）中华文明具有突出的连续性

中华文明的连续性根植于悠久的历史渊源。中华文明的历史可以追溯到早期的部落社会和古代王朝时期，如夏、商、周等，这些王朝在政治、文化、社会制度等方面对后世产生了深远影响。以孔孟为代表的儒家思想形成的伦理价值，奠定了中华文明的道德观念，为中华文明发展奠定了坚实根基。在漫长的历史进程中，中国的政治制度、文化传统等都经历了多次变革，但中华文明的核心特征始终得以保持。

① 习近平：《在文化传承发展座谈会上的讲话》，人民出版社 2023 年版，第 2 页。

中华文明的连续性突出表现在其深厚的精神文化传承中。中华文明凝聚着中华民族最深层的精神追求，博大精深的中华文明是中华民族独特的精神标识，在5000多年的传承中蕴含着以“仁义”“和合”“自强不息”等为内核的中华文化，具有不断复兴的雄厚力量，这些一以贯之的文化精髓，不仅为解决当今人类所面临的难题提供重要启示，也为人们认识世界和改造世界提供有益启发。汉字作为中华文明的载体和重要标识，承担着记载、传播、传承思想文化的使命，滋养中华儿女独特的文化基因，从商代甲骨文到今天的简体字，虽然书体不断变化，但始终贯穿着象形、指事、会意、形声等造字方法。虽然经历了人口迁移和民族融合，以及近代以来西方文化的大规模冲击，但中国人对汉字的使用一刻也不曾中断。

中华文明的连续性还体现在其政治制度和社会体制的延续上，在漫长的历史进程中，中国的国家制度和治理体系不仅维持了自身的长期稳定和持续发展，也为周边国家和民族提供了蓝本与借鉴。作为中央集权制的“大一统”国家，君臣之间明确权责分工、寻求多维度的权力制衡，社会上下建立整套的礼制仪式规范，虽然在不同历史时期，中国古代政治模式经历了多次改革和调整，但其核心理念和组织结构仍然保持了连续性，这种连续性有助于确保国家的政治稳定，为中华文明提供了政治治理的坚实基础。当代中国社会制度虽然同古代的奴隶社会、封建社会制度有着本质区别，但也在剔除旧制度不合理因素的同时，继承了传统治理的优秀经验和思想智慧。

从中华文明突出的连续性来认识中国，更能深刻感悟中华文明的博大精深，更能找到中华民族何以能始终屹立于世界民族之林的答案。中华文明的连续性不仅仅是历史性的存在，在今天也更具有当代价值，我们要立足中华文明突出的连续性，认清当代中国所处的历史方位，明确我们所推进和拓展的中国式现代化深深植根于中华优秀传统文化，增强历史自觉、掌握历史主动、坚定历史自信。

（二）中华文明具有突出的创新性

中华文明始终强调创新的重要性，一直将创新视为其生存和发展的必要条件。正如习近平总书记所指出的："中华文明是革故鼎新、辉光日新的文明，静水深流与波澜壮阔交织。"[①] 这种精神气质一直驱动着中国在不断变革的世界中保持强大的活力。中国的创新传统源远流长，且不仅限于思想和哲学领域，中国的科技创新在历史上也占有着重要地位。古代中国在天文、地理、中医学等方面取得了辉煌的科技创新成就，为中华文明奠定了坚实基础。自古至今，中国的创新传统从未泯灭。习近平总书记在多个场合强调了创新的重要性，提出"创新是引领发展的第一动力"[②]。中国在科技、制造业、绿色能源等领域都取得了显著的成就，展示出强大的创新潜力，也在全球范围内产生了深远影响。

儒家思想在中国历史上一直占据着重要地位，具备极强的灵活性和包容性，能够适应时代发展的需要。在不同的历史发展阶段，儒家思想有着不同的表现形式。例如，宋明理学强调"格物致知"，将儒家思想与自然科学相结合，推动了科学和哲学的发展。儒家思想的演化创新反映了中华文明持续发展的能力，同时也为当代中国提供了创新发展的智慧。

中华文明的创新性还体现在科技与文化的交流互鉴中。习近平总

① 习近平：《在文化传承发展座谈会上的讲话》，人民出版社 2023 年版，第 3 页。
② 习近平：《全面加强知识产权保护工作　激发创新活力推动构建新发展格局》，《求是》2021 年第 3 期。

书记提到的古丝绸之路的商贸和知识交流便是这方面的典例。中国古代不仅向西方传播了丝绸、瓷器、农业技术等物质文化，还吸收了佛教、伊斯兰教、阿拉伯的天文、历法、医药等知识，从而丰富了自己的文化。在当代，中国也在积极参与全球科技创新和文化交流，这种开放合作的姿态使中国能够充分汲取外来优秀养分，同时也可为世界提供中国的创新经验和宝贵智慧。

中华文明的创新性对中国社会的发展有着深远的影响。在中国改革开放的进程中，创新被视为推动社会变革和经济增长的重要引擎。在当今全球挑战日益复杂的背景下，中国不断推动新科技、新产业、新模式的创新，以期为中国的未来提供更多的机遇和可能。总之，中华文明突出的创新性奠基于中国源远流长的历史与博大精深的文化，为当代中国提供了不竭的智慧和动力。唯有深入传承理解中华文明的创新传统，才能更好地应对挑战，实现社会、文化、科技和经济的可持续发展，为全球进步与世界和平作出更大贡献。

（三）中华文明具有突出的统一性

中华文明的统一性源自中华民族统一的国家形态。中华民族居于亚洲东部，其地理环境是三面环山一面向海，由此形成了天然屏障。由于地域具有相对封闭性，因此中华民族借助于独立的地理单元，形成了内部结构复杂完整的体系，多个民族在这一共同的土地上繁衍生息。从早期各地兴起的部落文化形态到三皇五帝时期形成的华夏族，再到夏商周时期形成的统一的国家形态，最后到秦汉时期形成的“大一统”的国家，中华文明逐渐从多元走向统一，形成了多元一体的中华文明。

中华文明突出的统一性在于其共同信仰和核心价值观的传承。

儒、释、道相辅相成，会通共生，共同构建了中华民族的精神家园。在当代中国，这种统一的信仰和价值观仍然发挥着重要作用。中国积极倡导社会主义核心价值观，着力提升社会凝聚力与向心力，这种统一的价值观有助于维护社会稳定和国家团结。

中国是一个多民族国家，中华文明的统一性也体现在各民族之间的融合中。历史上的秦、汉、唐、宋等朝代，都展现了不同民族文化的碰撞与融合。这种融合不仅表现在文化、宗教、语言等方面，还反映在国家治理和社会制度上。在当代中国，民族团结和多元统一的理念继续发挥着重要作用。中国政府积极倡导各民族文化的传承与发展，鼓励各民族之间的交流互鉴。这种多元统一有助于构建和谐社会，促进民族团结，维护国家的稳定和统一。

中华文明的统一性表现为最基本的语言、文字。中华文明历久弥新，而语言文字却始终未断，成为中华民族交流交往、文化保存与传播以及文化传承的重要载体，表现为一系列的政治法律制度。中华民族在漫长的历史进程中形成的土地制度、赋税制度、科举制度、监察制度、军事制度等制度体系，成为维系中华民族长治久安、社会稳定的重要保障。而在此基础上形成的道德观念、思想理念以及价值追求也成了中华民族共同的精神家园、思维方式和道德行为，也成了中华民族共同的文化品质。

中华文明的统一性最终体现为中华民族对国家统一的认同上，这在中国古代历史中也可以得到明显的确证。以汉族为主体的统一王朝通过中原地区经济、社会和文化的发展，协同和带动周边少数民族发展，形成强大的向内凝聚力，而以少数民族统治者为主体建立的统一王朝本身就是向内凝聚的产物。在多民族王朝并立的时期，各王朝都以正统自居，中华文明依然表现出突出的统一性，各民族文化融为一体的内聚性依然在发展。无论是在乱世还是在盛世，都体现出强大的文化凝聚力和融合共生性，这种强大的凝聚力既体现在近代中华民族一致对外、共御外侮的革命实践中，也体现在现代改革开放、抗震救灾以及共同抗疫等奋斗历程中。

（四）中华文明具有突出的包容性

中华文明突出的包容性在于其对不同文化、信仰和思想的融合与包容。古代中国是一个多民族、多文化的国家，不同地区的文化在长期的交流中逐渐融合，形成了统一的文明体系。这种文明融合的包容性，反映在中国的语言、文学、艺术、宗教、哲学等各个方面。在当代中国，这种包容性仍然发挥着积极的作用。中国政府鼓励多元文化的传承和发展，尊重保护各民族的文化传统。这种文明的包容性有助于促进社会的多元和谐，增强国家的文化自信心，也有利于开展国际的文化交流与合作。

中华文明包容性的表现之一是其与其他文明的互学互鉴。古代的丝绸之路是文明交流的重要途径，中国通过与西亚、欧洲等地的贸易交往，输出了丝绸、瓷器、茶叶等物质成果，同时也吸收了外来文化。这种文明互学互鉴为中国文化的丰富和发展提供了机会。在当代中国，互学互鉴的理念仍然得以传承，中国的电影、音乐、文学等文化产品逐渐走向国际，同时，中国也愿意接纳外国的各类优秀文化。只有保持开放交流、吐故纳新，才能在与他者的对话中不断超越和提升自我。

中华文明包容性的精神在和谐社会建设中也有所体现。中国政府提出了构建和谐社会的目标，强调人与自然、人与社会、人与人之间的和谐，这种和谐观念与中华文明包容性的特点相契合。中华文明强调民族团结和互助，尊重各民族的传统文化和习俗，这也促进了不同民族之间的和谐共处和共同发展。在当代中国，和谐社会建设是国家政策的一部分，政府鼓励社会各界的合作与协调，推动社会公平正义，这种包容性的和谐观念有助于化解社会矛盾、推动社会稳定发展。

时代声音

尼山世界文明论坛：在历史激流中，传递不熄之光

千年过后，那场关于孟子与荀子人性善恶之辩的大讨论似乎又泛起波澜，人性之善恶，世界之方向，成了这个时代的悬空之问。

无论是从20年后回头看，还是在20年前往后看，此刻似乎都是一个大的历史转折点。第二次世界大战以来的国际秩序正在重构，世界的对抗局势正轰鸣作响，俄乌战争、民粹主义、贸易保护主义、逆全球化思潮，让那些已形成共识的公约数充满变数，不安与焦虑写在这个时代的脸上。

数千年的文明史，世界百年未有之大变局，你我，皆在其中。

如何以对？

沟通与对话依然不可缺位。第九届尼山世界文明论坛于2023年9月26日至28日在山东曲阜尼山举办。1场高端访谈、2场主旨演讲、3场高端对话、10场分组对话等主论坛活动，以及尼山世界古典文明论坛、“东西问 · 中外对话”论坛、儒学高峰论坛等 13 个平行分论坛都将纷至沓来。

从首届论坛的主题“和而不同与和谐世界”伊始，到本届的主题“全人类共同价值与人类命运共同体——加强文明交流互鉴共同应对全球挑战”，在圣人故里、尼山之巅，追寻大同世界的声音如约在这里发出，成为巨变时代中的不变。

（五）中华文明具有突出的和平性

中华文明突出的和平性在古代中国文化中有着深刻的体现。中华文明是热爱和平、崇尚和睦、追求和谐的文明。无论是孔子的“己所不欲，勿施于人”，还是墨子的“兼爱”“非攻”，抑或是老子《道德经》中提出的“以和为贵”“不以强胜，故能以和相处”等理念，都强调了和平相处的价值。数千年来，中国的和平观不断得以吸纳与发展，并通过哲学宗教、文学艺术、礼仪习俗等途径渗入中国人的生活之中、融入中华民族的血脉之中、刻入中华文明的基因之中。“和平”也由此上升为中国人的核心价值观之一，塑造出中华文明“天下太平”的政治理想、“协和万邦”的处世之道。和平性是中华文明思想理念的精华，是中华民族深沉的精神追求，也是建设更加美好世界的必然要求。

中华文化的和平性体现在相互尊重、超越对立冲突的观念之中。中华文明历来对于倚强凌弱、以大欺小、刻板僵化等都持批判态度，从不把自身的观念绝对化、不把自身的利益绝对化，而是强调与他人和其他文化、社会和平共处。中国文化中关于“四海之内皆兄弟也”的观念，关于“仇必和而解”的价值以及“礼尚往来”等实践中体现的原则，正是对于相互尊重、超越冲突、和平共处的深切阐释。

中华文明的和平性体现在文明对话、互学互鉴的彼此理解之中。文明差异是人类发展进步的前提，各文明之间应在相通中寻求理解，在互鉴中追求发展，唯有不同文明的“各美其美”才会最终达到“美美与共”的境界。中华文明的发展是“海纳百川，有容乃大”的结果，也是不同文明通过相互对话取得进步的例证。正是和平性的存在才使得文明对话和沟通不断展开，让人类能够不断迈向新的未来。

2023 年 5 月 28 日，中老铁路客运列车通过老挝琅勃拉邦湄公河特大桥

中华文明的和平性体现在与世携手、共谋发展的追求探索之中。中华文化关于“天下为公”的理念，就是创造和谐共同体的思想。作为世界上最大的发展中国家，中国积极投身国际合作，为国际社会的和平与发展作出了突出贡献。习近平总书记站在人类前途命运高度，深刻辨析历史大势，明确宣示中国始终不渝走和平发展现代化道路的决心，为人类和平与发展事业凝聚奋进力量，为世界走向更加美好的明天指引前行方向。中国积极参与国际事务，坚定支持联合国等国际机构在维护国际和平与安全、推动全球可持续发展方面的工作。中国提出共建“一带一路”倡议，通过互利合作促进共建国家的共同发展，实现地区和平稳定。这些均体现了中华文明的包容性与和平性，为构建人类命运共同体提供了有益探索。

三、中华文化的精神特质与中华民族的精神依归

中华文化铸就了中华民族独特的精神标识，既是中华民族应对一系列国际、国内复杂问题的价值支撑，也是中国共产党人执政理念的具体写照。坚持和发展马克思主义，必须同中华优秀传统文化相结合，不断赋予科学理论鲜明的中国特色，让马克思主义在中国牢牢扎根。只有植根中华民族的历史文化沃土，马克思主义真理之树才能根深叶茂。

（一）中华文化的精神特质

在5000多年漫长的历史文化积淀中，中华文明孕育了“讲仁爱、重民本、守诚信、崇正义、尚和合、求大同”[①]的价值观念，这是中华

① 《习近平谈治国理政》第1卷，外文出版社2018年版，第164页。

民族精神特质的鲜明体现，也是对中华民族精神特质的体系化阐释。

1. 讲仁爱

仁爱是中国传统儒家文化的核心内涵，孔子是仁爱思想最为重要的阐发者。他将“仁”作为自己思想的核心范畴，并将其解释为“爱人”。凡有人群的地方，人们都必须相亲相爱、和睦相处，社会才会安定与和谐，人类群体才能得到繁衍和发展。以孔子为代表的儒家将仁爱讲得很平实，从每个人对父母、亲人的情感开始，首先是孝敬父母、尊重兄长，然后把范围进一步扩展，由爱亲人推到爱陌生人，由爱百姓推到爱万物，爱草木鸟兽、瓦石山水。

习近平总书记以此告诫我们，一个政党，一个政权，其前途命运最终取决于人心向背。怀揣博大的“仁爱”之心践行为民服务之本，“守望相助、扶危济困”，则前途光明、成果辉煌。毫不夸张地说，“仁爱”是社会主义核心价值观总的基础，尤其是现代社会、国家、个人发展的价值源泉。

2. 重民本

民本思想在中华文化史上源远流长，是中华民族独特的精神标识。像孔子的“为政以德”、孟子的“民贵君轻”和荀子的“君舟民水”都是我国古代典型的民本思想。中国古代民本思想主要有以下3个方面的内容：首先，民本思想的倡导者坚持一切政治权力来源于人民；其次，作为统治者一定要认识到人民力量的重要性；最后，安民、富民、利民、养民成为历代统治者进行国家治理的重要内容，让人民过上好日子是统治者执政最重要的目标。民本思想对于维持社会秩序意义重大，但自身也存在一定的历史局限性，民本思想只强调为人民而统治，而忽视了让人民来统治的问题。

习近平总书记在庆祝改革开放40周年大会上的讲话中强调：“我们要着力解决人民群众所需所急所盼，让人民共享经济、政治、文化、社会、生态等各方面发展成果，有更多、更直接、更实在的获得感、幸福感、安全感，不断促进人的全面发展、全体人民共同富裕。”[①] 当前，我们需要在深入挖掘和阐发中华传统民本思想中的潜在价值和现代意义的基础上，做好由中华传统民本思想向社会主义民主的创造性转化和发展的重要工作，更加充分地发展与完善中国特色社会主义民主政治，让发展成果惠及全体人民。

3. 守诚信

在中国可靠的文献记载中，诚信思想出现很早。早在《尚书》中便有赞扬帝尧诚信的记录。春秋时期，王命不振，诸侯纷争，诚信成为一个国家能否生存的根基，这同时也给予了诚信思想非常重要的发展空间。这一时期，诚信思想在政治、外交、军事层面的重要价值得到充分挖掘和运用。诚信的内涵非常丰富，诚与信既有差异，又相互连通融为一体。诚是信的前提，信是诚的保证；诚是信的内在自觉，信是诚的外在展现。只有做到诚信合一，方可立德立人。当然，不仅个人层面需要做到诚信，对于一个国家和一个民族来说，同样也需要做到诚信。诚信既是治国为政之本，也是进德修业之根。

进入新时代以来，习近平总书记在不同场合对诚信的重要性作了多次阐述，指出“中国人历来讲求‘一诺千金’”[②]，强调“把守法诚

---

① 《习近平著作选读》第2卷，人民出版社2023年版，第224页。
② 《十九大以来重要文献选编》中，中央文献出版社2021年版，第22页。

信作为安身立命之本”，为诚信在社会生活、外交关系和时代价值上的体现开启了多维视野，提供了基本遵循，树立了中国“以诚待人、以信为本”的大国形象。

4. 崇正义

正义是我们核心观念的深厚土壤和牢固根基。在汉语里，正义即公正的道理，与公平、公道、正直、正当等相连。正义为社会的一切发展提供了必要的基础，也是人之为人的必然要求。在儒家看来，人要成为一个真正的人，少不了要遵守人之“义”，即人们的行为要合乎道义，遵守礼义。当“义”与“利”冲突时，要以义为上，不可见利忘义。正义同时还强调个人的责任与担当，身处社会中的个人，一定要履行社会责任和道德义务，处理好个人欲望和道德规范的关系，把握好其中的“度”，做到中庸而为。

习近平总书记强调要努力让人民群众在每一个司法案件中都感受到公平正义，所有司法机关都要紧紧围绕这个目标来改进工作，重点解决影响司法公正和制约司法能力的深层次问题。一个富强、民主、文明、和谐、美丽的国家，一定是崇尚正义的国度。在这样的国度里，社会成员应按照个人的社会角色自觉修行，善养浩然正气，以天下为己任，勇于担当，爱国敬业，信义至上，不偏不倚。

5. 尚和合

和合是中华优秀传统文化的思想精华，是中华文化审视人与自然、人与社会、人与人之间关系的根本标尺，是中华民族化解自然与社会、不同族群、不同国家、不同文明之间歧异的重要理论资源。和合意味着不同事物之间的关系状态。中华民族在当今日益多元开放的世界潮流中，凭借海纳百川的姿态吸收借鉴其他各民族的有益发展成果，做到以我为主、为我所用，与世界各民族相互碰撞、相互交融，取长补短，共同发展。

中国共产党提出绿水青山就是金山银山的理念，将“坚持人与自然和谐共生”纳入新时代坚持和发展中国特色社会主义的基本方略，始终坚持“求同存异”，强调“和而不同”，充分彰显了“和合”理念的时代价值。“和合”思想作为中华文明中最富生命力的精神内核，综合了各个历史时期儒、释、道的思想精华，吸纳了历朝历代治国理政的有益经验，彰显了中华民族内在的精神特质。

6. 求大同

自古以来，“大同”一直是中国人关于理想社会的梦想，在实践中不断被注入新的内容和精神。“大同”一词最早在《尚书》中用来描述人民与天地鬼神同心同德的状态，直到《礼记》中才用来指称某种社会理想。“大同”克服了家天下制度下包含的亲疏远近等区分，打破了人我的界限。其特点是天下为公、选贤与能、各得其所与世界太平，其核心是与私相对的公。

在近代到现代的政治实践和思想探索中，大同思想都发挥了重要的作用。大同思想一方面成为接引西方先进思想的传统资源，另一方面是批判和超越传统专制政治、社会和伦理的工具。大同思想同时也是中国贡献给世界最为宝贵的精神财富之一，它使得人类同呼吸、共命运有了一个文化的基础。100 多年来，中国共产党始终致力于为中国人民谋幸福、为中华民族谋复兴，致力于为人类谋进步、为世界谋大同，为解决人类重大问题，建设持久和平、普遍安全、共同繁荣、开放包容、清洁美丽的世界贡献中国智慧、中国方案、中国力量。

（二）中华民族的精神依归

中华优秀传统文化博大精深，其中蕴含的"天下为公、民为邦本、为政以德、革故鼎新、任人唯贤、天人合一、自强不息、厚德载物、讲信修睦、亲仁善邻"[①]等思想，同科学社会主义价值观主张具有高度契合性。我们必须坚定历史自信、文化自信，坚持古为今用、推陈出新，把马克思主义思想精髓同中华优秀传统文化精华贯通起来。

1. 天下为公

"天下为公"最早出自《礼记·礼运》，原文是"大道之行也，天下为公"。该句描绘了一个选贤任能、没有纷争、各得其所的大同世界。按照东汉经学家郑玄的解释，"天下为公"的"公"即是"共"的意思，即天下是全天下人共有的天下。在此，通过选拔具有德行与才能之人来治理国家，使得人与人之间注重诚信、和睦共处。由此可见，大同世界呈现出一派无差别、团结和谐、天下一家的美好景象。

马克思主义的社会理想与"天下为公、天下大同"的理念息息相通，紧密契合。这种理想追求公平正义，致力于消除社会矛盾，为全体人民创造和谐共处的环境。在这一过程中，马克思主义以其科学、严谨的理论和实践指导，为实现这一宏伟目标提供了坚实的基础。面对"世界向何处去、人类怎么办"的时代之问，以习近平同志为核心的党中央科学洞察世界大势和时代潮流，着眼中国人民和世界人民的

---

① 习近平：《高举中国特色社会主义伟大旗帜　为全面建设社会主义现代化国家而团结奋斗——在中国共产党第二十次全国代表大会上的报告》，人民出版社 2022 年版，第 18 页。

共同利益，提出了一系列具有开创性、引领性意义的新理念、新主张、新倡议，推动构建人类命运共同体，构建相互尊重、公平正义、合作共赢的新型国际关系，弘扬和平、发展、公平、正义、民主、自由的全人类共同价值。当新冠疫情肆虐蔓延的时候，中国在关键时刻挺身而出、伸出援手，向 120 多个国家和国际组织提供超过 22 亿剂疫苗，向 30 多个国家派出医疗专家组，向 150 多个国家和 15 个国际组织提供抗疫物资……让世界看到中国推动构建人类命运共同体的宽广胸襟，感受到来自中国的友善和温暖，从而深信一个日益走近世界舞台中央的中国是世界经济的“增速器”、世界安全的“稳压阀”。新征程上，坚持胸怀天下、天下为公，我们有决心、有信心、有力量为人类作出新的更大贡献，推动历史向着光明的前途前进。

经典文献

礼运大同篇

昔者仲尼与于蜡宾，事毕，出游于观之上，喟然而叹。仲尼之叹，盖叹鲁也。言偃在侧，曰：“君子何叹？”孔子曰：“大道之行也，与三代之英，丘未之逮也，而有志焉。

“大道之行也，天下为公，选贤与能，讲信修睦。故人不独亲其亲，不独子其子，使老有所终，壮有所用，幼有所长，鳏寡孤独废疾者皆有所养，男有分，女有归。货恶其弃于地也，不必藏于己；力恶其不出于身也，不必为己。是故谋闭而不兴，盗窃乱贼而不作，故外户而不闭，是谓大同。

“今大道既隐，天下为家，各亲其亲，各子其子，货力为己，大人世及以为礼，城郭沟池以为固，礼义以为纪，以正君臣，以笃父子，以睦兄弟，以和夫妇，以设制度，以立田里，以贤勇知，以功为己。故谋用是作，而兵由此起。禹、汤、文、武、成王、周公，由此其选也。此六君子者，未有不谨于礼者也。以著其义，以考其信，著有过，刑仁讲让，示民有常，如有不由此者，在执者去，众以为殃，是谓小康。”

2. 民为邦本

“民为邦本”出自《尚书·五子之歌》，原文为“民惟邦本，本固邦宁”。意思是说，民众是国家的根本，只有百姓安居乐业，根本稳固了国家才能安定。“民为邦本”是古代民本思想的集中体现，将民众视为治国理政的根本，是中国古代圣贤早在数千年前就已萌生的远见卓识和政治理想。从“民惟邦本，本固邦宁”到孔子的“君以民存，亦以民亡”，从孟子的“民为贵，社稷次之，君为轻”到荀子的“水则载舟，水则覆舟”，从朱熹的“国以民为本，社稷亦为民而立”到黄宗羲的“天下之治乱，不在一姓之兴亡，而在万民之忧乐”……历史上诸多学者都推崇民本思想，认为民心向背决定了国家和政权的稳固性和长远性，治国理政重在得民心。

“民为邦本”寄托着中国历代先贤的政治理想，也成为中国共产党人的为政之道。我们党在治国理政过程中，将马克思主义群众观与中华优秀传统文化中的民本思想相结合，在此基础上凝练并升华出“人民至上”的执政理念。毛泽东认为：“人民，只有人民，才是创造世界历史的动力。”[1] 进入新时代，习近平总书记提出“人民是我们党执政的最大底气”“中国共产党根基在人民、血脉在人民、力量在人民”[2] 等重要论断，深刻阐释了党和人民生死相依、休戚与共的深层逻辑。党的二十大报告要求广大党员干部“深入贯彻以人民为中心的发展思想”，强调指出“坚持以人民为中心的发展思想”，“让现代化建设成果更多更公平惠及全体人民”[3]。

3. 为政以德

“为政以德”最早出自《论语》“为政篇”，全句是“为政以德，譬如北辰，居其所而众星共之”。“为政以德”，即政府必须用道德的方法来治理国家。古代强调任人唯贤、为政以德，都是强调一个“德”字。这里的“为政以德”包含两个层面：一是为政者要学会用德，施行德政；二是为政者要修德，提高个人的品德。中华优秀传统文化提倡为官者应该从忠厚、诚实、清正、廉洁、谨慎、勤奋等方面提升个人修养，注重任贤、爱民、纳谏的政治品格。国无德不兴，人无德不立。在中国古代社会，一个官员的政治标准首先应是道德上的贤人，然后才是执政上的能人。“大学之道，在明明德，在亲民，在止于至善”。正己修身、清廉为官、重义轻利等价值观通过学校教育的经典研读和选拔人才的考试制度内化为即将入仕者的君子人格。此外，历代帝王也经常用策试、考试的方式督促为官者时刻坚守

---

① 《毛泽东选集》第 3 卷，人民出版社 1991 年版，第 1031 页。
② 《习近平著作选读》第 2 卷，人民出版社 2023 年版，第 482 页。
③ 习近平：《高举中国特色社会主义伟大旗帜　为全面建设社会主义现代化国家而团结奋斗——在中国共产党第二十次全国代表大会上的报告》，人民出版社 2022 年版，第 10、27 页。

政德。秦代的《为吏之道》中就包含了要求官吏忠诚、清廉、审慎、喜善、恭敬的内容。汉代察举科目中包含孝廉、茂才、贤良方正等，其要义就是“公、能、智、勇”等道德标准。唐代吏部有考功司，以“德义”“清慎”“公平”“恪勤”所谓“四善”来考核从政为官道德。

习近平总书记指出：“做官先做人，做人先立德；德乃官之本，为官先修德。”[①] 也就是说德既是立身之本、为官之魂、为政之要，同时也是立国之基，这体现了“为政以德”理念在新时代、新征程上焕发出的蓬勃生机。我们党始终推进党的自我革命，为确保党的先进性和纯洁性，为更好地为政以德、从政以德提供了思想基础、制度保障和力量源泉。金杯银杯不如老百姓的口碑。习近平总书记多次提到福建省东山县原县委书记谷文昌，他坚持把群众放在心中最高位置，尽心尽力解决群众的实际问题。新中国成立前，国民党从东山县抓“壮丁”，抓走了几千名青壮年，“壮丁”家属也因此被戴上“敌伪家属”的帽子。这些所谓的“敌伪家属”政治上受歧视、精神上受折磨，严重影响了他们的日常生产生活。谷文昌看在眼里、急在心上，最终向县委提议，为这些所谓的“敌伪家属”平反，建议县委将“敌伪家属”称呼改为“兵灾家属”。谷文昌深情地说：“我们东山县，差不多有一半的家庭被拆散！‘敌伪家属’几乎遍布全岛，难道我们要把他们全部推到敌人那一边去吗？”民心就是最大的政治，这一务实做法赢得了老百姓的一致点赞和坚定拥护。由此可见，为人民服务不是一句空洞的口号，它有着实实在在的内容。共产党人就是要追求为人民服务的实效，把人民对美好生活的向往变成现实。

---

① 习近平：《之江新语》，浙江人民出版社 2007 年版，第 258 页。

4. 革故鼎新

“革故鼎新”出自《周易·杂卦》，原文为“革，去故也；鼎，取新也”。“革”与“鼎”分别是六十四卦中相邻的两个卦，二者卦形相反，彼此互为综卦，“革”是去旧，“鼎”是更新。“革故鼎新”意思是“除去旧的，建立新的”，人们以“革故鼎新”来指破旧立新，推动事物发展和社会进步，其要义是坚持变革、去旧更新。在中国历史上，许多著名的政治家和改革家都很推崇革故鼎新这一理念，并试图在其所处的时代中实践这一思想。春秋战国时期，孟子提出“故天将降大任于是人也，必先苦其心志，劳其筋骨，饿其体肤，空乏其身，行拂乱其所为，所以动心忍性，曾益其所不能”的论断，主张通过个人努力和自我改造达到革故鼎新的目的。

习近平总书记多次强调革故鼎新思想的重要性。2019 年 5 月 15 日，习近平总书记在出席亚洲文明对话大会开幕式时指出，“革故鼎新、与时俱进是中华文明永恒的精神气质”。[①] 另外，党的二十大报告指出，“经过不懈努力，党找到了自我革命这一跳出治乱兴衰历史周期率的第二个答案，自我净化、自我完善、自我革新、自我提高能力显著增强”[②]。中国共产党百年党史就是一部自我革命史。自 1921 年成立以来，中国共产党一以贯之重视和坚持党的自我革命，以刀刃向内的魄力和胆识解决影响党的先进性、弱化党的纯洁性的各种问题，不断以自我革命引领和推动历史发展进程。中国共产党不畏前进道路上的牛鬼蛇神，勇于接受急风暴雨和大浪淘沙的考验，以“虽

① 习近平：《深化文明交流互鉴　共建亚洲命运共同体——在亚洲文明对话大会开幕式上的主旨演讲》，人民出版社 2019 年版，第 9 页。

② 《习近平著作选读》第 1 卷，人民出版社 2023 年版，第 12 页。

千万人，吾往矣”的魄力，驰而不息、锲而不舍，保持“永远在路上”的恒心和韧劲，筑牢自我革命的信念根基。

5. 任人唯贤

“任人唯贤”出自《尚书·咸有一德》：“任官惟贤才，左右惟其人”，后世据此典故引申出成语“任人唯贤”。在现代汉语中，“贤能”一词通常连用。而在古代，贤是贤，能是能。根据古代大儒的注解，有德谓之贤，有技谓之能。可见，贤、能之分，即德、才之别。用人以公，方得贤才；公正用人，公在公心。公心，贵在去私，归根结底是对事业的责任心。有了公心，才能有识人之明、举贤之胆、容才之量，才能做到唯才是举、任人唯贤。《吕氏春秋》中记载了晋国大夫祁奚的故事。祁奚推荐仇人解狐担任南阳令，推荐自己的儿子祁午担任军事统帅，最终结果都证明其荐人得当。晋平公问：“你为何既举荐你的仇人，又推荐与你关系密切的人呢？”祁奚答道：“您问的是何人能胜任，并非问及与我的关系呀！”祁奚以能否胜任为标准来举荐人才，而不论其人与己的亲疏远近。这种以国家社稷为重、毫无偏私的做法，受到人们赞誉。

在治国理政中，首要之事是用人。官吏贤德与否不仅关系到国家的治乱兴衰、君主的正邪劳逸，还关系到民风的善恶厚薄。正是由于对“任贤必治，任不肖必乱”的历史规律有着深刻的认识，中国共产党历来高度重视选人用人问题，始终将选贤任能作为做好党和人民事业的关键。

党的二十大报告多次提到人才问题，强调建设堪当民族复兴重任的高素质干部队伍，必须“坚持党管干部原则，坚持德才兼备、以德为先、五湖四海、任人唯贤，把新时代好干部标准落到实处。树立选人用人正确导向，选拔忠诚干净担当的高素质专业化干部，选优配强各级领导班子"[①]。

我国现行的集体领导制，官员选拔、晋升、考核、问责等机制，以及人民政治协商会议制度、中国共产党纪检监察制度等，无不从古代贤能政治中汲取了智慧。中国共产党人作为中华优秀传统文化的忠实继承者和弘扬者，不断从传统文化中汲取精华，通过创造性转化和创新性发展，将古人治国的智慧和经验融入治国理政之中，形成了具有中国特色的国家治理模式。

6. 天人合一

"天人合一"思想，儒、道、释等诸家各有阐述，多指人与道合为"天地与我并生，万物与我为一"的境界，也指天人相合相应。其中，老子所说的"人法地，地法天，天法道，道法自然"，是中国传统文化中反映人类与大自然之间关系的最具代表性的概念，强调了人与自然之间的紧密联系、相互依存的关系，揭示了人类作为自然的一部分应遵循自然规律和宇宙规律的原则。

习近平总书记所强调的绿水青山就是金山银山的理念，便浸润着中国"天人合一"的古老智慧。在这一理念的指引下，我国发展的"含绿量"越来越高。钢铁行业技术升级、实施超低排放改造；长江沿线化工企业"关改搬转"；我国建成世界最大的清洁发电体系；新能源汽车等绿色环保战略性新兴行业走上"风口"。过去十年，中国以年均 3% 的能源消费增速支撑了平均 6.6% 的经济增长，这一数字

① 习近平：《高举中国特色社会主义伟大旗帜　为全面建设社会主义现代化国家而团结奋斗——在中国共产党第二十次全国代表大会上的报告》，人民出版社 2022 年版，第 66 页。

乌东德水电站是世界第七、中国第四大巨型水电站，平均年发电量预计为 389.1 亿千瓦时，每年能够节约标准煤 1220 万吨，相当于 24.4 个年产 50 万吨的中型煤矿的产量；减少二氧化碳排放量 3050 万吨、二氧化硫排放量 10.4 万吨，相当于种植 8.5 万公顷的阔叶林

有力展现了中国绿色发展的积极成效。

7. 自强不息

“自强不息”出自《易传 · 象传上》中的“乾”卦一节，原句为“天行健，君子以自强不息”，是说君子要效法天刚健运行的特性，加强自己的道德修养，培养自强不息的精神。《老子》有云：“胜人者有力，自胜者强。”以此促进内心世界的不断跃升和自我心智的不断成长。作为中国传统文化的精神典范，自强不息中既有“强”所蕴含的意志力，也有“自”所彰显的主体性，还有“不息”所强调的恒久性，不断展现出与时俱进的重大意义，拓展与跃升为民族和国家的独

特品格与文化基因，成为中华民族生生不息、中国人民拼搏奋斗的气节品质和强大动力。

习近平总书记指出：“在漫长的历史进程中，中华民族以自强不息的决心和意志，筚路蓝缕，跋山涉水，走过了不同于世界其他文明体的发展历程。”① 中国共产党自诞生之日起，就表现出自强不息的奋斗精神和愈战愈勇的顽强生命力。党的十八大以来，以习近平同志为核心的党中央以伟大的历史主动精神、巨大的政治勇气、强烈的责任担当，坚持和发展中国特色社会主义，推动党和国家事业取得历史性成就、发生历史性变革，不断丰富和发展人类文明新形态。自强不息成为我们意气风发全面建设社会主义现代化国家、推进民族复兴伟业的强大精神力量。

8. 厚德载物

“厚德载物”作为一个词组虽然最早出现于《周易》，但“德”的观念早在数千年之前的文明初始阶段便已经产生了。从字源上推测，“德”字来源于远古先民对日月天体活动规律的认知和总结，是人类认知自然、探索宇宙的集中体现。后来，“德”字在反复使用的过程中，又被赋予了规范、美善、光明、正直、仁爱等多种内涵。

习近平总书记在讲话中曾引用“地势坤，君子以厚德载物”以表述中华民族“天下大同”“协和万邦”的宽广胸怀。中华文明之所以绵延 5000 多年，根本在于其所秉承开放包容的博大胸怀，积极汲取外来优秀文化不断充实自身。建设社会主义现代化强国，既需要积极

① 习近平：《把中国文明历史研究引向深入　增强历史自觉坚定文化自信》，《求是》2022 年第 14 期。

进取的精神，也需要宽大包容的胸襟，以德为本，求同存异，集百家之长，尊重世界文明多样性，力求和谐共处共同进步。

改革开放后，思想解放的大潮如狂澜荡涤僵化落后的观念，释放出了蕴藏于亿万人民的巨大活力，激发了生产力中最活跃的因素，中国由此万马奔腾、生机勃发。中国共产党带领人民进行改革开放所取得的成就，充分展现了中国人民开拓创新、勇于担当、开放包容、兼容并蓄的精神品格，也体现了中华民族传统文化中“厚德载物”的精神特质。在新征程上，中国式现代化作为人类文明新形态，与全球其他文明相互借鉴，极大丰富了世界文明的“百花园”；新时代，中国与世界携手同行现代化之路，必将为促进人类和平与发展事业、推动构建人类命运共同体作出新的更大贡献。

9. 讲信修睦

“讲信修睦”一词最早见于儒家经典《礼记·礼运》。人们常常用讲信修睦来形容人际亲睦和悦的关系状态，表达和反映了人们对美好生活与和谐社会的期许与向往。“信”为恪守诺言、言行相符，“睦”有敦睦、和谐之意。其中，“讲信”是“修睦”的前提和基础，“修睦”是“讲信”的目的和追求，“讲信修睦”是指人与人乃至国与国之间在讲求信义的基础上，追求构建一种融洽和睦的关系。讲信修睦是公民道德的基石，是做人做事的道德法度，也是一个社会健康运行的基本条件。

在中国特色大国外交的实践中，习近平总书记曾多次提出中国一直追求和传承的和平、和睦、和谐的理念。2023 年 5 月，中国—中亚峰会成功召开，习近平总书记再次提出了守望相助、共同发展、普遍安全、世代友好的重要目标，为中国与中亚国家乃至世界各国之间的和睦和谐指明了方向。新时代新征程，我们要把党和人民的事业不断推向前进，就必须继续弘扬讲信修睦的文化传统，践行讲信修睦的道德价值取向。

10. 亲仁善邻

“亲仁善邻”出自《左传·隐公六年》，原文为“亲仁善邻，国之宝也”。俗话说，远亲不如近邻，“邻里”作为一种以地缘关系为基础的人际关系，对于有着深厚农耕文化的中国来说，具有十分重要的意义。中华民族是重信义、讲情义的智慧民族，与邻里、邻邦之间和睦相处、守望相助，与多元文明之间进行友好交流对话，不仅是中国人的处世之道，也是中华民族所追求的道德目标之一。

中国与周边国家山水相连，人文相通，利益相融，命运与共。“我国周边外交的基本方针，就是坚持与邻为善、以邻为伴，坚持睦邻、安邻、富邻，突出体现亲、诚、惠、容的理念。”[①] 亲仁善邻体现着中华民族独有的内敛与厚重，承载着中华民族特有的宽厚与包容。古往今来，正是由于始终秉承“亲仁善邻”的政治智慧，中华儿女才能世代坚持与人为善、推己及人，建立起和谐友爱的人际关系；华夏各民族间才能始终交融交流、和衷共济，凝聚成团结和睦的大家庭；中华民族才能协和万邦，与世界其他民族在平等相待、互相尊重的基础上不断发展友好合作关系。

① 《习近平在周边外交工作座谈会上发表重要讲话强调　为我国发展争取良好周边环境　推动我国发展更多惠及周边国家》，《人民日报》2013 年 10 月 26 日。

3

“魂”在何方：与时俱进的马克思主义

马克思主义是我们党和国家的指导思想，是立党立国、兴党兴国之本。习近平总书记在主持二十届中共中央政治局第六次集体学习时强调："马克思主义中国化时代化这个重大命题本身就决定，我们决不能抛弃马克思主义这个魂脉，决不能抛弃中华优秀传统文化这个根脉。"[①]所谓"魂脉"，意味着马克思主义在思想文化、意识形态中居于指导地位，坚持马克思主义是我国思想文化领域的根本制度。"在人类思想史上，没有一种思想理论像马克思主义那样对人类产生了如此广泛而深刻的影响。"[②]从过去到现在，马克思主义始终在人们认识世界、改造世界和创造美好生活中发挥着不可替代的作用。

一、马克思主义的科学性、真理性

科学认识马克思主义，全面把握马克思主义的科学内涵及其形成发展的历史脉络，是坚守"魂脉"的基础性问题。究竟什么是马克思主义？一般认为，马克思主义是马克思和恩格斯两位伟大革命导师、思想家在19世纪中后期西欧社会发展的特定历史背景下共同创立，并由他们的后继者所坚持和发展的科学理论体系。马克思主义以资本主义为批判对象，以建设社会主义和实现共产主义为目标，是无产阶级和人类解放的科学世界观和方法论。

---

① 习近平：《开辟马克思主义中国化时代化新境界》，《求是》2023年第20期。
② 习近平：《在纪念马克思诞辰200周年大会上的讲话》，人民出版社2018年版，第10页。

（一）马克思主义的产生和发展

任何一种理论都不是凭空产生的，马克思主义的产生是主客观条件相互作用的结果，同马克思、恩格斯社会实践和科学研究是分不开的，是马克思、恩格斯不断破除旧思想的束缚，不断追求理论创新的结果。

资本主义社会是个病态社会。马克思、恩格斯生活的时代，资本主义生产方式在西欧已经占据主导地位。工业革命、科技进步以及比封建主义更为先进的资本主义生产方式的出现，一方面极大地提高了劳动生产率，促进了生产力的发展；另一方面又带来了深重的社会灾难。资本主义生产方式造成的社会两极分化严重。资本家采取延长劳动时间、增加劳动强度、降低工人工资、廉价雇佣女工和童工等手段，疯狂压榨工人血汗，致使无产阶级与资产阶级的矛盾不断激化。资本主义生产方式导致周期性经济危机频繁爆发。1825 年，英国爆发了第一次全国性经济危机，1836 年和 1847 年又相继爆发了波及欧洲各主要资本主义国家的更大规模的经济危机。每一次经济危机极大冲击和破坏社会发展，致使生产出现严重衰退。反复出现且日趋恶劣的经济危机暴露了资本主义社会的严重弊病，这是马克思主义产生的社会根源。

无产阶级不断开展反抗斗争。资本主义的残酷压榨和剥削引发了西欧各国工人的一次次反抗，19 世纪 30 年代到 40 年代，法国、英国、德国接连爆发了无产阶级反对资本主义制度的斗争。其中，1836 年英国爆发了声势浩大的全国性工人运动——宪章运动，持续长达 10 余年。西欧各国工人运动的兴起，标志着现代无产阶级作为独立的政治力量登上了历史舞台，为马克思主义的产生提供了阶级基础。各国无产阶级在斗争中提出了消灭私有制、推翻资本主义制度的政治要求，但是因为缺乏科学理论的指导，无产阶级的反抗斗争始终没能取得最终的胜利。

历史钩沉

英国宪章运动

1836—1848年发生在英国的世界上第一次广泛的、真正群众性的、政治性的无产阶级革命运动。运动中形成的宪章党是近代第一个工人政党。

1834年，英国议会通过了新的济贫法，规定如果要救济必须进入济贫院，这实际上剥夺了失业者和贫民得到社会救济的权利。1836年6月建立的伦敦工人协会成为斗争的组织中心，于1838年5月公布了包括实行普选权等6项具体要求的请愿书，又称"人民宪章"，宪章运动由此得名。1840年7月，又在曼彻斯特成立了全国宪章协会，领导全国宪章运动。宪章运动以"人民宪章"征集签名的形式，举行集会和示威，先后3次掀起斗争高潮。1839年5月，有125万人签名；1842年5月，有330多万人签名；1848年春，签名人数达500多万人。这些请愿均遭到国会的否决。在3次斗争高潮期间还出现了一系列地方性的工人起义。由于统治阶级的镇压破坏、分化瓦解及缺乏正确理论的指导，上述斗争相继失利。1848年欧洲各国革命转入低潮后，英国统治阶级加紧镇压工人斗争，坚持了12年之久的宪章运动最终失败。

优秀思想文化达到相当水平。任何先进的科学理论，都是在继承发展先前思想家的优秀理论基础上创立的，马克思主义也不例外。马克思、恩格斯从德国古典哲学中黑格尔的唯心主义辩证法、费尔巴哈的唯物主义哲学中汲取精华，从英国古典政治经济学对资本主义生产关系的分析和关于劳动创造价值的思想中批判继承，从空想社会主义者尤其是圣西门、傅立叶、欧文三大空想家对资本主义社会的批判和对未来新社会的展望中辩证思考，同时还充分利用古希腊罗马哲学、文艺复兴运动的思想成果、法国复辟时期历史学家的进步思想等各种资源。此外，19 世纪的三大科学发现，即细胞学说、能量守恒与转化定律、生物进化论，也为马克思主义科学世界观和方法论的形成奠定了坚实的基础。马克思、恩格斯坚持认真研究人类所创造的优秀思想文化遗产，坚持实践考察在探求历史发展规律和工人阶级解放道路过程中所遇到的一切重大问题。他们正是在批判地继承和吸收人类关于自然科学、思维科学、社会科学优秀成果的基础上，通过实践创立了自己的新理论。

卡尔·马克思

两位思想巨人投身艰辛实践。面对“资本主义向何处去、人类向何处去”的时代课题，当时资产阶级思想家热衷于赞美资本主义，不仅对尖锐的社会矛盾视而不见，并且对无产阶级反抗资本主义的运动大张挞伐。胸怀伟大理想的年轻思想家马克思和恩格斯在那个时代，主动担起历史的责任，成为科学理论的创立者。

19 世纪，马克思和恩格斯都出生

在有教养的资产阶级家庭，本有着富足的生活，但是二人对于贫苦百姓都充满了同情与关心。早在中学时代，马克思就树立了为人类幸福而工作的远大志向。大学时期，他广泛钻研哲学、历史学、法学等知识，探寻人类社会发展的奥秘。毕业后他为《莱茵报》投稿并成为该报编辑，在报纸上为穷苦农民的利益辩护，反对封建专制压迫。1843年移居巴黎后，马克思积极参与工人运动，在革命实践和理论探索的结合中完成了从唯心主义到唯物主义、从革命民主主义到共产主义的转变。恩格斯中学还没有毕业就不得不遵从父命去学习经商，但他酷爱学习，通过自学掌握了渊博的知识。在英国经商期间，恩格斯深入实际考察英国工人阶级当时的状况，并积极参与工人运动。马克思、恩格斯放弃了舒适安逸的生活，毅然选择了别样的、为劳苦大众而奔波和奋斗的、充满荆棘和坎坷的革命之路。他们的一生是为人类解放奋斗不止的一生，是为改造世界战斗不息的一生，是为追求真理攀登不已的一生。

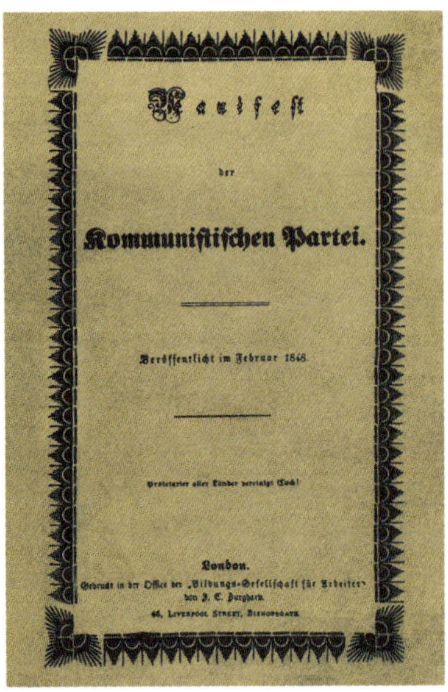

1848年，《共产党宣言》德文第一版

马克思、恩格斯通过不倦的理论求索和实践体验，特别是通过对工人生活和斗争的考察和总结，实现了世界观和政治立场的彻底转变。1844年8月底，马克思和恩格斯在巴黎会面，从此开始了毕生的合作，并肩作战为无产阶级和人类解放事业不懈奋斗。他们合写的《德意志意识形态》首次系统阐述了历史唯物主义的基本原理，实现了历史观上的伟大变革。

弗里德里希·恩格斯

他们接受国际性工人组织“正义者同盟”的邀请，将其改组为“共产主义者同盟”，并起草了世界上第一个无产阶级政党的党纲——《共产党宣言》。《共产党宣言》一经问世就震动了世界，成为“全部社会主义文献中传播最广和最具有国际性的著作，是从西伯利亚到加利福尼亚的千百万工人公认的共同纲领”①。

1848年，席卷欧洲的资产阶级民主革命爆发，马克思积极投入并指导这场革命斗争。革命失败后，马克思深刻总结了革命失败的教训，力求通过系统研究政治经济学，揭示资本主义的本质和规律。1867年问世的《资本论》是马克思主义最厚重、最丰富的著作，被誉为“工人阶级的圣经”，它系统阐述了剩余价值学说，揭示了资本主义生产关系的秘密。1871年3月，巴黎工人起义并成立巴黎公社，马克思代表第一国际写出了著名的《法兰西内战》，高度赞扬了巴黎工人的伟大创举，科学总结了巴黎公社的历史经验。该书与几年后的《哥达纲领批判》一起，进一步丰富了科学社会主义学说。

然而，长期繁重的工作损害了身体健康，1883年3月14日马克思与世长辞。此后，恩格斯承担起指导国际工人运动的重任，并整理出版了《资本论》第二、三卷，撰写了《家庭、私有制和国家的起源》《路德维希·费尔巴哈和德国古典哲学的终结》等著作，进一步发展

① 《马克思恩格斯文集》第2卷，人民出版社2009年版，第21页。

了马克思主义理论。1895 年 8 月 5 日，恩格斯在英国伦敦逝世。

马克思、恩格斯两人互相帮助、互相成就。在生活上，恩格斯长期慷慨地资助马克思一家，极大支持了马克思在艰难困苦的流亡时期继续坚持集中精力从事科学研究。马克思曾在给恩格斯的一封信中说道："我的良心经常像被梦魇压着一样感到沉重，因为你主要是为了我才把你的卓越才能浪费在经商上面，使之荒废，而且还要分担我的一切琐碎的苦恼。"[①] 习近平总书记在纪念马克思诞辰 200 周年大会上曾对这段友情进行概括："马克思是顶天立地的伟人，也是有血有肉的常人。他热爱生活，真诚朴实，重情重义。马克思、恩格斯的革命友谊长达 40 年。正如列宁所说：'古老传说中有各种非常动人的友谊故事'，但马克思、恩格斯的友谊'超过了古人关于人类友谊的一切最动人的传说'。"[②]

马克思主义的发展。19 世纪 70 年代到 20 世纪初，是西方科学技术取得重要成果的时期，也是马克思主义进一步丰富和发展的关键时期。马克思、恩格斯根据自由资本主义阶段的世界经济政治发展状况，曾提出过社会主义革命将首先在几个主要的资本主义国家同时发生的设想。列宁以马克思主义为指导，深刻分析了 19 世纪末 20 世纪初世界历史条件的变化，认为资本主义发达国家已经发展到帝国主义阶段，出现了马克思、恩格斯生前不曾有的新变化、新特点，经济政治发展的不平衡已成为资本主义发展的绝对规律，因此他提出了社会主义革命可能在一国或数国首先发生并取得胜利的论断。1917 年，列宁和布尔什维克党不失时机地领导俄国工人阶级和革命人民夺取了

① 《马克思恩格斯全集》第 10 卷，人民出版社 2009 年版，第 256 页。
② 习近平：《在纪念马克思诞辰 200 周年大会上的讲话》，人民出版社 2018 年版，第 5—6 页。

十月社会主义革命的胜利，使社会主义从理想开始变为现实，开创了世界历史的新纪元。列宁在领导俄国革命和建设的过程中，把马克思主义基本原理与俄国实际相结合，创立了列宁主义，把马克思主义发展推向一个新的历史阶段。

十月革命一声炮响，给中国送来了马克思列宁主义。中国共产党从成立起，就把马克思列宁主义确立为指导思想，坚持把马克思主义基本原理同中国具体实际相结合，领导全国各族人民取得了革命、建设、改革和现代化建设的伟大胜利，并不断推进马克思主义中国化时代化，产生了毛泽东思想、邓小平理论、“三个代表”重要思想、科学发展观、习近平新时代中国特色社会主义思想，使马克思主义在中国焕发出强大生命力，让我们党拥有了认识世界、改造世界的强大思想武器。习近平新时代中国特色社会主义思想是马克思主义中国化的最新理论成果，是党和人民实践经验和集体智慧的结晶，是中国特色社会主义理论体系的重要组成部分，是全党全国各族人民为实现中华民族伟大复兴而奋斗的行动指南。习近平新时代中国特色社会主义思想是 21 世纪的马克思主义、当代中国的马克思主义，为马克思主义的发展作出了时代性、原创性贡献。

历史钩沉

马克思主义学说在中国的早期传播

1920 年 3 月，李大钊在北京大学组织成立马克思学说研究会。这是中国最早的学习和研究马克思主义的团体。

5月，陈独秀在上海发起组织马克思主义研究会，探讨社会主义学说和中国社会改造问题。8月，陈独秀等在上海成立共产党早期组织，这实际上是中国共产党的发起组织，是各地共产主义者进行建党活动的联络中心。同月，陈望道翻译的《共产党宣言》中文全译本出版。9月起，《新青年》成为上海共产党早期组织的机关刊物，公开宣传马克思主义。10月，李大钊等在北京成立共产党早期组织。11月，上海共产党早期组织创办《共产党》月刊，介绍共产党的基本知识以及共产国际和各国共产党的状况等。各地共产党早期组织成员还利用公开发行的报刊宣传马克思主义。到1921年春，武汉、长沙、济南、广州等地及旅日、旅法华人中的先进分子陆续成立共产党早期组织。

（二）马克思主义理论的精髓要义[①]

马克思主义是一个博大精深的理论体系，是以马克思主义哲学、政治经济学和科学社会主义为主要组成部分的严整的科学理论体系。习近平总书记指出：“马克思主义理论体系和知识体系博大精深，涉及自然界、人类社会、人类思维各个领域，涉及历史、经济、政治、文化、社会、生态、科技、军事、党建等各个方面，不下大气力、不下苦功夫是难以掌握真谛、融会贯通的。”[②]

---

① 本节吸收借鉴了侯少文等学者的相关研究成果，具体参见侯少文主编《基本理论精读》，中共党史出版社2006年版，第45—83页。

② 习近平：《在哲学社会科学工作座谈会上的讲话》，人民出版社2016年版，第11页。

“真理的力量——纪念马克思诞辰200周年主题展览”现场，一位外国观众被马克思原版图书墙吸引。该展览展出马克思、恩格斯、列宁手稿、笔记本及亲笔签名的书籍原版等珍贵文献100余件，原版图书900余种，图片150余幅，马克思主义题材美术作品70余幅，雕塑作品6尊等

1. 马克思主义的哲学思想

马克思从黑格尔的唯心主义哲学中借鉴了辩证法，从费尔巴哈的唯物主义哲学那里吸收了唯物论，从而创立了辩证唯物主义。马克思运用辩证唯物主义研究人类社会历史时，又创立了历史唯物主义。辩证唯物主义和历史唯物主义构成了马克思主义哲学的主体内容。

经典文献

唯物主义历史观从下述原理出发：生产以及随生产而来的产品交换是一切社会制度的基础；在每个历史地出现的

社会中，产品分配以及和它相伴随的社会之划分为阶级或等级，是由生产什么、怎样生产以及怎样交换产品来决定的。

——《马克思恩格斯文集》第3卷，人民出版社2009年版，第547页

世界是什么？对于世界的本原问题，存在着诸多分歧，以物质的不同存在方式划分为朴素唯物主义、形而上学唯物主义和辩证唯物主义，以意识的不同存在方式划分为主观唯心主义和客观唯心主义。但是其中最根本的分歧就是物质和意识谁是世界本原的问题，对这一问题的回答，是区分唯物主义和唯心主义的根本标准：认为物质是本原的唯物论和认为意识是本原的唯心论。马克思主义认为，世界的本原是物质的，物质第一性，意识第二性，物质决定意识，意识是物质的反映，他对世界本原问题进行了科学回答，形成了马克思主义唯物论。

世界是怎样的、能否被感知？在马克思之前，唯物论和辩证法基本是分离的。马克思主义哲学不仅承认客观事物的发展变化，而且把事物的发展变化与人的实践活动相联系，在实践基础上真正实现了唯物论和辩证法的结合，形成了马克思主义唯物辩证法。唯物辩证法认为，永恒发展和普遍联系是辩证法的两大原则，对立统一规律、质量互变规律、否定之否定规律是辩证法的三大主要规律。在马克思主义世界观和方法论中，唯物辩证法是其核心内容，为人们认识世界和改造世界提供了根本方法。同时，马克思第一次否定了不可知论，认为人类能够认识世界、改造世界。

社会历史领域是怎样的？马克思、恩格斯运用唯物主义和辩证法观察人类社会历史，把自然观和历史观结合起来，第一次发现了人类社会的发展是遵循客观规律的。唯物史观的基本原理主要包括：生产活动是一切历史的基本条件；生产力决定生产关系，经济基础决定上层建筑，上层建筑对经济基础具有能动作用；社会历史进程是受一般规律支配的，社会基本矛盾及其运动规律即社会经济形态发展的规律；阶级斗争是阶级社会特别是现代资本主义社会发展的直接动力，自原始社会以后的阶级社会的历史都是阶级斗争的历史；无产阶级如果不彻底消灭阶级划分和阶级对抗，就不能使自己获得解放；历史活动是人民群众的事业；人们创造历史的合力，不是各种意志和力量的简单相加，而是他们在相互冲突、相互牵制、相互抵消中产生的结果。

作为社会历史的主人，人如何认识外部世界？对这个问题的回答形成了马克思主义认识论和实践观。马克思主义认识论认为，辩证思维是客观世界矛盾运动的反映，人们不是简单地直观反映外部世界，而是通过实践能动地认识和改造外部世界；认识主体是人，认识客体就是主体实践和认识活动所指的对象，包括自然客体、社会客体、精神客体。马克思主义的实践观认为，全部社会生活在本质上是实践的。认识是以实践为基础的主体对客体的能动反映，实践是认识的基础，只有通过实践才能达到对世界的深层次认识。实践决定认识，实践是认识发展的动力，实践是检验认识是否正确的唯一标准，实践是认识的最终目的。认识与实践的具体的历史的统一，就是理论联系实际。人类的认识运动是一个不断反复和无限发展的过程，实践认识再实践再认识，即在实践的基础上，从感性认识上升到理性认识，这是认识过程的第一次飞跃，从理性认识到实践是认识过程的第二次飞跃，这是意义更为重大的飞跃。

作为历史领域的主体，人自身怎么样？是谁创造了这个世界？从根本上有两种不同的观点，即英雄史观和群众史观。英雄史观认为社会历史是由少数英雄人物创造的；群众史观认为社会历史是由人民群众创造的。马克思是群众史观的开创者，认为人民群众是社会历史的创造者，是社会物质财富和精神财富的创造者，是社会变革的决定力量，社会的发展要以人为本位，不断解放人，促进人的自由而全面发展。实现人的自由而全面发展和全人类解放是马克思主义的首要命题，是马克思主义理论体系的出发点和落脚点。

2. 马克思主义的政治经济学学说

马克思主义政治经济学从分析商品入手，创立了科学的劳动价值论，通过揭示商品经济的基本规律，为揭开资本主义剥削的秘密奠定了科学基础。

商品经济论。商品是资本主义经济的“细胞”，马克思正是从这个“细胞”入手研究资本主义经济的。商品生产是一定历史条件下的产物，总有一天要退出历史舞台。马克思把人类社会经济形势发展分为3个阶段：自然经济形态、商品经济形态和产品经济形态。商品经济形态只能在个人得到全面发展、劳动产品极大丰富、实行按需分配的共产主义高级阶段，才能退出历史舞台。

劳动价值论。马克思认为，商品是进行等价交换的劳动产品，是使用价值和价值的统一体。使用价值和价值即商品二因素，是由生产商品的劳动二重性决定的。劳动二重性即具体劳动和抽象劳动，这是生产商品的同一劳动过程中的两种属性的劳动。具体劳动形成使用价值，抽象劳动凝结为价值。马克思通过对劳动二重性的分析，揭示了创造商品价值的源泉，这就是人类的抽象劳动，它包括一切活的生产劳动。把创造价值的现实源泉归结为活劳动，就是劳动价值论。劳动价值论不仅是马克思创立剩余价值学说的理论基础，而且是马克思主义政治经济学的枢纽，在马克思主义理论体系中占据重要地位。

经典文献

马克思主义认为，物质生产力是全部社会生活的物质前提，同生产力发展一定阶段相适应的生产关系的总和构成社会经济基础。生产力是推动社会进步最活跃、最革命的要素。“人们所达到的生产力的总和决定着社会状况。”生产力和生产关系、经济基础和上层建筑相互作用、相互制约，支配着整个社会发展进程。解放和发展社会生产力是社会主义的本质要求，是中国共产党人接力探索、着力解决的重大问题。

——习近平：《在纪念马克思诞辰200周年大会上的讲话》，人民出版社2018年版，第17—18页

剩余价值理论。劳动价值论为剩余价值理论的创立奠定了基础。马克思认为，剩余价值是由可变资本带来的，更确切地说是由劳动力带来的。在资本主义社会，工人出卖给资本家的是劳动力而非劳动。工资只是劳动力价值或价格的转化形式，而不是劳动的价值或价格的转化形式。实际上，劳动所创造的价值要大于劳动力自身的价值。剩

余价值就是由雇佣工人创造的、被资本家无偿占有的、超过劳动力价值的那部分价值。恩格斯对此发现给予高度评价，剩余价值论"是马克思著作的划时代的功绩。它使明亮的阳光照进了经济学领域，而在这个领域中，从前社会主义者像资产阶级经济学家一样曾在深沉的黑暗中摸索。科学社会主义就是以此为起点，以此为中心发展起来的"①。

3. 马克思主义的科学社会主义理论

科学社会主义是马克思主义的理论归宿和基本结论，主要研究和解答无产阶级为什么要变革资本主义和实现社会主义，以及怎样才能达到这样的目标等基本问题。

社会主义取代资本主义是历史的必然。资本主义必然灭亡和社会主义必然胜利是人类社会发展的趋势，或者说资产阶级的灭亡和无产阶级的胜利是同样不可避免的，通常被称为"两个必然"原理，这是科学社会主义的核心问题。马克思、恩格斯是怎样得出这个结论的呢？一是他们运用历史唯物主义基本原理论述历史必然性。社会的基本矛盾是推动人类社会从低级阶段发展到高级阶段的根本动力。人类社会从原始社会到奴隶社会，从封建社会到资本主义社会最终到社会主义和共产主义社会的有序演进，就是社会基本矛盾运动的结果。当生产力发展到一定程度，资本主义生产关系就会撑破旧的生产关系外壳导致旧社会形态的灭亡和新社会形态的出现。当资本主义社会基本矛盾激化到资本主义生产关系再也不能容纳生产力发展的时候，资本主义生产关系的外壳就会被撑破，就会被一种更高形式的新的生产关

① 《马克思恩格斯选集》第3卷，人民出版社1995年版，第548页。

系所替代。也就是说，社会主义取代资本主义的历史必然性能否变成现实，归根结底是由生产力发展水平及与之相适应的生产关系成熟程度决定的。因此，社会主义不是暴力革命催生出来的，社会主义只有在旧社会的胎胞里成熟了，暴力革命才能成为新社会的“助产婆”。二是通过分析资本主义基本矛盾阐释其必然性。资本主义造就了社会化大生产，而社会化大生产极大地推动了生产力的发展。但问题是，生产资料和产品还保持着私人占有的方式，这就造成了资本主义社会的社会化生产与生产资料私人占有之间的矛盾，这是贯穿于资本主义发展始终的矛盾。这一矛盾在阶级关系上表现为无产阶级和资产阶级的对立，在生产上表现为个别工厂中生产的组织性和整个社会中生产的无政府状态之间的对立，资本主义经济危机的周期性爆发正是这对基本矛盾发展的结果。

无产阶级的使命和领导者。无产阶级是伴随着资本主义生产方式的发展而发展起来的，作为雇佣劳动的阶级，他们经济上受剥削，政治上受压迫。资本家对剩余价值的无限制的追求，导致无产者对资产者的反抗愈加强烈。一无所有的经济地位决定了无产阶级是革命最坚决、最彻底的阶级；无产阶级与大工业相联系，是先进生产力的代表者，因而是最有远大前途的阶级。总之，无产阶级与资产阶级之间的矛盾和斗争是不可调和的，无产阶级是资本主义制度的掘墓人，无产阶级政党是领导者。有了无产阶级政党的坚强领导，无产阶级的政治觉悟、组织纪律性和革命的坚决性、彻底性，才能发挥其作用，无产阶级才能够完成自己的历史使命。也就是说，无产阶级只有把自身组织成为与有产阶级建立的一切旧政党不同的相对立的政党，才能作为一个阶级来行动，最终才能完成自己的历史使命。无产阶级政党如何领导无产阶级革命取得胜利呢？一是无产阶级要把当前斗争与长远目标结合起来，不能为了运动的现在牺牲运动的未来；二是无产阶级政党要将原则的坚定性和策略的灵活性相结合，根据形势的变化采取不同的斗争方式和方法；三是无产阶级政党在领导革命斗争中要尽可能地团结一切可以团结的力量，建立广泛的统一战线，以便最大限度地孤立和打击最主要的敌人。尤其是要把农民团结在自己周围，农民是无产阶级天然的同盟者，是最可靠的同盟军，如果没有他们的参与，无产阶级的独唱就会是孤鸿哀鸣。同时，无产阶级政党一定要在统一战线中保持自己的领导权。

无产阶级取得和管理国家政权。一切革命的根本问题是国家政权问题，无产阶级革命的根本问题也是国家政权问题。无产阶级从资产阶级手里夺取国家政权上升为统治阶级，这是无产阶级革命取得胜利最主要的标志。马克思主义认为，无产阶级取得政权主要通过暴力革命与和平获取两种方式。暴力革命是无产阶级夺取政权的一般规律，在大陆上的大多数国家中，暴力应当是革命的杠杆；无产阶级不通过暴力革命就不可能夺取自己的政治统治；共产党人的目的，只有通过暴力推翻全部现存的社会制度才能达到。但是，马克思、恩格斯并没有把暴力革命绝对化，他们并不否认在一定条件下用和平方式取得政权的可能性。马克思、恩格斯还探讨了东西方无产阶级革命的道路，但从未设计一个适用于一切国家的方案。无产阶级通过革命推翻资产阶级政权，建立自己的政治统治后，需要实行无产阶级专政，这是达到消灭一切阶级和进入无阶级社会的过渡形式，其主要任务是：废除资本主义私有制，建立生产资料公有制，消灭剥削制度和剥削阶级；组织农民合作社，把农民吸引到社会主义方面来；改造与私有制相适应的一切经济关系和一切社会关系，进而改造人的传统观念。

延伸阅读

卡夫丁峡谷理论

马克思、恩格斯关于社会主义道路的理论，经历了多个发展阶段，晚年马克思提出跨越卡夫丁峡谷理论。关于马克思所引用的“卡夫丁峡谷”一词的含义，一般是指资本主义生产发展的过程以及与资本主义制度必然相联系的资本主义经济危机和灾难。所谓可以不通过资本主义制度的“卡夫丁峡谷”，就是可以超越资本主义生产发展的发达阶段，由前资本主义的生产方式直接进入以公有制为基础的社会主义生产方式阶段。马克思晚年的跨越卡夫丁峡谷设想，虽然不是一个肯定的结论，但具有重大的理论意义和实践意义。

共产主义社会的基本特征。马克思、恩格斯描述了共产主义社会的基本特征。第一，物质财富极大丰富，消费资料按需分配。在共产主义社会，生产力高度发展，产品极大丰富；适应高度发展的社会化大生产需要，共产主义社会在生产关系上将废除私有制，实行普遍的生产资料公有制；与生产资料私人占有相适应，共产主义社会将按照自然资源的情况和社会成员的需要，对生产进行有计划的组织和管理；个人消费品的分配方式是“各尽所能，按需分配”。第二，社会关系高度和谐，人们的精神境界极大提高。随着生产力水平的提高，社会发展已能充分满足人类生存发展需要，因此，以物质水平划分的阶级逐渐消亡，国家这一阶级统治工具也随之消亡，战争也不复存在，工农之间、城乡之间、脑力劳动和体力劳动之间的差别消失；社会是和谐的，社会与自然之间也将达成和谐；与社会生产力的高度发展和社会关系的高度和谐相联系，人们的精神境界极大提高。第三，实现每个人自由而全面的发展，人类从必然王国向自由王国飞跃。实现人的自由而全面的发展，这不仅是马克思主义追求的根本价值目标，也是共产主义社会的根本特征。在共产主义社会，人摆脱了自然经济条件下的对“人的依赖关系”，也摆脱了商品经济条件下对“物的依赖性”，实现了人的“自由个性”的发展；人不仅体力和智力得到发展，各方面的才能和工作能力得到发展，而且人的社会联系和社会交往也得到发展，实现了人的全面发展；同时，人的自由而全面的发展指的是全体社会成员的发展，或每一个人的发展，而不是只有一部分人的发展，人与人之间是平等的，社会发展不再以牺牲某些个人的发展为代价，社会发展与个人发展实现了真正的统一。共产主义是人类解放的实现，那时人类将最终从支配他们生活和命运的异己的力量中解放出来，实现从必然王国向自由王国的飞跃，开始自觉地创造自己的历史。需要注意的是，马克思、恩格斯关于未来社会的理论，主要是在运用唯物辩证法分析资本主义现实的基础上提出来的，他们对未来社会的预测，只是指出了大致轮廓和发展方向，并非具体的实施方案。

（三）马克思主义的卓越理论品质

科学的理论往往包含了丰富的优秀因子，使之释放出独特的内在理论魅力。科学的理论所具有的理论品质，能够为我们观察问题、认识问题、分析问题、解决问题提供世界观的启迪和方法论的指导。

1. 马克思主义是科学的理论，揭示人类社会发展规律

尽管这一理论诞生于19世纪40年代的欧洲，但其“具有跨越国度、跨越时代的影响力”[①]，是放之四海而皆准的科学真理。习近平总书记多次强调：“无论时代如何变迁、科学如何进步，马克思主义依然显示出科学思想的伟力，依然占据着真理和道义的制高点。”[②]马克思主义不仅深刻揭示了人类历史运动的本质及其规律，把握住了时代发展的方向和趋势，为人类指明了实现自由和解放的道路，而且以科学的历史唯物主义为理论基础，从根本上摆脱了唯心主义和神学论的束缚，以其科学的世界观和方法论给世界无产阶级政党提供了发现时代问题和解决时代难题的科学方法和思路。

2. 马克思主义是人民的理论，关注人的自由全面发展

马克思主义认为，人民群众是社会历史的创造者，因此必须尊重人民群众的历史主体地位、依靠人民群众推动历史前进、充分发挥人民群众的主体作用。马克思主义第一次站在人民的立场，以实现人的自由而全面的发展为使命，创立了人民实现自身解放的思想体系，并且深刻指出资本主义社会占统治地位的理论实质上是为资产阶级服务的。资本主义国家鼓吹“自由”“平等”“博爱”的政治口号，实质上是为资产阶级对工人阶级的压迫与剥削披上了制度化、合法化、理性化的光鲜外衣。100多年来，在中国革命、建设和改革的不同历史时期，中国共产党始终坚持“共产党就是给人民办事的”[③]的宗旨理念，把为人民幸福而奋斗

---

① 习近平：《在纪念马克思诞辰200周年大会上的讲话》，人民出版社2018年版，第8页。
② 《习近平谈治国理政》第2卷，外文出版社2017年版，第329页。
③ 《习近平谈治国理政》第4卷，外文出版社2022年版，第66页。

作为自己最大的幸福。中国共产党领导的各项事业是体现人民意志、造福人民的伟大事业，故而能够得到亿万人民的衷心拥护和大力支持。

时代声音

"我很怕这件好事办不好，最后给人民交不了账"

党的十八大后，习近平总书记跋山涉水，走遍14个集中连片特困地区，50多次调研扶贫工作，从一定要"看真贫"到务必要"真脱贫"，坚定地把历史责任扛在肩上。习近平总书记常说，"乡亲们一天不脱贫，我就一天放不下心来"，"我很怕这件好事办不好，最后给人民交不了账，给历史交不了账"。太行深处，沿着结冰路面走进骆驼湾村低矮的泥房，嘘寒问暖，鼓励乡亲们"只要有信心，黄土变成金"；武陵腹地，在石拔三家黑黢黢的木屋里拉家常，握着老人的手亲切地说，"我是人民的勤务员"；大别山区，更换3种交通工具来到金寨大湾村，逐页翻看贫困户汪能保的扶贫手册，强调"不能忘了老区人民"……

党的十八大以来，以习近平同志为核心的党中央把对群众最浓的情，化成最重的承诺、最硬的措施、最大的投入，在中华大地铺展开波澜壮阔的反贫困斗争。

3. 马克思主义是实践的理论，指引社会实践不断向前

实践性是马克思主义理论区别于其他理论的显著特征。马克思

之前的哲学家们专注于纯粹的认识世界和解释世界的理论研究，忽视或轻视了哲学的实践意义，未能自觉地将哲学智慧运用到生活实践中去。而马克思主义理论则摆脱了前人思想理念的束缚，研究了关于人类社会生活和改造客观世界的实践活动，它不仅是观察时代、引领时代的思想理论，更是致力于积极地“解释世界”和“改变世界”的实践性科学理论。从马克思主义的产生、发展来看，实践性是寓于其中的一个深刻标记。马克思主义理论产生于人们求自由、求平等、求解放的伟大实践中；这一理论不断从实践中汲取智慧、总结经验，并且反复经受实践的检验，从而不断地得到修正、丰富和发展；马克思主义又不断回归现实生活指导实践、改造世界。邓小平曾多次指出，马克思主义从来不是教条，而是行动的指南。马克思主义深深地植根于无产阶级和人民群众改造世界的实践活动，指导了世界各国的无产阶级革命实践。同时，恰是这一实践性特质使得马克思主义成为能够引领时代变革、推动社会发展的重要理论基石，焕发出生生不息的创造活力。

时代声音

“牢记党的话，温暖群众的心”

“人民的樵夫，不忘初心。上山寻路，扎实工作，廉洁奉公。牢记党的话，温暖群众的心。春茶记住你的目光，青山留下你的足迹。谁把人民扛在肩上，人民就把谁装进心里。”这段话是2017年度感动中国人物组委会写给福建省南平市原市委常委、副市长廖俊波的颁奖词，恰如其分地概括了这位曾获得"全国优秀县委书记"殊荣的领导干部的一生。

廖俊波出身普通家庭，南平师专毕业后当过中学老师、乡镇干部，在县乡两级做过主要领导，在产业园区等经济建设主战场经过磨砺。廖俊波创造了在传统农业县建起省级工业园区的"政和速度"：全县财政总收入从2011年的1.6亿元上升到2016年的4.5亿元，连续3年进入全省县域经济发展"十佳"，全县贫困人口减少3万多人，脱贫率达69.1%，实现了贫困县脱胎换骨的蜕变。2017年3月18日傍晚，白天在市里开了一天会的廖俊波冒着大雨要去武夷新区主持会议，在高速公路上遭遇车祸，不幸去世。

廖俊波在政和县旅游资源开发会上介绍情况

4. 马克思主义是发展的学说，具备与时俱进理论品格

科学的理论体系都应该具有开放性的理论品格，马克思主义作为科学的理论体系，永远关注和研究所处时代提出的重大课题，能够随着实践进步而不断发展。马克思主义不是故步自封、僵化不变的书斋式的理论，而是一个具有开放性、包容性、博采众长的理论体系。正如毛泽东所指出：“马克思列宁主义并没有结束真理，而是在实践中不断地开辟认识真理的道路。”[①] 习近平总书记在纪念马克思诞辰200周年大会上的讲话中进一步强调：“一部马克思主义发展史就是马克思、恩格斯以及他们的后继者们不断根据时代、实践、认识发展而发展的历史，是不断吸收人类历史上一切优秀思想文化成果丰富自己的历史。”[②] 毛泽东思想、邓小平理论、“三个代表”重要思想、科学发展观、习近平新时代中国特色社会主义思想，都是在完成党的使命任务过程中创立和形成的，为中国革命、建设、改革提供了科学理论指导和行动指南，使马克思主义在中国大地焕发出勃勃生机。这一开放性的理论品格，也正是马克思主义之所以具备普适性，能够久盛未衰、永不过时的秘密所在。

一个理论的价值，决定着它的本质和灵魂。马克思主义的内在理论品质折射出真理和道义的力量，体现出马克思主义的本质特性和历史使命，奠定了“马克思主义行”的坚实理论基础。

---

① 《毛泽东选集》第1卷，人民出版社1991年版，第296页。
② 习近平：《在纪念马克思诞辰200周年大会上的讲话》，人民出版社2018年版，第9页。

二、马克思主义何以成为“指导思想”

马克思主义被确立为中国共产党的指导思想已有 100 多年，历史以无可辩驳的事实证明了这一政治宣示的重要性和有效性。但是国际国内对马克思主义的争论一直不绝于耳，各种反马克思主义的论调层出不穷，不少错误观点影响着人们的认知。例如，为什么要坚持以马克思主义为指导？马克思主义是否过时了、无用了？坚持马克思主义对中国特色社会主义事业有什么重大意义？既然当今的社会是一个多元开放的社会，那为什么指导思想不能多元化？诸多问题与疑惑，迫切需要对为什么坚持马克思主义做出更加充分的论证。

（一）“指导思想”的本真含义

把马克思主义作为我们党和国家的指导思想，其根本含义是指坚持马克思主义的立场、观点和方法。尽管我们一直在讲“坚持马克思主义”，然而坚持马克思主义的标准是什么、怎么才算坚持马克思主义，这是一个具有重大理论和实践意义的课题。多年的经验和教训告诉我们，不能把是否固守马克思主义经典作家的某些词句和具体结论，当作是否坚持马克思主义的判断标准。例如，他们关于所有制、分配方式、具体体制以及革命形式等的许多论述，都是“历史的科学”，即只适用于一定阶段和一定条件，必须随着具体历史条件的变化而加以改变。这些途径、手段或方法均不是马克思主义的根本。马克思主义的根本是其世界观和方法论，或者说是马克思主义的立场观点方法。掌握和坚持马克思主义，最根本的是坚持和运用其立场观点方法解决实际问题。只要坚持了这个基本精神，就是真正坚持了马克思主义。

时代声音

中国化时代化的马克思主义行

党的十八大以来，我们党勇于进行理论探索和创新，以全新的视野深化对共产党执政规律、社会主义建设规律、人类社会发展规律的认识，取得重大理论创新成果，集中体现为习近平新时代中国特色社会主义思想。

10月底的珠海横琴，天蓝水碧，鲜花盛开。

当地干部群众正深入学习贯彻党的二十大精神，集智聚力、鼓足干劲，在这片仅106平方公里的海岛上奋力书写改革开放新篇章。

……

万里之外，新疆乌鲁木齐市天山区固原巷社区党群服务中心大厅，“全国民族团结进步模范集体”的牌匾格外醒目。社区党员干部正在结合工作实际，认真学习领会党的二十大精神。

2022年7月，习近平总书记来到这里考察调研，提出要“完整准确贯彻新时代党的治疆方略”。

依法治疆、团结稳疆、文化润疆、富民兴疆、长期建疆……在新时代党的治疆方略指引下，天山南北呈现一派安定祥和、蓬勃发展的新气象。

……

千年小康梦成为现实，绝对贫困问题历史性地解决，经济发展平衡性、协调性、可持续性明显增强，环境污染得到根本遏制，反腐败斗争取得压倒性胜利并全面巩固……非凡十年，历史性成就彪炳史册，一幅生机勃勃、欣欣向荣的锦绣江山图在神州大地铺展开来。

……

“新时代的伟大成就归根到底是在新时代党的创新理论指导下取得的，新时代中国共产党攻克的难题、办成的大事要事，新时代中国特色社会主义取得的历史性胜利，都是马克思主义行、中国化时代化的马克思主义行的最新最有力证明。”天津大学马克思主义学院院长颜晓峰说。

——节选自《中国化时代化的马克思主义行》，《求是》2022 年第 22 期

1. 坚持马克思主义的立场以强定力

立场是指人们观察、分析、处理问题的立足点和所持的态度。这个立足点，从根本上讲是由人们的经济政治社会利益和地位决定的。为什么人的问题，是一个根本的问题、原则的问题。马克思主义不是“少数精英”的理论，也不是坚持“价值中立”，而是旗帜鲜明地站在人民群众一边。人民性是马克思主义的鲜明品格，人民立场是马克思主义的根本立场。坚持马克思主义的立场，就是要坚持一切为了人民、一切相信人民、一切依靠人民。最主要的是对人民群众有真挚的感情，关键是诚心诚意为人民谋利益，根本是为人民掌好权用好权。

“如果不帮助人民，就是背叛马克思主义”[①]。坚持这一立场就必须把人民拥护不拥护、赞成不赞成、高兴不高兴、答应不答应作为衡量的根本标准。人民对美好生活的向往就是我们的奋斗目标。党的十八大以来的历次主题教育活动的目的之一，就是解决党员干部的人民立场问题。

2. 坚持马克思主义的观点以明哲理

观点是认识与实践主体对事物或问题的看法或见解。马克思主义的观点是马克思主义关于自然界、人类社会和思维发展一般规律的科学认识，体现在马克思主义哲学、政治经济学、科学社会主义 3 个主要组成部分之中。这些相互联系的基本观点涵盖广泛、寓意深刻，包括世界观人生观价值观的基本观点、辩证唯物主义和历史唯物主义的基本观点、社会形态和社会基本矛盾运动规律的基本观点、社会主义必然代替资本主义的基本观点、社会主义革命和无产阶级专政的基本观点、无产阶级政党的基本观点、社会主义本质和社会主义建设的基本观点等，这些基本观点贯穿于马克思主义科学思想体系之中。坚持马克思主义基本观点，首要的是坚持马克思主义世界观，它是共产党人观察一切自然现象和社会现象的“望远镜”和“显微镜”。它可以帮助我们对客观事物作出清醒而深刻的分析，在复杂多变的现象中看到本质、认识规律，在诸多矛盾中抓住主要矛盾，在准确把握事物运动轨迹的基础上科学预见其发展趋势。

① 《毛泽东年谱》（一九四九—一九七六）第 6 卷，中共中央文献研究室 2013 年版，第 521 页。

经典文献

用不同的方法去解决不同的矛盾，这是马克思列宁主义者必须严格地遵守的一个原则。教条主义者不遵守这个原则，他们不了解诸种革命情况的区别，因而也不了解应当用不同的方法去解决不同的矛盾，而只是千篇一律地使用一种自以为不可改变的公式到处硬套，这就只能使革命遭受挫折，或者将本来做得好的事情弄得很坏。

——《毛泽东选集》第1卷，人民出版社1991年版，第311页

3. 坚持马克思主义的方法以提素养

方法，是认识与实践主体为了实现某种目标、任务所采用的手段、方式和途径。方法按其性质不同，有正确方法和错误方法的区分；按起作用的时空范围不同，可分为哲学方法、具体科学方法、日常生活和工作中的具体操作方法3个基本层次。"马克思主义的方法"是最高层次的哲学方法，是建立在辩证唯物主义与历史唯物主义世界观和方法论基础上，指导认识与实践主体正确认识和改造世界的根本思想方法和工作方法。关于马克思主义的方法，传统教科书仅概括为辩证方法。其实马克思主义方法在哲学层面上也是一个体系，应该包括由实践观点而来的辩证唯物论方法，由生产观点而来的社会基本矛盾学说特别是生产力标准，由群众观点而来的群众路线特别是人民利益标准，由阶级观点而来的阶级阶层分析方法，由辩证观点而来

的矛盾分析方法，由历史观点而来的历史主义方法等。

经典文献

马克思的整个世界观不是教义，而是方法。它提供的不是现成的教条，而是进一步研究的出发点和供这种研究使用的方法。

——《马克思恩格斯文集》第 10 卷，人民出版社 2009 年版，第 691 页

一是坚持唯物辩证的思想方法。要求我们按照世界的本来面貌认识世界，客观地而不是主观地、发展地而不是静止地、全面地而不是片面地、系统地而不是零散地、普遍联系地而不是孤立地观察事物、分析问题、解决问题，在矛盾对立统一的过程中把握事物发展的规律。高质量发展理念就是这一观点的例证。速度与质量是辩证统一的，没有一定的发展速度就很难谈到发展的质量，高质量发展同时注重发展的“量”和“质”。从关注经济规模和增长过程，转向关注增长的结果和增长的效益；从关注经济增长一个维度，转向关注经济发展、社会公平、生态环境等多个维度；从片面重视高增长产业，转向关注产业协同发展、构建现代化产业体系；从关注经济增长的要素投入，转向关注要素生产率的提升和要素优化配置；从关注 GDP，转向关注以人民为中心的各项制度安排和城乡区域之间的协调发展。由此可见，我们要的高质量发展是更平衡更充分的发展，并需在更高水

平上实现供给和需求的动态平衡。

二是坚持实事求是的思想方法。实事求是，集中体现了马克思主义唯物的、辩证的认识论，是我们党始终坚持的根本思想方法。这一方法要求我们一切从实际出发，理论联系实际，不断研究新情况、解决新问题。解放思想是实事求是的内在要求。只有解放思想，不断研究新情况、解决新问题，把思想认识从各种不合时宜的观念、做法和体制的束缚中解放出来，才能使我们正确地把握不断发展变化着的客观实际，真正做到实事求是。与时俱进是实事求是的必然要求和结果。随着时间的推移和时代的前进，客观实际发生了变化，我们的思想认识必须相应地跟着变、跟着前进，这也就是实事求是。因此，坚持实事求是，一定要同解放思想、与时俱进有机统一起来，在解放思想、与时俱进中坚持真理、纠正错误，做到不唯上、不唯书、只唯实。而要真正做到实事求是，必须注重和坚持调查研究。

经典文献

"实事"就是客观存在着的一切事物，"是"就是客观事物的内部联系，即规律性，"求"就是我们去研究。我们要从国内外、省内外、县内外、区内外的实际情况出发，从其中引出其固有的而不是臆造的规律性，即找出周围事变的内部联系，作为我们行动的向导。

——《毛泽东选集》第 3 卷，人民出版社 1991 年版，第 801 页三是坚持群众路线的工作方法。要求我们做到一切为了群众，一切依靠群众，从群众中来，到群众中去，充分调动广大人民群众的积极性、主动性和创造性。群众路线是我们党的生命线和根本工作路线。我们党联系群众、宣传群众、武装群众、团结群众、依靠群众，以自己的模范行动来赢得人民群众的真心拥护和支持。党的十八大以来，习近平总书记始终保持亲民为民爱民的崇高风范，把老百姓的事当作最大的事。习近平总书记以身作则、躬身力行，一以贯之深入基层调研，推动民生问题解决，为广大党员干部树立了光辉榜样。但就目前而言，有些党员干部却在一定程度上淡忘了群众路线的这一工作方法。不少基层党员和群众反映，现在交通工具发达了，干部与群众的距离却远了；通信工具先进了，干部与群众的沟通却难了；干部的学历高了，做群众工作的水平却低了。这种说法，从一些侧面反映出党的群众工作和党群关系、干群关系中存在的问题。这里面既有立场问题、感情问题，也有方法问题、能力问题[1]。

历史钩沉

20 世纪 80 年代，宁德下辖的 9 个县中有 6 个是贫困县，条件十分艰苦，被称为东南沿海“黄金断裂带”。面对闽东地区贫困落后面貌，面对群众脱贫致富的强烈期盼，时

① 习近平：《深入学习中国特色社会主义理论体系　努力掌握马克思主义立场观点方法》，《求是》2010 年第 4 期。

任宁德地委书记的习近平同志深入开展调查研究，深入思考如何加快发展、摆脱贫困，指出“贫困地区的发展靠什么？千条万条，最根本的只有两条：一是党的领导；二是人民群众的力量”。习近平同志从信访工作入手，倡导建立领导下访、约访群众制度，强调各级干部苦练密切联系群众基本功。1988 年 12 月，习近平同志在霞浦主持首次“地县领导接待群众来访日”活动，要求“约访制度和下基层开展信访接待日活动的制度要坚持下去”。1989 年 1 月，为进一步密切干群关系、推动各项工作部署得到有效落实，习近平同志提出“宁德地区今年要开展三项活动：一是地县领导到基层去现场办公；二是各级领导建立群众接待日制度；三是领导干部同基层单位挂钩联系”。后来，习近平同志将这些做法完整阐述为“宣传党的路线、方针、政策下基层，调查研究下基层，信访接待下基层，现场办公下基层”。1990 年 5 月，习近平同志在给宁德地直机关领导干部的临别赠言中指出，“四下基层”工作得到了人民群众的欢迎和称赞，要继续坚持下去，并注意在实践中不断完善，还要不断探索密切联系群众的新途径、新方法。

——节选自杨璐蔓：《坚持“四下基层”走好群众路线》，《求是》2023 年第 23 期

总之，马克思的整个世界观不是教义，而是方法。它提供的不是现成的教条，而是进一步研究的出发点和供这种研究使用的方法。

这就要求我们不能把马克思的理论看作某种一成不变的和神圣不可侵犯的东西。我们应该改变以前从马克思、恩格斯著作中寻找解决现实问题结论的思维模式。列宁说得好："只有不可救药的书呆子，才会单靠引证马克思关于另一历史时代的某一论述，来解决当前发生的独特而复杂的问题。"[①] 毛泽东则进一步指出，我们"不但应当了解马克思、恩格斯、列宁、斯大林他们研究广泛的真实生活和革命经验所得出的关于一般规律的结论，而且应当学习他们观察问题和解决问题的立场和方法"[②]。"许多同志学习马克思列宁主义……虽然读了，但是消化不了。只会片面地引用马克思、恩格斯、列宁、斯大林的个别词句，而不会运用他们的立场、观点和方法，来具体地研究中国的现状和中国的历史，具体地分析中国革命问题和解决中国革命问题。这种对待马克思列宁主义的态度是非常有害的，特别是对于中级以上的干部，害处更大。"[③] 邓小平在改革开放初期总结社会主义建设经验教训时指出，学习运用马克思主义理论，"主要的是要用马克思主义的立场、观点、方法来分析问题，解决问题。马克思主义的活的灵魂，就是具体地分析具体情况。马列主义、毛泽东思想如果不同实际情况相结合，就没有生命力了"[④]。"绝不能要求马克思为解决他去世之后上百年、几百年所产生的问题提供现成答案，列宁同样也不能承担为他去世以后五十年、一百年所产生的问题提供现成答案的任务。"[⑤] 习近平总书记强调，掌握和运用马克思主义立场观点方法来研

① 《列宁全集》第 3 卷，人民出版社 1984 年版，第 13 页。
② 《毛泽东选集》第 2 卷，人民出版社 1991 年版，第 533 页。
③ 《毛泽东选集》第 3 卷，人民出版社 1991 年版，第 797 页。
④ 《邓小平文选》第 2 卷，人民出版社 1994 年版，第 118 页。
⑤ 《邓小平文选》第 3 卷，人民出版社 1993 年版，第 291 页。

究和解决中国的实际问题，是以毛泽东同志为主要代表的中国共产党人留给我们的传家宝。[①] 习近平总书记基于对历史经验和现实挑战的深刻洞察，以战略思维谋全局、以辩证思维解矛盾、以法治思维图善治、以系统思维聚合力、以底线思维定边界、以创新思维增活力、以开放思维拓视野……这些新的思维夯筑着治国理政的基石，并正在成为人类文明的一部分。因此，学习马克思主义，不能仅限于会背几个条文，最重要的是掌握它的精神实质，即马克思主义的方法。

经典文献

在近代中国最危急的时刻，中国共产党人找到了马克思列宁主义，并坚持把马克思列宁主义同中国实际相结合，用马克思主义真理的力量激活了中华民族历经几千年创造的伟大文明，使中华文明再次迸发出强大精神力量。实践证明，马克思主义是我们认识世界、把握规律、追求真理、改造世界的强大思想武器，是我们党和国家必须始终遵循的指导思想。

——习近平：《在党史学习教育动员大会上的讲话》，人民出版社 2021 年版，第 11—12 页

① 习近平：《深入学习中国特色社会主义理论体系　努力掌握马克思主义立场观点方法》，《求是》2010 年第 7 期。

（二）中国革命需要马克思主义的科学指导

自1840年鸦片战争起，西方资本主义列强相继侵入中国，封建的中国逐步沦为半殖民地半封建社会。帝国主义主宰了中国的政治、经济命脉，中国处于帝国主义和封建主义势力联合统治之下。"国家蒙辱、人民蒙难、文明蒙尘，中华民族遭受了前所未有的劫难。"[①] 如何拯救国家于危亡和人民于水火之中，就成为中国先进分子所必须承担的历史使命。为此，从鸦片战争到五四运动前夕的70余年里，中国人民同帝国主义和封建势力进行了英勇顽强的斗争。尽管中国人民付出了无数血的代价，但是包括武装斗争等在内的各种方案并没有取得成功。正如毛泽东所说："中国人向西方学得很不少，但是行不通，理想总是不能实现。"[②] 中国革命为什么总是不能成功？近代中国先进分子拯救斯民于水火的努力为何总是事倍功半？其重要原因之一是缺乏科学理论的指导。中国共产党之前的先进中国人，不了解要建立一个什么性质的社会制度才符合中国的国情，没有或者不敢明确提出革命的对象是什么，更不知道依靠什么社会力量实现革命目标。因此，要改变近代以来中国社会半殖民地半封建性质，解决中国社会的主要矛盾，必须经过一场全新的革命。而这场革命的成功需要诸多条件，其中最重要的是要有一种科学理论的指导。随着辛亥革命的失败，资产阶级民主主义在中国人民的心目中已经破产。新生长起来的无产阶级只能向新的思想理论求教，这种理论就是人们经过比较和鉴别甚至局部实践的马克思主义。"只有产生了马克思主义，才对社会

---

① 《习近平谈治国理政》第4卷，外文出版社2022年版，第4页。
② 《毛泽东选集》第4卷，人民出版社1991年版，第1470页。

发展有了预见，使人类对社会发展的认识达到了新的阶段。”[①] 因此，不管人们是否自觉，在中国革命的指导思想上，资产阶级民主主义让位于马克思主义已成为近代中国历史发展的必然。

中国革命成功需要把马克思主义与中国具体实际相结合。马克思说过：“理论在一个国家实现的程度，总是取决于理论满足这个国家的需要的程度。”[②] 中国人民之所以选择马克思主义，首先是因为马克思主义的真理适应了当时中国社会发展的客观需要，有着坚实的社会基础。也就是说，中国革命需要马克思主义，而马克思主义本身也适宜于中国的土壤。

然而，利用马克思主义指导中国革命，不能采取“拿来主义”。一方面，马克思主义是有着特定历史背景和历史条件、体现历史特点的科学理论，但直接论述中国革命的内容并不多。据统计，马克思、恩格斯的著作有 3200 多万字，其中讲到中国的内容只有 9 万多字。列宁和斯大林的著作有 3000 多万字，其中讲到中国的内容也只有 20 万字左右。[③] 因此，马克思主义的相关论述很难对中国革命进行具体明确的指导。另一方面，尽管马克思主义是普遍真理，但是在中国这样一个半殖民地半封建的东方大国进行革命，必然会遭遇许多马克思、列宁以及各国无产阶级政党所没有遇到过的特殊的复杂问题。要解决这些问题，单靠背诵马克思主义的一般原理，照搬俄国等外国经验是不行的，必须把马克思主义的普遍真理同中国具体实际相结合。马克思主义的真理性不在于其能够包治百病，而是提供科学的世界观

① 《毛泽东文集》第 3 卷，人民出版社 1996 年版，第 394 页。
② 《马克思恩格斯选集》第 1 卷，人民出版社 2012 年版，第 11 页。
③ 张宏伟：《从历史视角论毛泽东与中国传统文化的关系》，《新疆大学学报（哲学社会科学版）》1992 年第 1 期。

和方法论。马克思主义“所提供的只是总的指导原理，而这些原理的应用具体地说，在英国不同于法国，在法国不同于德国，在德国又不同于俄国”[①]。马克思主义之所以需要民族化，根本原因在于实践总是具体的、民族的。民族化是各国无产阶级实践的客观要求，如果不能实现民族化，无产阶级实践就陷入盲目而导致失败。

中国共产党人的使命就是运用马克思主义的立场、观点和方法，研究中国革命的新情况、解决中国革命的新问题。马克思主义传到中国，在与中国实际相结合的过程中，先后形成毛泽东思想和中国特色社会主义理论体系，成功指导了中国革命、建设和改革开放的伟大实践。中国特色社会主义进入新时代后，丰富、深刻、复杂的实践需要新的科学理论的指导。中国如何应对“百年未有之大变局”，推动新时代中国特色社会主义事业的顺利发展，实现“两个一百年”奋斗目标，在马克思主义经典著作和马克思主义中国化现有成果中找不到现成答案。这就迫切需要当代中国共产党人进行新的理论创新，实现马克思主义与新时代中国实际相结合的新的飞跃。习近平新时代中国特色社会主义思想，就是在这样的伟大时代中应运而生、顺势而成的，是立足时代之基、回答时代之问、引领时代之变的科学理论，是当代中国最现实、最鲜活的马克思主义。

（三）百年成就确证了马克思主义行、中国化时代化的马克思主义行

在庆祝中国共产党成立100周年大会上，习近平总书记指出，“中国共产党为什么能，中国特色社会主义为什么好，归根到底是因为

---

① 《列宁选集》第1卷，人民出版社2012年版，第274—275页。

马克思主义行”[1]，在党的二十大报告中习近平总书记又进一步提出“中国化时代化的马克思主义行”[2]的重要论断。这一崭新论断的重要性在于它深刻阐明了马克思主义、中国化时代化的马克思主义的重要地位和价值。

读懂中国共产党，就能读懂马克思主义。若要探索马克思主义“行”的奥秘，就必须在中国共产党的百年伟业中来体悟和把握。我们给予马克思主义“行”的肯定性评价不是凭空的，而是建立在坚实的基础之上，是从中国大地发生巨变的既成事实和从中得出的确定结论出发对马克思主义理论作出的价值评判。正如毛泽东所说：“因为他的理论，在我们的实践中，在我们的斗争中，证明了是对的。”[3]今天中国共产党的发展壮大、中国人民的幸福生活、中华民族的强势崛起，正是马克思主义“行”的真理伟力直接作用于中国社会的现实结果。

其一，马克思主义“行”体现在马克思主义指引中国共产党找到了救国救民的道路。当一个国家、一个民族濒临亡国灭种的绝境时，选择什么样的主义和信仰，意味着将要走上什么样的发展道路，也便决定了这个国家和民族的前途命运。近代以来，各种思想在中国大地上传播开来，中国无数仁人志士围绕着“救亡图存”进行了各式各样的尝试、探索。然而，太平天国运动、洋务运动、戊戌变法、辛亥革命等均以失败而告终。究其原因，主要在于当时的各种尝试和探索缺乏先进思想理论的指导，还未能找到解决中国时代主题和历史

① 习近平：《在庆祝中国共产党成立100周年大会上的讲话》，人民出版社2021年版，第13页。

② 习近平：《高举中国特色社会主义伟大旗帜　为全面建设社会主义现代化国家而团结奋斗——在中国共产党第二十次全国代表大会上的报告》，人民出版社2022年版，第9页。

③ 《毛泽东选集》第1卷，人民出版社1991年版，第111页。

任务的正确道路。“十月革命一声炮响，为中国送来了马克思列宁主义。”[①]1921年，中国共产党在马克思列宁主义同中国工人运动的紧密结合中应运而生。在马克思主义理论指导下，中国共产党踏上了救国救民的奋斗道路。1922年，中共二大初步明确了当时中国革命的性质、对象、动力、任务等，深刻分析了当时面临的内外严峻形势，明确了自身所肩负的时代使命任务，明确提出了彻底的反帝反封建的民主革命纲领，为中国革命指明了正确的前进方向，国家和民族的命运有了光明的发展前景。旗帜引领方向，道路决定命运。在中华民族生死存亡的关键时刻，实现这一伟大跨越，形成这一崭新局面，这条终于能够行得通的救亡图存新道路的出现离不开马克思主义的引导。

历史钩沉

中共一大的召开

随着马克思主义在中国的广泛传播，中国共产党早期组织在上海、北京、武汉、长沙、济南、广州以及赴日、旅欧留学生中相继成立，建党条件基本成熟。1921年6月初，共产国际代表马林搭乘轮船来到上海，拜会了共产党上海早期组织成员李达、李汉俊。马林提议及早召开全国代表大会，李达、李汉俊接受了他的建议，并通过书信与陈独秀、李大钊商议，决定在上海召开中共第一次全国代表大会。

① 习近平：《在纪念马克思诞辰200周年大会上的讲话》，人民出版社2018年版，第12页。

1921年7月23日，中国共产党第一次全国代表大会在上海法租界望志路106号（今兴业路76号）开幕。由于会场受到暗探注意和法租界巡捕搜查，会议无法继续在上海举行。之后，代表们分批转移到浙江嘉兴，最后一天的会议在嘉兴南湖的游船上举行。参加会议的代表有上海的李达、李汉俊，北京的张国焘、刘仁静，长沙的毛泽东、何叔衡，武汉的董必武、陈潭秋，济南的王尽美、邓恩铭，广州的陈公博，旅日的周佛海；包惠僧受陈独秀派遣，出席了会议。他们代表着全国50多名党员。共产国际代表马林和尼克尔斯基出席了会议。陈独秀和李大钊因事务繁忙未出席会议。

会议确定党的名称为“中国共产党”，决定设立中央局作为中央的临时领导机构，选举产生了以陈独秀为书记的中央局。大会通过了中国共产党第一个纲领，明确“革命军队必须与无产阶级一起推翻资本家阶级的政权”，“承认无产阶级专政，直到阶级斗争结束”，“消灭资本家私有制”等。大会宣告中国共产党的正式成立。从此，在古老落后的中国出现了以马克思列宁主义为指导的、以实现社会主义和共产主义为奋斗目标的无产阶级政党。这是开天辟地的大事变，中国革命的面貌从此焕然一新，中国历史从此揭开了新的篇章。

其二，马克思主义“行”体现在马克思主义指导中国共产党取得了革命、建设、改革伟大事业的辉煌成就。科学的理论指导伟大的实践。马克思主义“行”不仅表现在马克思主义在20世纪初给危机四伏的旧中国带来了希望，让苦难深重的中国人民看到了曙光，更体现在中国化时代化的马克思主义解决了中国革命、建设和改革的实际问题，从根本上改变了中国人民的前途命运。面对不同历史时期的时代主题与历史任务，马克思主义为我们提供了最充分而有力的科学方法论指导。新民主主义革命时期，以毛泽东同志为主要代表的中国共产党人探索出“农村包围城市，武装夺取政权”的革命新道路，创立了毛泽东思想。在毛泽东思想指导下，中国共产党带领中国人民推翻了三座大山，取得了新民主主义革命的胜利，建立了人民当家作主的新中国。社会主义革命和建设时期，党领导人民在新中国百废待兴、积贫积弱的局面下自力更生、艰苦奋斗，不懈推动伟大社会革命和自我革命，确立了社会主义基本制度，几亿人的吃饭穿衣问题得到初步解决，工农业、交通运输业、科教文卫等事业有了很大发展。改革开放和社会主义现代化建设新时期，以邓小平同志为主要代表的中国共产党人带领人民解放思想、实事求是，坚持以经济建设为中心，实行改革开放，带领站起来的中国人民向着富起来的目标迈进；以江泽民同志为主要代表的中国共产党人与时俱进、开拓创新，使改革开放、现代化建设和党的建设更进一步；以胡锦涛同志为主要代表的中国共产党人团结带领人民在全面建设小康社会进程中奋力搞建设、谋发展。中国特色社会主义建设进入新时代，以习近平同志为主要代表的中国共产党人领导人民自信自强、守正创新，使中华民族迎来了从站起来、富起来到强起来的伟大飞跃。凭借着马克思主义科学理论的武装，一代代中国共产党人接续奋斗，不仅把我国建设成为世界第二大经济体，而且最大程度地满足了人民日益增长的物质文化需要，实现了世界上规模最大扶贫、减贫目标等。在马克思主义中国化时代化进程中形成的这一系列独创性理论成果和巨大社会建设成就，是中国共产党从马克思主义理论中获得的启迪、汲取的智慧所取得的。

中国共产党百年奋斗历程中的每一步跨越、每一点成就都镌刻着马克思主义科学理论的印迹。正因中国共产党与马克思主义真理相遇相识，并始终"坚持真理、坚守理想"[①]，在推进马克思主义中国化进程中经受风浪的淬炼，才由小变大、由弱变强，成为世界上最大的百年政党，在应对国内外各种风险挑战的历史进程中所向披靡、无往不胜。中国共产党坚持并丰富、发展了马克思主义，马克思主义也以其真理力量和实践力量深刻地改变了中国、成就了中国。这一系列科学理论成果和实践探索成就雄辩地证明：马克思主义真的"行"，为中国共产党"能"和中国特色社会主义"好"发挥了根本性指导作用。

三、马克思主义如何永葆生机和活力

马克思主义作为认识世界与改造世界的科学真理，是中国共产党立党立国、兴党强国的根本指导思想。这一思想，源于其时代，又超越了其时代，既是时代精神的精华，又是整个人类精神的精华。历经时间的洗礼与实践的检验，马克思主义的真理之光愈加璀璨。然而，要让这光芒永恒照耀，并非易事。在当代中国，如何保持马克思主义的生机与活力，使之持续展现真理的力量，成为众人瞩目、关乎国家前程的重大课题。

（一）用科学的态度对待马克思主义

以怎样的态度对待马克思主义是关系马克思主义能否展现生机

① 习近平：《在庆祝中国共产党成立100周年大会上的讲话》，人民出版社2021年版，第8页。

活力的重要因素，不同的态度决定了方法措施的不同，影响了实际效果。那么，我们应该以怎样的态度对待马克思主义？

对待马克思主义的态度，是关乎这一理论能否焕发生机与活力的关键因素。各种不同态度导致了方法措施的差异，进而影响到实际成效。那么，究竟应如何看待马克思主义呢？对于这一问题，习近平总书记指出，"我们要以科学的态度对待科学、以真理的精神追求真理"[①]。只有用科学的态度对待马克思主义，才能把握马克思主义理论精髓，发挥马克思主义的真理力量，才能运用马克思主义指导实践，分析和解决实践问题。

1. 在认识上必须正确对待马克思主义，不能采取教条主义的态度

毛泽东深刻指出："我们党的发展和进步，是从同一切违反这个真理的教条主义和经验主义作坚决斗争的过程中发展和进步起来的。"[②] 在马克思主义的认识和实践问题上，我们党历史上曾多次产生错误倾向，并为此付出了沉重代价。自成立之初，我们党便将马克思主义确立为指导思想。然而，在早期发展中，由于对马克思主义的理解与应用尚不成熟，我们党在 1927 年至 1928 年、1930 年以及 1931 年至 1935 年，分别出现了以瞿秋白、李立三和王明为代表的"左"倾错误，表现为盲动主义、冒险主义和教条主义。这些错误在于将马克思主义教条化、主观化，机械地照搬照抄理论，导致理论与实际相

① 习近平：《高举中国特色社会主义伟大旗帜　为全面建设社会主义现代化国家而团结奋斗——在中国共产党第二十次全国代表大会上的报告》，人民出版社 2022 年版，第 20 页。

② 《毛泽东选集》第 3 卷，人民出版社 1991 年版，第 1094 页。

脱节，使我国革命历经艰辛，甚至陷入困境。事实证明，我们不能将马克思主义视为“教条”“教义”或“公式”，机械地应用于现实，这样做不仅无法解决我国实际问题，反而可能给党和人民带来严重损害。尽管马克思主义为人类社会提供了最科学、最完整、最严谨的世界观和方法论，但它并非万能良方，不能解决所有问题。如恩格斯所说，“无论如何应当声明，我所在的党并没有任何一劳永逸的现成方案”[①]。换言之，原典马克思主义为我们所提供的主要是科学的世界观和方法论，并非能被直接用来解决中国革命、建设、改革实际问题的具体方案。这便要求我们无论何时何地“对待马克思主义，不能采取教条主义的态度”，而要从中国实际出发。否则，“我们就会因为思想脱离实际而不能顺利前进，甚至发生失误”[②]，这是我们基于深刻的历史教训得出的理论总结。

经典文献

马克思主义的“本本”是要学习的，但是必须同我国的实际情况相结合。我们需要“本本”，但是一定要纠正脱离实际情况的本本主义。

——《毛泽东选集》第1卷，人民出版社1991年版，第111—112页

① 《马克思恩格斯文集》第10卷，人民出版社2009年版，第548页。
② 习近平：《在哲学社会科学工作座谈会上的讲话》，人民出版社2016年版，第13页。

2. 在中国具体实践中必须正确地坚持和运用马克思主义

坚持理论联系实际，是中国共产党在长期实践中培育并坚持的光荣传统和优良作风。习近平总书记强调：“我们党的历史反复证明，什么时候理论联系实际坚持得好，党和人民事业就能够不断取得胜利；反之，党和人民事业就会受到损失，甚至出现严重曲折。”[①]“理论联系实际”就是要求正确坚持和运用马克思主义的立场、观点和方法，具体地研究和解决中国的实际问题。例如，马克思主义认为暴力革命是无产阶级革命的基本形式。列宁在坚持马克思关于无产阶级暴力革命学说的基础上，根据俄国实际确定了先城市后乡村的武装起义夺取政权道路，并取得了十月革命胜利，建立了无产阶级专政。但是，普遍真理是在实践基础上不断丰富和发展的，各个国家、民族的具体情况和实践活动也同样处在变化发展中，即使是科学理论也必须结合具体情况和现实环境来运用。因此，俄国先城市后乡村的武装起义夺取政权道路并不是暴力革命的唯一模式，在我国具体革命实践中必须正确地坚持和运用马克思主义关于无产阶级暴力革命的学说。以毛泽东同志为主要代表的中国共产党人没有照搬俄国模式，而是在深入分析中国革命面临的实际情况和问题的基础上，正确地坚持和运用马克思列宁主义暴力革命学说，创造性地提出“枪杆子里面出政权”的重要论断，并探索出了“农村包围城市，武装夺取政权”的正确革命道路，丰富和发展了马克思主义关于暴力革命的学说。在今天的中国特色社会主义实践中，我们要熟练掌握并灵活运用马克思主义的“人民”立

① 《习近平在中央党校（国家行政学院）中青年干部培训班开班式上发表重要讲话强调　立志做党光荣传统和优良作风的忠实传人　在新时代新征程中奋勇争先建功立业》，《人民日报》2021 年 3 月 2 日。

场，坚持一切以人民为中心；学习"唯物辩证"的思想方法，坚持客观全面地看问题；学习"实事求是"的思想方法，坚持深入开展调查研究；学习"群众路线"的工作方法，坚持从群众中来、到群众中去等。

一个好理论是否"行"关键在于如何运用和实现。马克思主义是否行，不仅在于其内在的科学理论品质，关键还取决于实践主体的理论运用水平，取决于能否正确地坚持和运用马克思主义的立场、观点和方法。100 多年来，中国共产党之所以能够完成其他政治力量不可能完成的艰巨任务，究其原因，根本在于它始终坚持理论联系实际。这一结论和经验"是历史发展的结果、历史实践的产物、历史奋斗的结晶，是历史规律的昭示"①。总之，坚持理论联系实际，把握和处理好二者的辩证关系，是马克思主义"行"的秘诀。

3. 把坚持马克思主义和发展马克思主义结合起来

历史实践证明，马克思主义理论并非封闭保守、僵化不变的学说，而是一个秉持开放性、包容性、博采众长的理论体系。正如毛泽东所指出："马克思列宁主义并没有结束真理，而是在实践中不断地开辟认识真理的道路。"② 习近平总书记在纪念马克思诞辰 200 周年大会上的讲话中进一步强调："一部马克思主义发展史就是马克思、恩格斯以及他们的后继者们不断根据时代、实践、认识发展而发展的历史，是不断吸收人类历史上一切优秀思想文化成果丰富自己的历史。"③ 实际上，马克思主义者不断根据新的情况和问题对理论进行

① 《中共中央就党的十九届六中全会精神举行新闻发布会》，http://www.news.cn/politics/sjjlzqhjs/index.htm，2022 年 8 月 30 日。

② 《毛泽东选集》第 1 卷，人民出版社 1991 年版，第 296 页。

③ 习近平：《在纪念马克思诞辰 200 周年大会上的讲话》，人民出版社 2018 年版，第 9 页。

补充和完善。例如，虽然1848年的《共产党宣言》是马克思主义诞生的标志性成果，但它无法预见其后几十年资本主义社会及无产阶级运动的发展。为了适应不同时期的特点，马克思、恩格斯从1872年至1893年先后为《宣言》撰写了7篇序言，有针对性地对《宣言》的相关内容进行了补充和完善，从而使马克思主义始终保持旺盛生命力。

"中国共产党之所以能够完成近代以来各种政治力量不可能完成的艰巨任务，就在于始终把马克思主义这一科学理论作为自己的行动指南，并坚持在实践中不断丰富和发展马克思主义。"[①] 坚持马克思主义和发展马克思主义相结合，我们创立了毛泽东思想、邓小平理论，形成了"三个代表"重要思想、科学发展观，创立了习近平新时代中国特色社会主义思想，为社会主义建设提供了科学理论指导。新时代，科学对待马克思主义要求我们坚持与时俱进的态度，把马克思主义基本原理同中国具体实际相结合、同中华优秀传统文化相结合，不断推出新的理论成果，开辟马克思主义中国化时代化的新境界。

（二）坚持不断学习和实践马克思主义

马克思主义这一具有深刻影响力的理论体系，彰显了其独特的价值与意义，其立场、观点和方法独具一格，与众不同。马克思主义始终坚定站在无产阶级和人民大众的立场，全心全意为人民谋福祉，这一立场不仅代表了无产阶级和劳动人民的利益，更是全世界广大人民的共同立场，从根本上说，它就是全人类的立场。马克思主义深度揭

① 习近平：《在庆祝中国共产党成立95周年大会上的讲话》，人民出版社2016年版，第8页。

示了自然界、人类社会和人类思维的发展规律，为我们提供了认识世界和改造世界的有力思想工具。在新时代，我们仍需积极学习和践行马克思主义，使其在中国大地上焕发出强大的生命力。然而，这一理论体系内涵丰富、博大精深，因此，我们应坚持两点论和重点论的统一，把握住重点与关键。那么，新时代学习和实践马克思主义的重点是什么？对于这一问题，习近平总书记在纪念马克思诞辰 200 周年大会上从 9 个方面进行了阐释。深刻理解和科学把握这 9 个方面，对于我们感悟马克思主义的真理力量，不断从中汲取科学智慧意义重大。

经典文献

从《共产党宣言》发表到今天，170 年过去了，人类社会发生了翻天覆地的变化，但马克思主义所阐述的一般原理整个来说仍然是完全正确的。我们要坚持和运用辩证唯物主义和历史唯物主义的世界观和方法论，坚持和运用马克思主义立场、观点、方法，坚持和运用马克思主义关于世界的物质性及其发展规律，关于人类社会发展的自然性、历史性及其相关规律，关于人的解放和自由全面发展的规律，关于认识的本质及其发展规律等原理，坚持和运用马克思主义的实践观、群众观、阶级观、发展观、矛盾观，真正把马克思主义这个看家本领学精悟透用好。

——习近平：《在纪念马克思诞辰 200 周年大会上的讲话》，人民出版社 2018 年版，第 25 页

1. 学习和实践马克思主义关于人类社会发展规律的思想

坚定共产主义理想信念。马克思主义认为，人类社会的发展是由低级形态向高级形态演进的，经历了原始社会、奴隶社会、封建社会、资本主义社会，最终将走向共产主义社会。这有利于我们正确认识人类社会发展规律，坚定走中国特色社会主义道路的信心和决心。新时代学习和实践这一思想，要认识到实现共产主义是一个循序渐进的长期过程，把共产主义远大理想同中国特色社会主义共同理想统一起来，坚定“四个自信”，坚守共产党人的理想信念。

2. 学习和实践马克思主义关于坚守人民立场的思想

必须站稳人民立场。人民性构成了马克思主义的核心品质，人民立场则是中国共产党的根本政治立场，这一立场鲜明地将其与其他政党区分开来。在新时代，对这一思想的传承与实践，要求我们坚定人民立场，深刻认识为中国人民谋幸福、为中华民族谋复兴的初心和使命，始终坚持全心全意为人民服务的宗旨，将人民利益置于至高无上的位置。我们应尊重人民的主体地位和创新精神，保持与人民群众的紧密联系，从而赢得民心、赢得时代、赢得未来。

3. 学习和实践马克思主义关于生产力和生产关系的思想

做头脑清醒的革命者。马克思主义坚定站在无产阶级与人民大众的立场，全面致力于为人民谋福祉，为全人类求解放。其独特的价值与意义，体现在其鲜明的人民立场、独特的观点及科学的方法。马克思主义把生产力视为社会的物质基础，视为推动社会进步的最活跃、最革命的要素。生产力与生产关系、经济基础与上层建筑的相互作用、相互制约，共同支配着社会发展的进程。马克思主义将生产力视为"社会进步的最高标准"，并以生产力和生产关系矛盾运动的规律作为判断时代变革的客观依据。新时代学习和实践这一思想，要"勇于全面深化改革，自觉通过调整生产关系激发社会生产力发展活力，自觉通过完善上层建筑适应经济基础发展要求，让中国特色社会主义更加符合规律地向前发展"①。

4. 学习和实践马克思主义关于人民民主的思想

发展全过程人民民主。马克思主义认为，无产阶级的运动是为绝大多数人谋利益的独立的运动，无产阶级在推翻资产阶级的统治后，不能用旧的国家机器来进行管理，而要以新的真正民主的国家政权来代替。这一重要论述为新时代发展社会主义民主政治指明了方向。学习和实践这一思想，要发展全过程人民民主，坚定不移走中国特色社会主义政治发展道路，坚持党的领导、人民当家作主、依法治国有机统一，加快推进国家治理体系和治理能力现代化，充分调动人民的积极性、主动性、创造性，巩固和发展生动活泼、安定团结的政治局面。

5. 学习和实践马克思主义关于文化建设的思想

大力发展文化事业。马克思主义认为，思想文化建设既决定于经济基础，又对经济基础产生反作用。这一思想从世界观的层面来审视社会文化现象，为社会主义文化建设提供了新思路。新时代，在意识形态领域的形势复杂严峻、文化建设的重要性越发突出的背景下，我们应当学习和实践这一思想。坚持马克思主义在意识形态领域的指导

① 习近平：《在纪念马克思诞辰200周年大会上的讲话》，人民出版社2018年版，第18页。

地位，广泛践行社会主义核心价值观，把社会主义核心价值观融入社会发展各方面，提高全社会文明程度，发展社会主义先进文化，推动中华优秀传统文化创造性转化、创新性发展，增强中华文明传播力影响力，不断铸就社会主义文化新辉煌。

6. 学习和实践马克思主义关于社会建设的思想

坚持以人民为中心。马克思、恩格斯所设想的未来社会没有剥削压迫，“给所有的人提供健康而有益的工作，给所有的人提供充裕的物质生活和闲暇时间，给所有的人提供真正的充分的自由”①。江山就是人民，人民就是江山。新时代，学习和实践这一思想就是要坚持以人民为中心的发展思想，实现好、维护好、发展好最广大人民根本利益，紧紧抓住人民最关心最直接最现实的利益问题，在发展中保障和改善民生，让发展成果更多更公平惠及全体人民，不断促进人的全面发展，朝着实现全体人民共同富裕的目标不断迈进。

7. 学习和实践马克思主义关于人与自然关系的思想

坚持人与自然和谐共生。马克思主义认为，自然给人类提供了生活资料来源和生产资料来源，人类的生存延续以自然界为前提。如果人类善待自然，自然会馈赠人类；如果人类无度破坏自然环境，就会导致文明衰亡。我们要学习和实践这一思想，敬畏自然、尊重自然、顺应自然、保护自然，牢固树立和切实践行绿水青山就是金山银山的理念，站在人与自然和谐共生的高度谋划发展，走出一条生产发展、生活富裕、生态良好的文明发展道路。

① 《马克思恩格斯全集》第28卷，人民出版社2018年版，第652页。

历史钩沉

20世纪八大环境公害事件

（1）比利时马斯河谷烟雾事件（1930年12月）。在马斯河谷工业区狭长的盆地中，工厂排出的有毒气体在近地层逐步积累引起大气污染，3天后有人发病，症状表现为胸闷、咳嗽、呼吸困难等，1周内有60多人死亡，数千人患病。

（2）美国多诺拉镇烟雾事件（1948年10月）。大气中主要污染物二氧化硫与金属元素反应生成致害物，使5900余人发病，症状为眼痛、喉痛、肢体酸乏、呕吐腹泻等。

（3）英国伦敦烟雾事件（1952年12月）。英国全境为浓雾覆盖，形成逆温天气，逆温层在40—150米低空，致使燃煤产生的烟雾不断积累。在4天中死亡人数较常年同期约多4000人，肺炎、肺癌、流感及其他呼吸道病患者死亡率均成倍增加。

（4）美国洛杉矶光化学烟雾事件（20世纪40年代初期）。烟雾致人五官发病、头疼、胸闷，汽车、飞机安全运行受威胁，交通事故增加。

（5）日本水俣病事件（1952—1972年间断发生）。含甲基汞的工业废水污染水体，使水俣湾和不知火海的鱼中毒，人食用鱼后受害，致使50余人死亡，280余人严重受害而致残。

（6）日本富山骨痛病事件（1931—1972年间断发生）。锌、铅冶炼工厂排放的含镉废水污染了神通川水体，两岸居民利用河水灌溉农田，使稻米含镉，居民食用含镉稻米和饮用含镉水而中毒。

（7）日本四日市哮喘病事件（1961—1970年间断发生）。该市石油冶炼和工业燃油产生的废气，严重污染城市空气，在厚达500米的烟雾中飘浮着多种有毒有害气体和金属粉尘，二氧化硫浓度超出标准5—6倍，导致2000余人受害。

（8）日本米糠油事件（1968年3—8月）。1968年3月，发生在日本北九州市爱知县一带。生产米糠油时用多氯联苯作为脱臭工艺中的热载体，由于生产管理不善，混入米糠油中，居民食用后中毒。中毒者超过5000人，死亡10余人。用米糠油做家禽饲料，引起几十万只鸡死亡。

8. 学习和实践马克思主义关于世界历史的思想

坚持推动构建人类命运共同体。马克思主义认为，在生产力发展和普遍交往的基础上，各国摆脱了闭关自守的状态，逐渐走向相互影响、相互制约的一体化进程，世界历史由此开创。在人类交往的世界性更深入、更广泛，各国相互联系和彼此依存更频繁、更紧密的背景下，我们要站在世界历史的高度审视当今世界发展趋势和面临的重大问题，坚持维护世界和平、促进共同发展的外交政策宗旨，坚持独立自主的和平外交政策，坚持对外开放的基本国策，坚持奉行互利共赢的开放战略，推动构建人类命运共同体，同世界人民携手开创更加美好的未来。

9. 学习和实践马克思主义关于马克思主义政党建设的思想

坚持全面从严治党。马克思主义认为，"在无产阶级和资产阶级的斗争所经历的各个发展阶段上，共产党人始终代表整个运动的利益"①，为建设共产主义社会而奋斗。作为世界上最大的马克思主义执政党，要始终赢得人民拥护、巩固长期执政地位，必须汲取这一思想的智慧，加强政党建设。我们要坚持和加强党中央集中统一领导，持之以恒推进全面从严治党，深入推进党的建设新的伟大工程，以党的自我革命引领社会革命，把党建设成为始终走在时代前列、人民衷心拥护、勇于自我革命、经得起各种风浪考验、朝气蓬勃的马克思主义执政党。

（三）坚持在实践中不断开辟马克思主义中国化时代化新境界

中国共产党的历史是一部不断推进马克思主义中国化时代化的历史。我们党始终把马克思主义作为科学指引，不断推进马克思主义中国化时代化并用以指导实践，使马克思主义在中国大地上焕发出勃勃生机。习近平总书记在党的二十大报告中创造性地提出了"开辟马克思主义中国化时代化新境界"的重大任务，强调这是当代中国共产党人的庄严历史责任。其后，在《开辟马克思主义中国化时代化新境界》一文中进一步就如何推进党的理论创新作出重要论述，为开辟马克思主义中国化时代化新境界提供了思想指引和行动指南。科学认识

① 《马克思恩格斯选集》第 1 卷，人民出版社 2012 年版，第 413 页。

这一论述，有助于我们进一步明确理论创新的方位、方向和方法，在新时代新征程上取得更为丰硕的理论创新成果。

1. 始终坚守理论创新的魂和根

魂者，器物之统摄也。根者，事物的本原也。本原之中必有魂，无魂则难以源远流长；统摄之中必有根，无根则难以统而摄之。党的二十大胜利闭幕不久，习近平总书记在考察殷墟遗址时指出，中华优秀传统文化是我们党创新理论的“根”。在主持二十届中共中央政治局第六次集体学习时，习近平总书记进一步强调，“马克思主义中国化时代化这个重大命题本身就决定，我们决不能抛弃马克思主义这个魂脉，决不能抛弃中华优秀传统文化这个根脉”[①]，明确要求“坚守好这个魂和根”。理论创新一旦割断了“魂脉”和“根脉”，就会犯颠覆性错误。我们应坚守这一“魂”和“根”，在马克思主义的指导下挖掘中华优秀传统文化的精髓，激活中华优秀传统文化中富有生命力的优秀因子并赋予新的时代内涵，将中华民族的伟大精神和丰富智慧更深层次地注入马克思主义，聚变为新的理论优势，从而开辟马克思主义中国化时代化的新境界。

2. 及时科学解答时代新课题

时代是思想之母，实践是理论之源。时代和实践在不断发展，马克思主义中国化时代化也必然随之不断向前推进。只有科学回答实践问题、正确引领实践发展，才能开辟马克思主义中国化时代化的新境

① 《习近平在中共中央政治局第六次集体学习时强调　不断深化对党的理论创新的规律性认识　在新时代新征程上取得更为丰硕的理论创新成果》,《人民日报》2023 年 7 月 2 日。

界。当前，我国正在推进中国式现代化这一宏大而独特的实践创新，各个领域都面临着复杂的问题，迫切需要我们推进理论创新以指导实践。因此，要把坚持马克思主义和发展马克思主义统一起来，及时科学解答时代新课题，有力回应中国之问、世界之问、人民之问、时代之问，全面系统地提出解决现实问题的科学理念、有效对策。在解决现实问题中发挥理论的真理力量，实现理论的创新发展。

3. 着力推进党的创新理论体系化学理化

马克思主义之所以影响深远，在于其以深刻的学理揭示人类社会发展的真理性、以完备的体系论证其理论的科学性。习近平总书记在主持二十届中共中央政治局第六次集体学习时强调，“推进理论的体系化、学理化，是理论创新的内在要求和重要途径”，“新时代中国特色社会主义思想的发展是一个不断丰富拓展并不断体系化、学理化的过程”[①]。推进理论的体系化、学理化，即坚持马克思主义真理观，将实践经验和认识上升为学术理论知识，建构全面综合的理论体系。新时代新征程，我们要着力推进党的创新理论体系化、学理化，进一步拓展研究阐释的深度和广度，让当代中国马克思主义、21 世纪马克思主义展现出更为强大的真理力量。

4. 注重从人民群众的创造中汲取理论创新智慧

习近平总书记强调，要“注重从人民群众的创造中汲取理论创

---

① 《习近平在中共中央政治局第六次集体学习时强调　不断深化对党的理论创新的规律性认识　在新时代新征程上取得更为丰硕的理论创新成果》，《人民日报》2023 年 7 月 2 日。

新智慧”[1]。这是对马克思主义认识论和群众史观的深刻把握和生动运用，是对党的理论创新历史经验的科学总结，为推进党的理论创新指明了立场、方向和途径。马克思主义是人民的理论，人民性是马克思主义的本质属性。人民的创造性实践是马克思主义理论创新的不竭源泉，马克思主义中国化时代化成果是党和人民实践经验和集体智慧的结晶。注重从人民群众的创造性中汲取理论创新智慧，是进一步推进实践基础上的理论创新、取得更为丰硕的理论创新成果的基本要求。只有站稳人民立场、把握人民愿望、尊重人民创造、集中人民智慧，从人民的创造性实践中总结新鲜经验，提炼出新的理论成果，才能让党的创新理论凝聚为指导人民认识世界和改造世界的强大思想武器。

（四）坚持用中国化时代化的马克思主义指导中国式现代化建设

实践没有止境，理论创新也没有止境。科学理论总是与伟大实践相互激荡、彼此辉映。中国共产党为什么能，中国特色社会主义为什么好，归根到底是马克思主义行，是中国化时代化的马克思主义行。面对世界之变、时代之变、历史之变，要走好中国式现代化新道路，就必须始终坚持以中国化时代化的马克思主义为指导。作为马克思主义中国化时代化最新理论成果的习近平新时代中国特色社会主义思想，科学回答了“什么是中国式现代化、如何实现中国式现代化”等一系列重大理论和实践问题，标志着我们党对现代化规律的认识达到了新的境界，为全面建设社会主义现代化国家提供了根本遵循，也

① 《习近平在中共中央政治局第六次集体学习时强调　不断深化对党的理论创新的规律性认识　在新时代新征程上取得更为丰硕的理论创新成果》，《人民日报》2023 年 7 月 2 日。

拓展了发展中国家走向现代化的途径，是对世界现代化理论的重大创新。新时代新征程，我们要把握好习近平新时代中国特色社会主义思想的世界观和方法论，坚持好、运用好贯穿其中的立场观点方法，用习近平新时代中国特色社会主义思想指导中国式现代化实践。

1. 坚持人民至上，走好共同富裕的现代化道路

“世界上最大的幸福莫过于为人民幸福而奋斗。”①党的十八大以来，习近平总书记走遍全国 14 个集中连片特困地区，团结带领全党全国各族人民全面建成了小康社会。从“一个也不能少”实现全面小康，推进乡村振兴和共同富裕，到大疫突袭时，坚持“人民至上、生命至上”……大国之重，人民重千钧。围绕人民群众急难愁盼的现实问题，十年来，我国出台 2000 多个改革方案，涉及百姓衣、食、住、行、教育、医疗、养老等各个生活环节。百姓关心什么、期盼什么，党和政府的发展和改革就要抓住什么、推进什么。十年成就，书写在物阜民丰、万家灯火中。

党的二十大报告指出，中国式现代化是全体人民共同富裕的现代化。共同富裕是中国特色社会主义的本质要求，也是一个长期的历史过程。让现代化建设成果更多更公平惠及全体人民，不但要不断把“蛋糕”做大，而且要把“蛋糕”分好，让人民群众有更多的获得感、幸福感、安全感。新征程上，我们要始终同人民同呼吸、共命运、心连心，让发展成就、建设成果更多更公平惠及全体人民，充分激发人民的积极主动性、创造性，鼓励人民共同奋斗创造美好生活，从而为全面建设社会主义现代化国家、全面推进中华民族伟大复兴汇聚起无坚不摧的磅礴之力。

① 《中共中央国务院举行春节团拜会　习近平发表讲话》，《人民日报》2022 年 1 月 31 日。

时代声音

用“无我”青春诠释初心使命——黄文秀

黄文秀，女，中共党员，生前系百色市委宣传部副科长，派驻乐业县百坭村党组织第一书记，先后获得“时代楷模”、全国脱贫攻坚模范、全国五一劳动奖章、中国青年五四奖章、全国三八红旗手等称号。

2016年毕业后，作为优秀定向选调生的黄文秀原本可以选择留在南宁工作，但因为想回报家乡的养育之恩，她自愿回到红色革命老区，主动请缨到贫困村担任驻村第一书记。工作期间，她把人民的利益看得比什么都重要，经常加班加点，从不因为节假日或周末而放松工作要求。她时刻惦记着贫困群众的前途发展，经常自掏腰包慰问村里的孤寡老人和留守儿童，在生活上对她们嘘寒问暖，还帮助考上大学的贫困生争取各项补助，让村里多年苦读的寒门学子得到完成学业的机会。她到任之时，百坭村的贫困发生率为22.88%，通过外出考察学习、请技术专家到现场指导、挨家挨户宣传发动、党员带头示范种植等方式，黄文秀带领群众摸索适合本村发展的产业，种植砂糖橘、八角、杉木等，推动整村脱贫出列。

2019年6月16日晚，在看望肝癌晚期且刚做完第二次手术的父亲后，黄文秀冒着暴雨开车返回工作岗位，途中遭遇山洪，不幸因公牺牲，年仅30岁。黄文秀同志坚持人民至上，用生命践行了要帮助贫苦群众脱贫的理想抱负。正如黄文秀同志的父亲所说：“我为有这样的女儿感到欣慰，她为党的工作而牺牲，是党培养了她，她为党的事业作出贡献，我为她骄傲。”

2. 坚持自信自立，坚定不移地走中国式现代化道路

“人类历史上，没有一个民族、没有一个国家可以通过依赖外部力量、跟在他人后面亦步亦趋实现强大和振兴。”[①] 中华民族从近代以后的深重苦难走向伟大复兴的历史探索，没有教科书和现成答案，靠的就是自信自立。中国式现代化道路是党领导人民基于中国国情，依靠自身力量独立自主地探索出来的，是指引中国走向繁荣富强的正确道路。在人口超过 14 亿的东方大国推进中国式现代化，决定了我们必须把握好自信自立这一世界观与方法论，坚定对马克思主义的信仰、对中国特色社会主义的信念，坚定不移地走中国式现代化道路，把国家和民族发展放在自己力量的基点上，把中国发展进步的命运牢牢掌握在自己手中，带领人民创造新的现代化伟业。

3. 坚持守正创新，在守住根本原则的基础上激发现代化活力

知常明变者赢，守正创新者进。守正创新是我们党在新时代治国

① 习近平：《在纪念毛泽东同志诞辰 120 周年座谈会上的讲话》，人民出版社 2013 年版，第 21 页。

理政的重要思想方法，是新时代的鲜明气象。中国式现代化是前无古人的伟大事业，在前进道路上必然会遇到各种可以预料和难以预料的新问题。坚持守正创新，是我们党不断推进理论创新的必然要求，也是推进中国式现代化的科学方法。我们要坚持守正创新，既在方向、原则、道路等根本性问题上旗帜鲜明，又不断拓展认识的广度和深度，敢于说前人没有说过的新话，敢于干前人没有干过的事情，坚持创新在我国现代化建设全局中的核心地位，不断塑造发展新动能、新优势，让中国式现代化走得更实、行得更稳。

4. 坚持问题导向，不断解决现代化建设中出现的新问题

回答并指导解决问题是理论的根本任务，只有不断解决现代化实践过程中出现的新问题，实践才能向前发展，理论才能不断创新。当前，中国式现代化实践所面临问题的复杂程度、解决问题的艰巨程度前所未有，我们必须坚持问题导向，善于认识问题、分析问题、解决问题。我们要以高度的自觉发现问题，敢于直视和面对问题；抓住主要矛盾和矛盾的主要方面，"聚焦实践遇到的新问题、改革发展稳定存在的深层次问题、人民群众急难愁盼问题、国际变局中的重大问题、党的建设面临的突出问题"[①]；增强分析和解决问题的能力，不断提出真正解决问题的新理念新思路新方法。

5. 坚持系统观念，统筹谋划和推进现代化

"推进中国式现代化是一个系统工程，需要统筹兼顾、系统谋

① 习近平：《高举中国特色社会主义伟大旗帜　为全面建设社会主义现代化国家而团结奋斗——在中国共产党第二十次全国代表大会上的报告》，人民出版社 2022 年版，第 20 页。

划、整体推进，正确处理好顶层设计与实践探索、战略与策略、守正与创新、效率与公平、活力与秩序、自立自强与对外开放等一系列重大关系。”[①] 习近平总书记的这一论述深刻揭示了中国式现代化的系统特征以及推进中国式现代化所需遵循的重要原则，为坚持习近平新时代中国特色社会主义思想的世界观和方法论、持续推进中国式现代化提供了行动指南。推进中国式现代化的系统工程，要求我们在以习近平同志为核心的党中央坚强领导下，坚持系统观念，统筹推进“五位一体”总体布局、“四个全面”战略布局，统筹国内国际“两个大局”，把握规律、笃行不怠，充分发挥积极性、主动性、创造性，在全面建设社会主义现代化国家新征程上奋发有为，坚定不移走好中国式现代化新道路。

6. 坚持胸怀天下，走好和平发展的现代化道路

从坚持和平共处五项原则到坚持独立自主的和平外交政策，再到新时代推进中国特色大国外交，中国化时代化的马克思主义始终秉持胸怀天下的基本理念，为走好和平发展的中国式现代化道路提供了理论指引。乘历史大势行稳，走人间正道致远。坚持胸怀天下，始终奉行独立自主的和平外交政策，推动构建新型国际关系，推动共建“一带一路”高质量发展，积极参与全球治理体系改革和建设，不断推动构建人类命运共同体。我们有决心、有信心、有力量为人类作出新的更大贡献，推动历史车轮向着光明的目标前进。

大道蕴于历史，回溯栉风沐雨的奋斗征程，中国共产党取得举世

① 《习近平在学习贯彻党的二十大精神研讨班开班式上发表重要讲话强调　正确理解和大力推进中国式现代化》，《人民日报》2023 年 2 月 8 日。

瞩目的辉煌成就证明了马克思主义是指导我们在实践中走向胜利的科学理论，是我们党的灵魂和旗帜。新时代，我们要牢牢抓住马克思主义这一“魂脉”和中华优秀传统文化这一“根脉”，实现二者的有机融合、有机贯通，在实践中发挥“魂脉”和“根脉”的共同力量。

4

“第一个结合”：从百年历史中走来

习近平总书记在党的二十大报告中指出："中国共产党为什么能，中国特色社会主义为什么好，归根到底是马克思主义行，是中国化时代化的马克思主义行。"[①] 回顾历史，中国共产党推进马克思主义中国化的进程，始终围绕实现中华民族伟大复兴的历史主题。中国共产党的奋斗历史，就是不断推进马克思主义中国化时代化的历史，就是不断推进理论创新和理论创造的探索史。党在不同历史时期，对马克思主义在中国的运用进行了艰辛探索，不断推进"两个结合"，赋予马克思主义鲜明的中国特色、民族特色、时代特色，极大地推动了马克思主义中国化时代化的发展，不断取得马克思主义中国化时代化新的重大成果。

一、新民主主义革命时期的马克思主义

新民主主义革命时期，以毛泽东同志为主要代表的中国共产党人，为实现民族独立和人民解放，建立无产阶级政权，把马克思主义基本原理同中国具体实际相结合，对一系列独创性革命斗争经验作了理论概括，开辟了"农村包围城市、武装夺取政权"的正确革命道路，创立了毛泽东思想，为夺取新民主主义革命胜利指明了正确方向，为取得革命胜利提供了基本经验，推动党的理论和实践创新，实

① 习近平：《高举中国特色社会主义伟大旗帜　为全面建设社会主义现代化国家而团结奋斗——在中国共产党第二十次全国代表大会上的报告》，人民出版社 2022 年版，第 16 页。

现了马克思主义中国化的第一次历史性飞跃。

（一）马克思主义与中国工人运动相结合

十月革命一声炮响，给中国送来了马克思列宁主义，中国先进知识分子逐渐认识到只有马克思列宁主义才能救中国。以李大钊、陈独秀为代表的先进知识分子认识到马克思列宁主义的科学性、真理性、革命性与现实性，开启了研究、宣传和接受马克思主义的进程，确立了坚定的马克思主义信仰。他们在领导五四运动的过程中看到了中国工人阶级反帝反封建的政治力量，在马克思主义基本原理指导与俄国革命胜利鼓舞下认识到无产阶级在中国社会中的历史使命和革命作用，深入工人群众用马克思主义武装工人头脑，指导中国工人运动。陈独秀、李大钊等人深入上海、北京、汉口、广东等地工厂和劳动团体做调查研究，了解以码头工人、人力车工人、印刷工人、纺织工人为代表的工人阶级的生活情况及其诉求，以演说方式使工人阶级认识到自身地位，并且创办了《劳动界》《伙友》《劳动者》《劳动妇女》《劳动周刊》等杂志介绍工人运动情况和劳工组织，揭露资本家剥削工人的秘密，提出"劳工万岁""劳工神圣""劳工解放""五一节万岁""资本家的末日"等口号，使得工人阶级产生解放自身和实现人类解放的政治觉悟，促进了马克思主义在中国生根发芽。马克思主义与中国工人运动的结合使得中国先进知识分子转变为社会主义革命者，成立共产主义小组和共产主义青年团来指导工人运动，为中国共产党的诞生提供了思想上和干部上的条件。

历史钩沉

十月革命一声炮响，给中国送来了马克思列宁主义

2019年6月6日，国家主席习近平和俄罗斯总统普京共同登上曾打响十月革命第一炮的阿芙乐尔号巡洋舰，听取有关历史介绍。习近平主席表示，阿芙乐尔号巡洋舰对中国人民而言意义非凡。中国一直讲十月革命一声炮响给中国送来了马克思主义，成立了中国共产党，所以它和中国的这种渊源关系在我们心中是很重很重的分量。

那么，“十月革命一声炮响给中国送来了马克思主义”这句著名的论断又出自何处呢？1949年6月30日，为纪念中国共产党成立28周年，毛泽东发表《论人民民主专政》一文。在回顾中国革命的历程时，毛泽东写道：十月革命一声炮响，给我们送来了马克思列宁主义。这成为了日后论述十月革命与中国历史和中国共产党历史的关系时最常被引用的一句话。

五四运动促进了马克思主义在中国的传播。在马克思列宁主义同中国工人运动的紧密结合中，中国共产党于1921年7月应运而生。中国共产党成立之后为了继续推进和扩大马克思列宁主义同中国工人运动的结合，将主要的工作任务放在城市工人运动上，成立中国劳动组合书记部作为指导工人运动的总机关。在马克思主义的社会革命理论指导下，中国共产党的第一个纲领特别强调工人阶级的阶级地位并且明确提出"必须支援工人阶级"[①]，在党的第一个决议中确立了党的基本任务是成立产业工会，"在工会里灌输阶级斗争的精神"[②]。把成立工人学校作为组织产业工会中的一个阶段，以提高工人的觉悟为基本方针，进而把工人学校发展为工人政党的中心机构。此外，决议还提出要成立研究产业工会组织工作方法的机构，研究包括工人运动史、组织工厂工人的方法、卡尔·马克思的经济学说、各国工人运动的现状等与工人运动相关的问题，以此来教育工人使他们在实践中遵循共产党的指导思想，实现自己的未来理想。

在马克思主义的革命理论指导下，中国共产党卓越的工人运动领袖邓中夏曾提出中国工人运动要克服工团主义只过问经济要求的弊端，把工人运动同中国革命结合起来，并且结合中国产业发展的实际情况提出集中几个工人领域开展工人运动。邓中夏在《论工人运动》中指出工人群众在革命中的主力地位，"要革命非特别重视工人运动不可"[③]。中国工人运动主要表现为罢工和组织工会两件事，包括增加工资、缩短工时等阶级要求。其中"罢工人数最多、影响最大的，有香港海员罢工，汉口人力车夫罢工，长辛店罢工，陇海罢工，汉阳铁厂罢工，粤汉北段罢工，安源路矿罢工，水口山罢工，上海浦东纺织烟草罢工，开滦罢工，京汉铁路罢工，前八次罢工都胜利，后三次罢工却失败了"[④]。在组织工会方面，成立了"汉冶萍总工会""中华海员工业联合总会"等，工人运动在取得胜利之后引起当局恐慌和疯狂镇压，上海浦东纺织烟草罢工被压服，开滦煤矿罢工被天津警察和英

① 《建党以来重要文献选编（1921—1949）》第1册，人民出版社2011年版，第1页。
② 《建党以来重要文献选编（1921—1949）》第1册，人民出版社2011年版，第5页。
③ 《邓中夏全集》上，人民出版社2014年版，第298页。
④ 《邓中夏全集》上，人民出版社2014年版，第323页。

国士兵压服，京汉铁路罢工被军阀吴佩孚压服。工人运动经历京汉铁路工人大罢工失败后进入低潮时期，但从整体来看，马克思列宁主义同中国工人运动的结合实现了工人阶级从分散到联合的转化，从自发到自觉的转变，初步显示了工人阶级的政治力量，但也证明只有工人阶级不足以取得革命胜利，需要实现工农联合形成统一战线来解放备受压迫的广大劳动群众。在这一过程中，广大人民群众认识并接受了马克思主义，引领中国最终走上了革命的道路，开启了与中国革命实际相结合的马克思主义中国化之路。

安源路矿工人大罢工谈判旧址

（二）开辟农村包围城市、武装夺取政权的革命道路

随着大革命的失败，中国共产党逐渐认识到武装斗争的重要性，毛泽东在纠正党内错误路线后提出了农村包围城市、武装夺取政权的革命道路，把对中国实际问题的研究同学习和运用马克思主义结

合起来。五四运动时期李大钊已经提出为使社会主义在世界上发生一些影响，“必须要研究怎么可以把他的理想尽量应用于环绕着他的实境”[①]，毛泽东在初次读到《共产党宣言》时便提出“老老实实地来开始研究实际的阶级斗争”[②]。由于中国共产党早期对中国国情和社会革命的认识不成熟，虽然制定了反帝反封建的民主革命纲领，但在错误路线的指导下，大革命最终以失败告终。“在一个半殖民地半封建的东方大国进行革命，面对的特殊国情是农民占人口的绝大多数，落后分散的小农经济、小生产及其社会影响根深蒂固，又遭受着西方列强侵略和压迫，经济文化十分落后，选择一条什么样的道路才能把中国革命引向胜利成为首要问题，也是马克思主义发展史上前所未有过的难题。年轻的中国共产党，一度简单套用马克思列宁主义关于无产阶级革命的一般原理和照搬俄国十月革命城市武装起义的经验，中国革命遭受到严重挫折。”[③]毛泽东吸取大革命失败的经验教训，积极探索符合中国实际情况的社会革命道路。

以毛泽东同志为主要代表的中国共产党人在总结中国革命经验教训时，将马克思主义的暴力革命理论与当时面临的具体实际相结合，提出“农村包围城市，武装夺取政权”的革命道路。毛泽东在《中国的红色政权为什么能够存在？》中分析了半殖民地中国的特征与红色政权存在的原因，提出了“工农武装割据”思想，强调武装斗争对红色政权存在和发展的重要性。在《井冈山的斗争》中，他再次强调以农业为主要经济的中国的革命，以军事发展暴动，是一种特征，提出

① 《李大钊全集》第3卷，人民出版社2006年版，第3页。
② 《毛泽东文集》第2卷，人民出版社1993年版，第379页。
③ 《十八大以来重要文献选编》上，中央文献出版社2014年版，第688—689页。

"所谓割据，必须是武装的""尽量帮助人民武装起来"[①]，开展土地革命，没收地主土地，重新分配给农民；废除士兵雇佣制，强调"为自己为人民打仗"的政治立场，通过政治教育使得红军士兵具有阶级觉悟；在红军内确立党代表制度、党支部建在连上，实行军队内民主主义，建立并巩固军事根据地；在民众政权方面提出了民主集中制的政治制度，"是最能发动群众力量和最利于斗争的"[②]。"工农武装割据"思想包含了土地革命、民众政权、党的建设以及红军建设等多项内容，是"农村包围城市，武装夺取政权"革命道路理论形成的思想和实践前提。

为回应林彪对革命发展前途的悲观思想，毛泽东在《星星之火，可以燎原》中批评了不愿意做艰苦工作建立根据地，建立人民群众的政权，并由此去扩大政治影响，而只想用流动游击战扩大政治影响的思想，"这种全国范围的、包括一切地方的、先争取群众后建立政权的理论，是于中国革命的实情不适合的"[③]。毛泽东从全局性的战略角度思考中国革命的道路问题，把井冈山革命根据地的经验理论化上升为中国革命道路的理论问题。关于"有根据地，有计划地建设政权的，深入土地革命的，扩大人民武装的路线是经由乡赤卫队、区赤卫大队、县赤卫总队、地方红军直至正规红军这样一套办法的，政权发展是波浪式地向前扩大的，等等的政策，无疑义地是正确的"[④]的论述已经形成了通过武装革命、土地革命建立农村根据地政权并夺取全国政权的思想，开辟了"农村包围城市，武装夺取政权"的中国革命道路。中国革命道路理论揭示了中国革命运动的规律，正确指导了中国革命

---

① 《毛泽东选集》第 1 卷，人民出版社 1991 年版，第 63、67 页。
② 《毛泽东选集》第 1 卷，人民出版社 1991 年版，第 72 页。
③ 《毛泽东选集》第 1 卷，人民出版社 1991 年版，第 97—98 页。
④ 《毛泽东选集》第 1 卷，人民出版社 1991 年版，第 98 页。

的胜利，毛泽东根据中国当时的具体实际指明了革命的具体道路，不仅对中国革命发展具有重要意义，而且开辟了马克思主义中国化的正确道路，实现了对马克思革命暴力学说的理论和实践的发展，再次表明马克思主义不是教条而是行动的指南，要把马克思主义基本原理同中国的具体实际结合起来，才能充分彰显马克思主义的理论伟力。

（三）提出新民主主义革命理论

新民主主义革命理论是马克思主义基本原理同中国革命实际相结合的理论成果，回答了中国向何处去的理论和实践命题。1939 年 12 月，毛泽东在《中国革命和中国共产党》中首次提出“新民主主义革命”概念，具体阐释中国社会的性质，中国革命的对象、任务、动力、性质、前途等问题。毛泽东指出：“现时中国的资产阶级民主主义的革命，已不是旧式的一般的资产阶级民主主义的革命，这种革命已经过时了，而是新式的特殊的资产阶级民主主义的革命。这种革命正在中国和一切殖民地半殖民地国家发展起来，我们称这种革命为新民主主义的革命。”“所谓新民主主义的革命，就是在无产阶级领导之下的人民大众的反帝反封建的革命。”[①] 毛泽东强调中国社会性质是殖民地、半殖民地、半封建的性质，革命的主要对象就是帝国主义和封建主义，中国革命的任务是对外推翻帝国主义压迫的民族革命和对内推翻封建地主压迫的民主革命，而最主要的任务是推翻帝国主义的民族革命，两大任务相互关联。就中国革命的动力而言，民族资产阶级在受帝国主义的压迫方面而言是革命的力量之一，小资产阶级是革命的动力之一，是无产阶级可靠的同盟者，农民阶级内部富农是可能的力量，中

---

① 《毛泽东选集》第 2 卷，人民出版社 1991 年版，第 647 页。

农是重要的革命动力的一部分，贫农是最广大最具革命动力的依靠力量，是无产阶级天然的和最可靠的同盟者，指明中国革命的前途是社会主义。毛泽东运用马克思主义立场、观点、方法科学地考察了中国社会的具体情况，揭示了中国革命发生的历史必然性，丰富和发展了党在革命斗争中的理论，形成了比较系统的新民主主义理论。

1940 年 1 月，毛泽东在《新民主主义论》中集中阐释了新民主主义的社会、新民主主义的政治、新民主主义的经济、新民主主义的文化，是新民主主义理论形成的重要标志。新民主主义革命要建立的是以无产阶级为领导阶级的中国各个革命阶级联合专政的新民主主义社会。从新民主主义的政治来看，新民主主义的国体是各革命阶级联合专政，政体是民主集中制。从新民主主义的经济来看，大银行、大工业、大商业，归这个共和国的国家所有，通过没收地主的土地，分

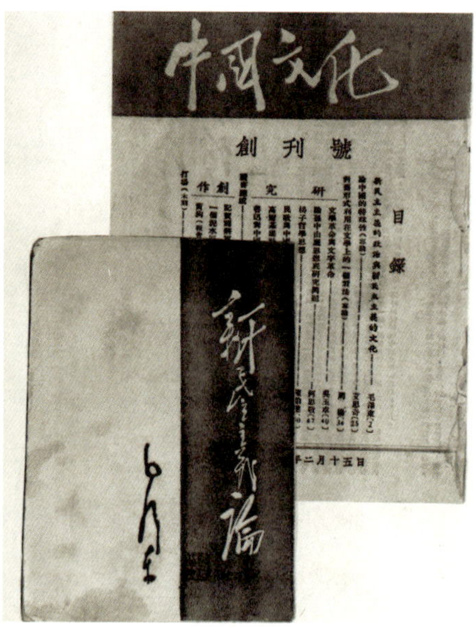

《新民主主义论》最早发表于 1940 年 2 月 15 日《中国文化》杂志创刊号

配给无地和少地的农民。从新民主主义的文化来看，要创造民族的科学的大众的文化，反对帝国主义压迫，主张中华民族的尊严和独立，反对一切封建思想和迷信思想，主张实事求是、客观真理、理论和实践的统一，主张为工农劳苦民众服务，总体来说就是人民大众反帝反封建的文化。新民主主义的政治、新民主主义的经济和新民主主义的文化相结合，这就是新民主主义共和国。

新民主主义革命理论是毛泽东思想的基石，是对马克思列宁主义民族和殖民地革命学说的丰富和发展，开辟了半殖民地、半封建社会取得革命胜利的新道路，区别了民主革命和社会主义革命的任务，又将二者相互衔接起来，是马克思主义中国化的重要理论成果。新民主主义理论从思想上把中国共产党和人民军队武装起来，为取得新民主主义革命胜利奠定了思想基础。

历史钩沉

党的六届六中全会：明确提出马克思主义中国化理论命题

1938 年 9 月 29 日至 11 月 6 日中国共产党在延安召开扩大的六届六中全会。1937 年 11 月王明回国后积极宣传“一切经过统一战线”“一切服从统一战线”的错误思想，极大干扰了革命发展的正确路线。王明的右倾错误源于照搬苏联教条，不能实现马克思主义与中国革命实际相结合。为此，毛泽东提出“使马克思主义在中国具体化，使之在其每一表现中带着必须有的中国的特性，即是说，按照中国的特点去应用它，成为全党亟待了解并亟须解决的问题”，党内第一次提出“马克思主义中国化”的命题。针对党内学习和应用马克思主义的教条主义和主观主义作风，毛泽东号召“来一个全党的学习竞赛”，联系革命实践研究马克思列宁主义，培养一批“系统地”“实际地”而不是“零碎地”“空洞地”理解马克思主义的党员干部。

会上，毛泽东代表中央政治局作了题为《论新阶段》的政治报告和会议结论。全会通过了《中共扩大的六中全会政治决议案》，批准了以毛泽东为代表的中央政治局的正确路线。党的六届六中全会在中国共产党的历史上，在马克思主义中国化的历史上，具有极其重要的地位。毛泽东曾多次将遵义会议和党的六届六中全会并提，称这是中国共产党的历史上的“两个重要关键的会议”，认为“六中全会是决定中国之命运”的会议。

（四）实现马克思主义中国化第一次历史性飞跃

新民主主义革命时期，中国共产党将马克思主义基本原理同中国实际相结合，实现了马克思主义中国化的第一次历史性飞跃。遵义会议纠正了党内错误的军事和组织路线，确立了以毛泽东同志为代表的新的中央的正确领导，使党的路线确立在马克思主义基本原理同中国具体实际相结合的正确轨道上。1945 年党的六届七中全会通过了《关于若干历史问题的决议》，系统总结了我们党成立以来，尤其是党的六届四中全会至遵义会议前这一段党的历史及其经验教训，高度评价了毛泽东把马克思列宁主义普遍真理和中国革命具体实践相结合对解决中国革命问题的重大贡献，使全党对中国革命基本问题的认识达到一致。中国共产党第七次全国代表大会正式确立了毛泽东在中央的领导核心地位，对马克思主义中国化历史性飞跃做了系统总结，把“以马克思列宁主义的理论和中国革命的实践之统一的思想——毛泽东思想，作为自己一切工作的指针，反对任何教条主义的或经验主义的偏向”[①]。

毛泽东思想的主要内容在党的七大上得到比较全面、科学、系统的总结和概括，从而在理论上阐述了毛泽东思想与马克思主义是一脉相承的，在根本上是统一的。刘少奇指出：“毛泽东思想的生长、发展与成熟，已经有了二十四年的历史，在无数次的千百万人民的剧烈斗争中反复考验过来了，证明它是客观的真理，是唯一正确的救中国的理论与政策。”[②]关于毛泽东思想的丰富内涵，刘少奇在报告中概括了9个方面：“关于现代世界情况及中国国情的分析，关于新民主主义的理论与政策，关于解放农民的理论与政策，关于革命统一战线的理论与政策，关于革命战争的理论与政策，关于革命根据地的理论与政策，关于建设新民主主义共和国的理论与政策，关于建设党的理论与政策，关于文化的理论与政策等。”[③]党的十九届六中全会通过的《中共中央关于党的百年奋斗重大成就和历史经验的决议》指出：“毛泽东思想是马克思列宁主义在中国的创造性运用和发展，是被实践证明了的关于中国革命和建设的正确的理论原则和经验总结，是马

① 《建党以来重要文献选编（1921—1949）》第22册，中央文献出版社2011年版，第533页。

② 《建党以来重要文献选编（1921—1949）》第22册，中央文献出版社2011年版，第391页。

③ 《建党以来重要文献选编（1921—1949）》第22册，中央文献出版社2011年版，第391页。

克思主义中国化的第一次历史性飞跃。”[1] 党的历史发展和理论创新再一次证明，毛泽东思想以从中国实际出发的新观点、新论断丰富和发展了马克思主义，对马克思主义作了重要补充，使之适合于中国半殖民地半封建社会的历史特点，并用广大人民群众熟悉的通俗语言形式表达出来，开拓了马克思主义新境界，标志着马克思主义中国化时代化实现第一次历史性飞跃。

经典文献

除了对于“理论家”和“知识分子”存在着糊涂观念而外，还有天天念的一句“理论和实际联系”，在许多同志中间也是一个糊涂观念。他们天天讲“联系”，实际上却是讲“隔离”，因为他们并不去联系。马克思列宁主义理论和中国革命实际，怎样互相联系呢？拿一句通俗的话来讲，就是“有的放矢”。“矢”就是箭，“的”就是靶，放箭要对准靶。马克思列宁主义和中国革命的关系，就是箭和靶的关系。有些同志却在那里“无的放矢”，乱放一通，这样的人就容易把革命弄坏。有些同志则仅仅把箭拿在手里搓来搓去，连声赞曰：“好箭！好箭！”却老是不愿意放出去。这样的人就是古董鉴赏家，几乎和革命不发生关系。马克思列宁主义之箭，必须用了去射中国革命之的。这个问题不讲明白，我们

① 《中共中央关于党的百年奋斗重大成就和历史经验的决议》，人民出版社2021年版，第13页。

党的理论水平永远不会提高，中国革命也永远不会胜利。

我们的同志必须明白，我们学马克思列宁主义不是为着好看，也不是因为它有什么神秘，只是因为它是领导无产阶级革命事业走向胜利的科学。直到现在，还有不少的人，把马克思列宁主义书本上的某些个别字句看作现成的灵丹圣药，似乎只要得了它，就可以不费气力地包医百病。这是一种幼稚者的蒙昧，我们对这些人应该作启蒙运动。那些将马克思列宁主义当宗教教条看待的人，就是这种蒙昧无知的人。对于这种人，应该老实地对他说，你的教条一点什么用处也没有。马克思、恩格斯、列宁、斯大林曾经反复地讲，我们的学说不是教条而是行动的指南。这些人偏偏忘记这句最重要最重要的话。中国共产党人只有在他们善于应用马克思列宁主义的立场、观点和方法，善于应用列宁斯大林关于中国革命的学说，进一步地从中国的历史实际和革命实际的认真研究中，在各方面作出合乎中国需要的理论性的创造，才叫做理论和实际相联系。如果只是口头上讲联系，行动上又不实行联系，那末，讲一百年也还是无益的。我们反对主观地片面地看问题，必须攻破教条主义的主观性和片面性。

——《毛泽东选集》第 3 卷，人民出版社 1991 年版，第 819—820 页

二、社会主义革命和建设时期的马克思主义

中国革命充满了血雨腥风，中国的社会主义建设同样艰难曲折。

伴随中华人民共和国的成立，中国共产党领导的新民主主义革命取得了胜利。在中国这样一个经济文化比较落后的东方大国建设社会主义，实现从站起来到富起来、强起来的伟大飞跃，是中国共产党人面临的崭新课题。马克思主义经典作家对此没有提供现成答案，也没有成功的经验可以借鉴，唯有运用马克思主义这一锐利思想武器，紧密结合中国社会主义建设的实际，在实践中披荆斩棘、一往无前。以毛泽东同志为主要代表的中国共产党人为此进行了艰辛探索，力求将马克思主义基本原理同中国实际碰撞出新的火花，创造出新的理论，继续推动马克思主义中国化时代化，在借鉴苏联经验的基础上找出在中国进行社会主义革命和建设的正确道路。

（一）提出“以苏为鉴”和“第二次结合”

新中国成立后，我们面临建设社会主义的任务，但我们自身没有社会主义建设的经验，除了苏联之外，没有可供参考借鉴的经验和模式。早在全国革命即将胜利之际，毛泽东便发出“使中国稳步地由农业国转变为工业国，把中国建设成一个伟大的社会主义国家”[①]的号召。但此时的中国无论在经济基础、技术水平还是人才力量等方面都十分薄弱。面对这一艰巨的历史任务，以毛泽东为主要代表的中国共产党人提出了“以苏为鉴”和“第二次结合”。

从“以苏为师”到“以苏为鉴”。以苏为师、开展社会主义建设是新中国成立初期开展建设的主要指导思路。建国初期，我们经济基础极其薄弱，西方敌对国家又对我国实行外部封锁，而苏联已在几十

① 毛泽东：《在中国共产党第七届中央委员会第二次全体会议上的报告》，人民出版社2004年版，第21页。

年的社会主义革命和建设中取得了诸多成就和基本经验。必须看到，对于当时的新中国，要想实现工业化，效仿苏联高度集中的计划经济体制几乎是唯一选择。从 1949 年到 1953 年，中国侧重于学习苏联经验以尽快恢复经济，新中国的工业力量很大程度上是依靠苏联的直接援助发展起来的。1950 年 2 月，中苏正式结盟后，两国大范围的广泛合作与援助计划随之展开，高度集中的计划经济体制建立，相对完备的工业体系也逐渐成形，这无疑提振了国人的信心，进而在全国范围内更为普及地推广对苏联经验的学习。这一时期，中国越发强调向苏联学习的重要性和必要性，已在全国范围内达成了一种共识。

1956 年 2 月，苏共二十大尖锐地揭露了斯大林的错误和苏联社会主义建设的问题，打破了长期以来人们对于苏联模式的迷信，促使我们从“以苏为师”转为“以苏为鉴”，借鉴苏联和东欧国家的经验教训，独立探索适合中国国情的社会主义建设道路。毛泽东认为，中国的社会主义建设应该走独立自主的道路，不能完全照搬苏联模式，应该把马克思列宁主义的基本原理同中国社会主义革命建设的具体实际结合起来，走出适合中国国情、体现民族特色的社会主义建设之路。1956 年 4 月，毛泽东在中共中央政治局扩大会议上作了《论十大关系》的讲话，在开篇部分便提醒指出：“最近苏联方面暴露了他们在建设社会主义过程中的一些缺点和错误，他们走过的弯路，你还想走？过去我们就是鉴于他们的经验教训，少走了一些弯路，现在当然更要引以为戒。”[①]《论十大关系》中提出的系列思考，显示了中国共产党对于中国社会主义建设道路进行的积极探索。

① 《毛泽东文集》第 7 卷，人民出版社 1999 年版，第 23 页。

历史钩沉

苏共二十大：苏联共产党第二十次代表大会，于1956年2月14日至26日在莫斯科召开，全世界56个国家和地区的无产阶级政党代表团参加了此次大会。此次大会总结了当时的国际形势，提出了两个体系的和平共处、当代防止战争的可能性和不同的国家向社会主义过渡的形式，同时讨论了苏联第6个五年计划的实施方法。赫鲁晓夫在会议上作出了《关于个人崇拜及其后果》的“秘密报告”，对斯大林进行了全面批判和否定，由此开启了去斯大林化和民主化，对苏联和国际共产主义运动产生了极大影响，震动了社会主义阵营，并引发了东欧部分社会主义国家的动荡。对此，毛泽东评价：“赫鲁晓夫反斯大林的秘密报告，一是揭了盖子，这是好的，二是捅了娄子，全世界都震动。揭开盖子，表明斯大林及苏联的种种做法不是没有错误的，各国党可根据各自的情况办事，不要再迷信了。捅了娄子，搞突然袭击，不仅各国党没有思想准备，苏联党也没有思想准备。这么大的事情，这么重要的国际人物，不同各国党商量是不对的。”

从“以苏为鉴”到“第二次结合”。探索中国社会主义建设道路，首先是如何把马克思列宁主义基本原理同中国具体实际相结合的问题。1956年4月初，毛泽东明确提出：“最重要的是要独立思考，把马列主义的基本原理同中国革命和建设的具体实际相结合。民主革命时期，我们吃了大亏之后才成功地实现了这种结合，取得了新民主主义革命的胜利。现在是社会主义革命和建设时期，我们要进行第二次结合，找出在中国怎样建设社会主义的道路。"[①]他在修改中共中央向八大提交的政治报告时明确指出："我国不但在民主革命过程中有自己的许多特点，在社会主义改造和社会主义建设的过程中也带有自己的许多特点，而且在将来建成社会主义社会以后还会继续存在自己的许多特点。"[②]

"第一次结合"的时代主题是找到适合中国国情的革命道路，这一时期通过新民主主义革命完成了民族独立和人民解放的历史任务；"第二次结合"的时代主题是找到适合中国国情的建设道路，这一时期创建了社会主义基本制度，领导了大规模的社会主义建设运动，为开创和发展中国特色社会主义伟大事业提供了制度条件、物质基础、理论准备和宝贵经验。在提出实行"第二次结合"这个命题时，考虑到以往经济建设中有过照搬苏联模式的倾向，毛泽东强调指出，现在我们"应当更加强调从中国的国情出发，强调开动脑筋，强调创造性，在结合上下功夫"[③]，"按照中国的情况办事，不要再像过去那样迷信了"[④]。

在"第二次结合"的指导下，产生了《论十大关系》《关于正确处理人民内部矛盾的问题》等重要理论成果，创造性地阐述了我国社会主义建设需要重点把握的一系列重大关系和社会主义社会矛盾学

① 《毛泽东年谱》（一九四九—一九七六）第2卷，中央文献出版社2013年版，第557页。
② 《毛泽东年谱》（一九四九—一九七六）第2卷，中央文献出版社2013年版，第603页。
③ 吴冷西：《十年论战：1956—1966中苏关系回忆录》上，中央文献出版社1999年版，第24页。
④ 马占稳：《比较视野下中国现代化问题研究》，人民出版社2011年版，第11页。

说。这些理论成果系统总结了党领导社会主义建设的重要经验，是以毛泽东同志为核心的党的第一代中央领导集体探索社会主义建设规律的集中体现，丰富和发展了科学社会主义理论，为我国社会主义建设事业的发展奠定了重要理论基础。

延伸阅读

《论十大关系》：1956年4月25日，毛泽东在有省市区党委书记参加的中共中央政治局扩大会议上发表《论十大关系》讲话，于1976年12月26日在《人民日报》上首次公开发表，论述了社会主义革命和建设中的十大关系。

（一）重工业和轻工业、农业的关系。重工业是我国建设的重点。但是决不可以因此忽视生活资料尤其是粮食的生产。

（二）沿海工业和内地工业的关系。沿海的工业基地必须充分利用，但是，为了平衡工业发展的布局，内地工业必须大力发展。好好地利用沿海和发展沿海的工业老底子，可以使我们更有力量来发展和支持内地工业。

（三）经济建设和国防建设的关系。国防不可不有。可靠的办法就是把军政费用降到一个适当的比例，增加经济建设费用。只有经济建设发展得更快了，国防建设才有更大的进步。

（四）国家、生产单位和生产者个人的关系。不能只顾一头，必须兼顾国家、集体、个人三个方面。随着整个国民经济的发展，工资也要适当调整。要给工厂一定的独立性和权益。必须更多地注意处理好国家同农民的关系。必须在增加农业生产的基础上，争取百分之九十的社员的收入比前一年有所增加。

（五）中央和地方的关系。应当在巩固中央统一领导的前提下，扩大一点地方的权力，给地方更多的独立性，让地方办更多的事情。有中央与地方两个积极性，比只有一个积极性好得多。

（六）汉族和少数民族的关系。我们着重反对大汉族主义，地方民族主义也要反对。我们要诚心诚意地积极帮助少数民族发展经济建设和文化建设。

（七）党和非党的关系。究竟是一个党好，还是几个党好？现在看来，恐怕是几个党好。不但过去如此，而且将来也可以如此，就是长期共存，互相监督。

（八）革命和反革命的关系。应当肯定，还有反革命，但是已经大为减少。只要中国和世界上还有阶级斗争，就永远不可以放松警惕。但是，说现在还有很多反革命，也是不对的。今后社会上的镇反，要少捉少杀。

（九）是非关系。党内党外都要分清是非。对于犯了错误的同志，一要看，二要帮，采取“惩前毖后，治病救人”的方针。

（十）中国和外国的关系。我们的方针是，一切民族、一切国家的长处都要学，政治、经济、科学、技术、文学、艺术的一切真正好的东西都要学。但是，必须有分析有批判地学，不能盲目地学，不能一切照抄，机械搬运。外国资产阶级的一切腐败制度和思想作风，我们要坚决抵制和批判。但是，这并不妨碍我们去学习资本主义国家的先进的科学技术和企业管理方法中合乎科学的方面。

（二）走社会主义改造道路和中国工业化之路

中国必须走社会主义道路，新民主主义社会要过渡到社会主义社会，这在民主革命时期已经明确。但对于何时过渡、怎样过渡的问题，毛泽东和党内其他领导人的认识经历了一个逐步发展变化的过程。在这个过程中，毛泽东根据当时中国发展实际和理论准备情况，提出了通过社会主义改造确立社会主义基本制度的设想，并付诸实践，开启了社会主义建设的探索之路。

走社会主义改造道路。1952 年 9 月，毛泽东在中共中央书记处会议上说，"我们现在就要开始用 10 年到 15 年的时间基本上完成到社会主义的过渡"[①]。1953 年 6 月，毛泽东在中央政治局会议上正式提出过渡时期的总路线和总任务，同年 12 月形成了关于总路线的完整表述："从中华人民共和国成立，到社会主义改造基本完成，这是一个过渡时期。党在这个过渡时期的总路线和总任务，是要在一个相

① 薄一波：《若干重大决策与事件的回顾》上卷，中共党史出版社 2008 年版，第 151 页。

当长的时期内，逐步实现国家的社会主义工业化，并逐步实现国家对农业、对手工业和对资本主义工商业的社会主义改造。”[①]1954年2月，党的七届四中全会通过决议，正式批准中央政治局确认的这条总路线。

从1952年下半年至1956年，新中国仅仅用了4年时间，就完成了对农业、手工业和资本主义工商业的社会主义改造。农业的社会主义改造主要经历了3个阶段，即互助组、初级社和高级社，通过发展农业合作化的方式，逐渐把小农个体经济转变为社会主义集体经济。手工业的社会主义改造经历了从手工业生产合作小组、手工业供销合作社，再发展为手工业生产合作社的过程。资本主义工商业的社会主义改造采取“和平赎买”和公私合营的政策。到1956年年底，我国基本完成了对农业、手工业和资本主义工商业的社会主义改造，实现了把生产资料私有制转变为社会主义公有制的历史任务。我国社会经济结构发生了根本变化，全民所有制和集体所有制经济这两种社会主义经济成分已占绝对优势，真正建立起社会主义公有制的经济基础。三大改造的完成，标志着我国社会主义制度的基本确立，也意味着我国结束了长达数千年的阶级剥削制度。社会主义制度的基本确立，使得我国进入社会主义初级阶段，为我国的社会主义工业化开辟了崭新道路、奠定了制度基础，也为开创中国特色社会主义制度提供了根本前提。

① 《毛泽东文集》第6卷，人民出版社1999年版，第316页。

延伸阅读

和平赎买

无产阶级夺取政权以后，对资产阶级的生产资料采取有偿办法逐渐收归国家所有的政策，是消灭资本主义私有制的一种方式。恩格斯在《法德农民问题》一文中第一次提出了赎买的思想。马克思主义认为，在无产阶级掌握政权的条件下，实行赎买政策改变资产阶级生产资料私有制是容许的，但这要取决于夺取政权的情况和剥削者的态度。

俄国十月社会主义革命胜利后，列宁曾经提出与肯接受国家资本主义的"文明的资本家"谋求妥协，实行赎买。但由于俄国资产阶级勾结帝国主义进行武装叛乱，强烈反抗，列宁的设想未能实现。

在中国，由于民族资产阶级具有两面性，即在社会主义革命时期有剥削工人取得利润的一面，又有拥护宪法愿意接受社会主义改造的一面，中国共产党采取了赎买政策。通过付给资本家一定的股息、红利的办法，实行公私合营，采取国家资本主义的形式，逐步改造成社会主义公有制。对资方人员安排适当工作，给予优厚待遇，使之转变为自食其力的劳动者。这是一条适应中国国情的以和平方式改造资本主义工商业的道路，成功地实现了马克思列宁主义关于和平赎买的思想。

1956 年，北京各界 20 多万人在天安门广场举行庆祝社会主义改造胜利联欢大会

走中国工业化之路。工业革命以来，工业化一直是世界经济发展的主题。对于新中国而言，实现工业化，把一个落后的农业国建设成为一个发达的工业国，是众多仁人志士为之奋斗的伟大梦想，更是实现民族振兴、国家富强的必然要求。我国真正意义上的大规模工业化进程是在新中国成立以后开启的。中华人民共和国的成立，为开启我国社会主义工业化进程提供了根本政治前提。然而，新中国成立初期，百废待兴，一穷二白，工业基础十分薄弱。为此，中国共产党在 1953 年的过渡时期总路线中明确提出了要在相当长的一个时期内实现国家的社会主义工业化的任务。为了实现工业化的任务，在苏联的援助下，我国通过第一个五年计划，逐步建立了独立的、比较完整的工业体系和国民经济体系，打下了较好的工业基础特别是重工业基础。然而，中国学习借鉴苏联模式有利也有弊。正是由于受苏联工业

化模式弊端的影响，在经济建设中，我国片面强调发展重工业，使农业和轻工业长期处于落后状态，造成了比较严重的比例失调问题，人民生活水平提高缓慢。这些问题也促使以毛泽东同志为主要代表的中国共产党人开始思考如何走出一条适合中国国情的工业化道路。

毛泽东在《论十大关系》中论述的第一大关系，便是重工业和轻工业、农业的关系。在《关于正确处理人民内部矛盾的问题》中，毛泽东明确提出了中国工业化道路的问题，主要是指重工业和轻工业、农业的发展关系问题，强调要走一条有别于苏联的中国工业化道路。新中国成立后，社会生产力落后、经济基础十分薄弱，鉴于这种基本情况，毛泽东明确提出，以工业为主导，把重工业作为我国经济建设的重点，以逐步建立独立的比较完整的基础工业体系和国防工业体系。这是维护国家独立、统一和安全，实现国家富强所必需的，是毫无疑义、必须肯定的。但同时必须充分注意发展农业和轻工业。为此，毛泽东提出了以农业为基础，以工业为主导，以农轻重为序发展国民经济的总方针，以及一整套“两条腿走路”的工业化发展思路。走中国工业化之路的思想，是马克思列宁主义基本原理同中国具体实际相结合的重要产物，是中国共产党领导探索社会主义建设道路的重要成果，对于推动中国社会主义现代化建设具有重要意义。

（三）创立社会主义社会矛盾学说

三大改造完成以后，无产阶级同资产阶级之间的矛盾已经基本解决，我国的社会矛盾发生重大变化，阶级关系也出现新的特点。我国是否还存在着矛盾，存在什么样的矛盾，以及如何正确认识和处理这些矛盾，这些都是当时我国面临的重大理论和现实问题。马克思主义蕴含着丰富的矛盾学说，然而，关于社会主义社会的矛盾问题，马克思主义经典作家却没有专门论述。以毛泽东同志为主要代表的中国共产党人在深刻吸取苏联社会主义建设经验教训的基础上，结合中国社会主义建设的具体情况，创立了关于社会主义社会矛盾学说。这一学说集中体现在毛泽东 1957 年 2 月所作的《关于正确处理人民内部矛盾的问题》的报告，系统论述了社会主义矛盾理论。

首先，明确了社会主义社会的基本矛盾。毛泽东基于对中国社会的深刻分析，系统阐述了社会主义社会基本矛盾的性质、特点以及解决途径，科学揭示了社会主义社会发展的一般规律。毛泽东指出："在社会主义社会中，基本的矛盾仍然是生产关系和生产力之间的矛盾，上层建筑和经济基础之间的矛盾。"[①] 但社会主义社会的基本矛盾同以往社会的基本矛盾"具有根本不同的性质和情况"[②]，它不是对抗性的矛盾，而是非对抗性的矛盾，具有"又相适应又相矛盾"的特点，因此"它可以经过社会主义制度本身，不断地得到解决"[③]。

其次，提出了我国社会的主要矛盾和根本任务。1956 年，中共八大正确分析了当时国内形势以及社会主义改造完成以后，我国社会主要矛盾的变化。中共八大指出：社会主义制度在我国已经基本上建立起来。我们国内的主要矛盾已经不是工人阶级和资产阶级的矛盾，已经是人民对于建立先进的工业国的要求同落后的农业国的现实之间的矛盾，已经是人民对于经济文化迅速发展的需要同当前经济文化不能满足人民需要的状况之间的矛盾。基于此，党中央提出，全国人民的主要任务是集中力量发展社会生产力，实现国家工业化，逐步满足人民日益增长的物质和文化需要，要把党和国家的工作重点转移到技

① 《毛泽东文集》第 7 卷，人民出版社 1999 年版，第 214 页。
② 《毛泽东文集》第 7 卷，人民出版社 1999 年版，第 214 页。
③ 《毛泽东文集》第 7 卷，人民出版社 1999 年版，第 213—214 页。

术革命和社会主义建设上来，要求各级党委要抓社会主义建设工作，全党要学科学、学技术、学新本领。

最后，区分了社会主义社会两类不同性质的矛盾。毛泽东明确指出：在我们面前有两类社会矛盾，这就是敌我矛盾和人民内部矛盾，这是两类性质完全不同的矛盾。敌我矛盾是根本利益对立基础上的矛盾，是对抗性的矛盾。人民内部矛盾是在人民根本利益一致基础上的矛盾，是非对抗性的矛盾。毛泽东提醒人们注意两类不同性质的矛盾的存在是客观的，但不是固定不变的，在一定的条件下，两类不同性质的矛盾可以相互转化。同时，毛泽东提出了正确处理两类不同性质社会矛盾的基本方法。“我们历来就主张，在人民民主专政下面，解决敌我之间的和人民内部的这两类不同性质的矛盾，采用专政和民主这样两种不同的方法。”[①] 社会主义社会矛盾学说，科学揭示了社会主义社会发展的动力，以独创性的内容丰富了马克思主义的理论宝库，为正确处理社会主义社会各种矛盾、创造良好的社会环境和政治环境提供了基本的理论依据。同时，为后来进行的社会主义改革奠定了理论基础，对党和社会主义建设事业具有长远的指导意义。

经典文献

我们的国家现在是空前统一的。资产阶级民主革命和社会主义革命的胜利，以及社会主义建设的成就，迅速地改变

① 《毛泽东文集》第7卷，人民出版社1999年版，第211—212页。

了旧中国的面貌。祖国的更加美好的将来，正摆在我们的面前。人民所厌恶的国家分裂和混乱的局面，已经一去不复返了。我国的六亿人民正在工人阶级和共产党的领导下，团结一致地进行着伟大的社会主义建设。国家的统一，人民的团结，国内各民族的团结，这是我们的事业必定要胜利的基本保证。但是，这并不是说在我们的社会里已经没有任何的矛盾了。没有矛盾的想法是不符合客观实际的天真的想法。在我们的面前有两类社会矛盾，这就是敌我之间的矛盾和人民内部的矛盾。这是性质完全不同的两类矛盾。

为了正确地认识敌我之间和人民内部这两类不同的矛盾，应该首先弄清楚什么是人民，什么是敌人。人民这个概念在不同的国家和各个国家的不同的历史时期，有着不同的内容。拿我国的情况来说，在抗日战争时期，一切抗日的阶级、阶层和社会集团都属于人民的范围，日本帝国主义、汉奸、亲日派都是人民的敌人。在解放战争时期，美帝国主义和它的走狗即官僚资产阶级、地主阶级以及代表这些阶级的国民党反动派，都是人民的敌人；一切反对这些敌人的阶级、阶层和社会集团，都属于人民的范围。在现阶段，在建设社会主义的时期，一切赞成、拥护和参加社会主义建设事业的阶级、阶层和社会集团，都属于人民的范围；一切反抗社会主义革命和敌视、破坏社会主义建设的社会势力和社会集团，都是人民的敌人。

——《毛泽东文集》第7卷，人民出版社1999年版，第204—205页

（四）总结马克思主义守正创新基本经验

在社会主义革命和建设时期，以毛泽东同志为主要代表的中国共产党人始终秉持独立自主和守正创新的精神，将马克思主义基本原理与社会主义建设实际紧密结合，引领我国人民探索符合中国国情的社会主义建设道路。尽管这一过程充满艰辛与曲折，但在理论和实践层面，均取得了一系列重大成就与重要成果。这些成果对于巩固我国社会主义制度，开创和发展中国特色社会主义，以及推动世界社会主义繁荣发展，具有深远的时代价值。

在新中国成立之初，面对一穷二白、百废待兴的严峻形势，中国共产党人不忘初心使命，肩负起社会主义建设的重任。这一任务的艰巨性和复杂性在世界社会主义发展史上堪称独一无二。在中国推进社会主义事业，既不同于马克思、恩格斯关于在生产力高度发达基础上建立社会主义的设想，也不同于在资本主义有一定发展基础上建立的苏联社会主义模式。

以毛泽东同志为主要代表的中国共产党人，坚定秉持守正创新的原则，将马克思主义基本原理与中国实际进行“第二次结合”，成功探索出一条在中国进行社会主义革命和建设的正确道路。这一探索形成了许多独创性理论成果，特别是对社会主义改造方式、社会主义发展阶段、社会主义主要矛盾、社会主义现代化的认知，深化了对社会主义建设规律的认识。此举不仅开创了中国社会主义建设的新纪元，为中国特色社会主义事业奠定了坚实基础，还丰富了科学社会主义的理论与实践，为其他国家独立自主地推进社会主义建设提供了宝贵经验与重要借鉴。

三、改革开放和社会主义现代化建设新时期的马克思主义

实践无止境，理论创新亦无止境。要开创改革开放和社会主义现代化建设的新局面，必须以理论创新为事业发展引领。中国共产党从新的实践和时代特征出发，坚定继承和发展马克思主义，形成了中国特色社会主义理论体系，系统性地解答了“什么是社会主义、怎样建设社会主义”“建设什么样的党、怎样建设党”“实现什么样的发展、怎样发展”一系列重大课题，推动了马克思主义中国化时代化。

（一）回答什么是社会主义、怎样建设社会主义

在中国这样一个经济文化比较落后的国家建设什么样的社会主义、怎样建设社会主义，“老祖宗”没有讲过，马克思、恩格斯没有提供现成的答案。新中国成立以后，以毛泽东同志为主要代表的中国共产党人在探索什么是社会主义、怎样建设社会主义的过程中，提出了一系列关于社会主义建设的重要思想，为社会主义建设积累了宝贵经验，但在探索中也出现了不少失误。我国社会主义建设经历的曲折和艰辛，促使中国共产党人和中国人民进行深刻的反思。党的十一届三中全会以后，以邓小平同志为主要代表的中国共产党人，深刻分析了错误出现的原因，鲜明指出建设社会主义没有固定的模式，必须结合中国实际，在实践中不懈探索和回答什么是社会主义、怎样建设社会主义这一基本问题。

社会主义的本质。搞清楚“什么是社会主义，怎样建设社会主义”，关键是要在坚持社会主义基本制度的基础上进一步认清社会主义的本质。1992 年年初，邓小平在南方谈话中对社会主义本质作出了总结性的理论概括，他指出：“社会主义的本质，是解放生产力，

发展生产力，消灭剥削，消除两极分化，最终达到共同富裕。"[①] 这一科学概括，既坚持了科学社会主义的基本原则，又赋予其鲜明的时代特色，是探索中国特色社会主义取得的重大理论成果之一，是对马克思主义的重大发展。

历史钩沉

走进位于北京市海淀区的京西宾馆会议楼三层第一会议室，室内陈设仍保持着党的十一届三中全会召开时的原样。

1978 年 12 月 18 日至 22 日，党的十一届三中全会在这里召开。党的十一届三中全会冲破长期"左"的错误的严重束缚，批评"两个凡是"的错误方针，充分肯定必须完整、准确地掌握毛泽东思想的科学体系，高度评价关于真理标准问题的讨论，果断结束"以阶级斗争为纲"，重新确立马克思主义的思想路线、政治路线、组织路线。1981 年 6 月，党的十一届六中全会通过的《关于建国以来党的若干历史问题的决议》，对这次会议的重要成果及历史意义作出了明确的阐释。

党的十一届三中全会作出了把党和国家工作中心转移到经济建设上来、实行改革开放的历史性决策。正是靠着改革开放，不断打破束缚思想的桎梏、扫除阻碍发展的藩篱，

① 《邓小平文选》第 3 卷，人民出版社 1993 年版，第 373 页。

我们成功开启了新的壮阔征程，开创了新的前进道路，开辟了新的发展空间，古老而又年轻的社会主义中国走向充满希望、充满生机的新天地。

党的十一届三中全会会场

社会主义市场经济理论的提出，关乎经济体制之构建，实为重大议题。在推进我国经济体制改革过程中，邓小平提出，社会主义亦可实施市场经济，从而创立了社会主义市场经济理论。此理论内涵丰富：首先，计划经济与市场经济并非划分社会制度的依据；其次，计划与市场仅为经济调控手段，各有利弊，社会主义采纳市场经济，旨在融合二者之优势；最后，市场经济作为资源配置方式，本身无制度属性，可与不同社会制度结合，呈现各异特质。

邓小平理论首次系统地初步解答了在我国这样的经济文化相对滞后的国家如何建设社会主义，以及如何巩固和发展社会主义的基本问题。其以创新思维观点，继承并发展了马克思主义，拓展了马克思主义的新领域。社会主义市场经济理论将社会主义认识提升至新的科学高度，构成中国特色社会主义理论体系的开篇之作，为改革开放和社会主义现代化建设提供科学指引，堪称马克思主义基本原理与中国改革开放实际相结合的重要理论创新成果。

（二）探索建设什么样的党、怎样建设党

20 世纪 80 年代末至 90 年代初，世界社会主义遭遇严重困境，我国社会主义事业亦面临新的挑战与压力。在这种背景下，如何加速推进社会主义现代化，将繁荣发展的社会主义中国带入 21 世纪，成为党面临的重大课题。提升党的领导能力、执政水平以及拒腐防变和抵御风险能力，成为党必须解决的历史性课题。以江泽民同志为主要代表的中国共产党的杰出领导集体，对党的历史方位作出科学判断，深刻总结历史经验，进一步阐明社会主义的本质，创造性回答了“建设什么样的党、怎样建设党”的重大问题，持续深化对“三大规律”的认识，形成了“三个代表”重要思想。

中国共产党始终代表中国先进生产力的发展要求。社会主义核心任务在于发展社会生产力，马克思主义执政党必须高度重视解放和发展生产力。始终代表先进生产力发展要求，大力推动生产力进步，是党立于时代前沿、保持先进性的根本体现和必然要求。工人、农民和知识分子是我国生产力发展的基石，应充分发挥其推动作用。科技进步和创新是生产力发展的关键因素，需高度重视科技在生产力发展中的重要作用。先进生产力发展与生产关系、上层建筑的完善密不可分，需使各层面不断体现先进生产力发展要求。

中国共产党始终代表中国先进文化的前进方向。文化、经济和政治相互交融，文化的力量深深熔铸在民族生命力、凝聚力和创造力之

中。必须坚定把握先进文化的前进方向，不断满足人民群众日益增长的精神文化需求，丰富人民精神世界，增强人民精神力量。发展现代化、世界化、未来化的民族科学大众社会主义文化；弘扬主旋律与提倡多样化相统一，支持健康有益文化，努力改造落后文化，坚决抵制腐朽文化；弘扬民族精神，为发展先进文化奠定坚实基础；加强社会主义思想道德建设，成为发展先进文化的核心环节；教育作为先进文化与精神文明建设的基础工程，应繁荣发展哲学社会科学，助力先进文化建设和社会主义精神文明发展。

中国共产党始终代表中国最广大人民的根本利益。人民是国家主人，决定国家前途命运，党源于人民、扎根人民、服务人民。必须把人民根本利益作为出发点和归宿，发挥人民积极性、主动性、创造性，在社会不断发展进步的基础上，使人民在经济、政治、文化方面不断获得实际利益，共享社会发展成果。江泽民强调：“在整个社会生产和建设发展基础上，不断使全体人民得到并日益增加看得见的利益，始终是我们中国共产党人的神圣职责。”① 党和国家一切工作及方针政策，均应以符合最广大人民群众根本利益为最高衡量标准。

“三个代表”重要思想是加强和改进党的建设、推动我国社会主义自我完善和发展的强大理论武器，成为中国共产党集体智慧的结晶，丰富和发展了中国特色社会主义理论体系。在“三个代表”重要思想指导下，中国共产党领导全国各族人民，在国内外形势复杂、世界社会主义遭遇严重曲折的严峻考验面前，成功捍卫中国特色社会主义，开创全面改革开放新局面，推进党的建设新的伟大工程，将中国特色社会主义推向 21 世纪。

① 《十五大以来重要文献选编》中，人民出版社 2001 年版，第 1403 页。

（三）探寻实现什么样的发展、怎样发展

经过不懈努力，我国经济社会发展取得了举世瞩目的成就，但我国仍处于并将长期处于社会主义初级阶段的基本国情没有变。我国进入发展关键期、改革攻坚期和矛盾凸显期，经济社会发展呈现一系列新的阶段性特征。经济实力显著增强，同时生产力水平总体上还不高，长期形成的结构性矛盾和粗放型增长方式尚未根本改变；人民生活总体上达到小康水平，同时收入分配差距拉大趋势还未根本扭转；协调发展取得显著成绩，同时缩小城乡、区域发展差距和促进经济社会协调发展任务艰巨；对外开放日益扩大，同时面临的国际竞争日趋激烈。以胡锦涛同志为主要代表的中国共产党人，在深刻把握我国基本国情和经济社会发展新的阶段性特征的基础上，继续回答了什么是社会主义、怎样建设社会主义和建设什么样的党、怎样建设党的问题，创造性地回答了“实现什么样的发展、怎样发展”这一重大问题，形成了科学发展观。

科学发展观，第一要义是发展。中国共产党执政，首要任务就是带领人民推动经济社会发展，不断满足人民日益增长的物质文化需要。胡锦涛指出：“只有紧紧抓住和搞好发展，才能从根本上把握人民的愿望，把握社会主义现代化建设的本质，把握我们党执政兴国的关键。”[①] 我们所谋求的发展是讲求质量和效益的发展，是以人为本、全面协调可持续的发展。

科学发展观，核心是以人为本。以人为本作为科学发展观的核心立场，集中体现了我们党全心全意为人民服务的根本宗旨和推动经济

① 《胡锦涛文选》第3卷，人民出版社2016年版，第3页。

社会发展的根本目的，反映了社会主义的本质特征。只有自觉将以人为本的核心理念贯彻到经济社会发展各方面，体现到党和国家各项方针政策中，实现科学发展才能具有最广泛最深厚的群众基础。

科学发展观，基本要求是全面协调可持续。全面发展，就是要按照中国特色社会主义事业总体布局，正确认识和把握经济建设、政治建设、文化建设、社会建设、生态文明建设是相互联系、相互促进的有机统一体。协调发展，就是要保证中国特色社会主义各个领域协调推进，各个方面、各个环节的发展要相互适应、相互促进。可持续发展，就是要坚定走生产发展、生活富裕、生态良好的文明发展道路，建设生态文明。

科学发展观，根本方法是统筹兼顾。要实现科学发展，就要求我们在推进经济发展的同时兼顾各个方面的发展要求，把经济建设、政治建设、文化建设、社会建设及其他各方面的建设统筹好、协调好，使之相互促进、相互支撑，实现良性互动。统筹好城乡发展、区域发展、经济社会发展、人与自然和谐发展、国内发展和对外开放，统筹好中央和地方关系，统筹好个人利益和集体利益、局部利益和整体利益、当前利益和长远利益，统筹好国内国际两个大局。

科学发展观是马克思主义同当代中国实际和时代特征相结合的理论成果，是马克思主义关于发展的世界观和方法论的集中体现，对新形势下“实现什么样的发展、怎样发展”等重大问题作出了新的科学回答，把我们对中国特色社会主义规律的认识提高到新的水平。在科学发展观指导下，中国共产党领导全国各族人民，抓住重要战略机遇期，聚精会神搞建设，一心一意谋发展，成功在新的历史起点上坚持和发展了中国特色社会主义。

四、中国特色社会主义新时代的马克思主义

改革开放以来，党和国家事业取得重大成就，为新时代发展中国特色社会主义事业奠定了坚实基础、创造了有利条件、提供了重要保障。同时，国际局势风起云涌，国内改革发展稳定面临不少长期没有解决的深层次矛盾以及不断出现的新问题，治国理政面临重大考验。面对一系列突出矛盾和问题，以习近平同志为核心的党中央准确把握我国发展新的历史方位，科学回答“新时代坚持和发展什么样的中国特色社会主义、怎样坚持和发展中国特色社会主义”，“建设什么样的社会主义现代化强国、怎样建设社会主义现代化强国”，“建设什么样的长期执政的马克思主义政党、怎样建设长期执政的马克思主义政党”等重大时代课题，创立了习近平新时代中国特色社会主义思想，推动马克思主义中国化时代化实现新的历史飞跃。

（一）立足新的历史方位科学回答“四个之问”

党的十八大以来，中国特色社会主义进入新时代，这是我国发展新的历史方位。进入新时代，我国改革发展稳定任务之重、矛盾风险挑战之多、治国理政考验之大都前所未有，世界百年未有之大变局深刻变化前所未有，提出了大量亟待回答的理论和实践课题。以习近平同志为核心的党中央立足我国新的历史方位，科学把握和运用马克思主义的立场、观点、方法，从我国社会发展的客观实际出发，科学回答中国之问、世界之问、人民之问、时代之问，推进了马克思主义中国化时代化。

“中国之问”归根到底是要回答中国要走什么道路的问题。道路决定命运，道路就是党的生命。改革开放以来，党团结带领人民成功

探索出一条中国特色社会主义道路，这条道路是被实践证明的符合中国国情的正确道路，是创造人民美好生活、实现中华民族伟大复兴的康庄大道，是实现中华民族伟大复兴的必由之路。党的十八大以来，立足新的时代环境和中国发展实际，以习近平同志为核心的党中央对关系新时代党和国家事业发展的一系列重大理论和实践问题进行了深邃思考和科学判断，提出了一系列原创性的治国理政新理念新思想新战略，创立了习近平新时代中国特色社会主义思想，实现了马克思主义中国化时代化新的飞跃。这一思想从党和国家长治久安、从社会主义前途命运的高度，深刻回答了中国共产党举什么旗、走什么路等一系列根本问题，向世界再次昭告中国坚定不移走中国特色社会主义道路的鲜明立场，为新时代中国的发展壮大指明了正确的方向。

“世界之问”主要是指，世界百年未有之大变局进入加速演变期，国际环境日趋复杂，提出了大量亟待解决的理论和实践问题。对世界之问的科学阐释与解答关乎世界未来发展方向，关乎人类前途命运。当今世界正经历百年未有之大变局，世界局势的不稳定性不确定性更加凸显，人类面临着各种挑战和全球性问题。中国共产党不仅是为中国人民谋利益的政党，也是致力于人类事业发展进步的政党。面对“世界怎么了、我们怎么办?”的世界之问，以习近平同志为核心的党中央深刻把握世界百年未有之大变局与中华民族伟大复兴战略全局的辩证关系，始终站在历史正确的一边，站在人类进步的一边，高举和平、发展、合作、共赢旗帜，奉行独立自主的和平外交政策，坚持走和平发展道路，推动构建人类命运共同体，加强文明交流互鉴，携手推进“一带一路”建设，为解决世界存在的问题提供新的科学的思路与方法，增强了世界各国战胜各种挑战的信心，引领世界朝着和平与进步的方向发展。正是对世界之问的科学回答，使马克思主义在

21世纪重新焕发出新的生机与活力。

“人民之问”意味着，随着时代发展和社会进步，人民对美好生活提出了更高的要求、追求更加强烈，这给党的理论创新、治国理政提出了大量亟待回答的理论和实践问题。人民性是马克思主义的本质属性，人民立场是马克思主义政党的根本政治立场。百余年来，中国共产党始终代表中国最广大人民的根本利益，坚守人民立场，坚持为中国人民谋幸福、为中华民族谋复兴的初心使命。进入新时代，我国社会的主要矛盾已经发生转变，人民对美好生活的向往更加强烈、需要也日益广泛，不仅对物质文化生活提出了更高要求，而且在民主、法治、公平等方面的要求日益增长。面对人民的新要求新期待，以习近平同志为核心的党中央坚持以人民为中心的发展思想，从人民最关心最直接最现实的问题出发，不断回应人民群众对美好生活的新期待，提出了一系列新理念新部署新要求，回答了“为了谁、依靠谁、成果由谁共享”的根本问题，推动人的全面发展、全体人民共同富裕取得更为明显的实质性进展，向人民交出了一份成绩优异的答卷。

问题是时代的声音，只有科学回答时代提出的问题，才能够真正地创造历史。所谓“时代之问”，就是党的十八大以来，中国特色社会主义进入了新时代，中华民族伟大复兴进入了关键时期，新的时代为中国提出了大量亟待回答的理论和实践新课题。伟大时代呼唤伟大理论，伟大实践孕育伟大理论。以习近平同志为主要代表的中国共产党人立足新的历史方位，把握时代发展大势，用马克思主义的立场、观点、方法分析把握新时代，深化了对共产党执政规律、社会主义建设规律、人类社会发展规律的认识，回答了一系列重大时代课题。时代之问未有穷期，理论创新永无止境。在迈向第二个百年奋斗目标的新征程上，要准确把握时代大势，回应现实需要，不断用马克思主义之“矢”去射中国之“的”，结合时代特点推进理论创新，用新的理论指导新的时代，不断谱写马克思主义中国化时代化的新篇章，既解答好当下的时代问题，又走好新时代的赶考之路。

经典文献

坚持和发展马克思主义，必须同中国具体实际相结合。我们坚持以马克思主义为指导，是要运用其科学的世界观和方法论解决中国的问题，而不是要背诵和重复其具体结论和词句，更不能把马克思主义当成一成不变的教条。我们必须坚持解放思想、实事求是、与时俱进、求真务实，一切从实际出发，着眼解决新时代改革开放和社会主义现代化建设的实际问题，不断回答中国之问、世界之问、人民之问、时代之问，作出符合中国实际和时代要求的正确回答，得出符合客观规律的科学认识，形成与时俱进的理论成果，更好指导中国实践。

——《习近平著作选读》第 1 卷，人民出版社 2023 年版，第 15 页

（二）推进马克思主义中国化时代化新的飞跃

习近平总书记立足新时代新的历史方位，将马克思主义基本原理与新时代中国特色社会主义发展实际相结合，回答一系列事关党和国家事业发展的重大课题，形成了习近平新时代中国特色社会主义思

想。这一思想内涵丰富、意蕴深远，主要内容包括“十个明确”“十四个坚持”和“十三个方面成就”，“六个必须坚持”则集中体现了习近平新时代中国特色社会主义思想的世界观和方法论，习近平强军思想、习近平经济思想、习近平生态文明思想、习近平外交思想、习近平法治思想、习近平文化思想等共同铸就了习近平新时代中国特色社会主义思想的宏伟篇章。

“十个明确”，即明确中国特色社会主义最本质的特征是中国共产党领导，中国特色社会主义制度的最大优势是中国共产党领导，中国共产党是最高政治领导力量，全党必须增强“四个意识”、坚定“四个自信”、做到“两个维护”；明确坚持和发展中国特色社会主义，总任务是实现社会主义现代化和中华民族伟大复兴，在全面建成小康社会的基础上，分两步走在本世纪中叶建成富强民主文明和谐美丽的社会主义现代化强国，以中国式现代化推进中华民族伟大复兴；明确新时代我国社会主要矛盾是人民日益增长的美好生活需要和不平衡不充分的发展之间的矛盾，必须坚持以人民为中心的发展思想，发展全过程人民民主，推动人的全面发展、全体人民共同富裕取得更为明显的实质性进展；明确中国特色社会主义事业总体布局是经济建设、政治建设、文化建设、社会建设、生态文明建设“五位一体”，战略布局是全面建设社会主义现代化国家、全面深化改革、全面依法治国、全面从严治党“四个全面”；明确全面深化改革总目标是完善和发展中国特色社会主义制度、推进国家治理体系和治理能力现代化；明确全面推进依法治国总目标是建设中国特色社会主义法治体系、建设社会主义法治国家；明确必须坚持和完善社会主义基本经济制度，使市场在资源配置中起决定性作用，更好发挥政府作用，把握新发展阶段，贯彻创新、协调、绿色、开放、共享的新发展理念，加快构建以国内大循环为主体、国内国际双循环相互促进的新发展格局，推动高质量发展，统筹发展和安全；明确党在新时代的强军目标是建设一支听党指挥、能打胜仗、作风优良的人民军队，把人民军队建设成为世界一流军队；明确中国特色大国外交要服务民族复兴、促进人类进步，推动建设新型国际关系，推动构建人类命运共同体；明确全面从严治党的战略方针，提出新时代党的建设总要求，全面推进党的政治建设、思想建设、组织建设、作风建设、纪律建设，把制度建设贯穿其中，深入推进反腐败斗争，落实管党治党政治责任，以伟大自我革命引领伟大社会革命。①

“十四个坚持”，即坚持党对一切工作的领导，坚持以人民为中心，坚持全面深化改革，坚持新发展理念，坚持人民当家作主，坚持全面依法治国，坚持社会主义核心价值体系，坚持在发展中保障和改善民生，坚持人与自然和谐共生，坚持总体国家安全观，坚持党对人民军队的绝对领导，坚持“一国两制”和推进祖国统一，坚持推动构建人类命运共同体，坚持全面从严治党。②

“十三个方面成就”，即在坚持党的全面领导、全面从严治党、经济建设、全面深化改革开放、政治建设、全面依法治国、文化建设、社会建设、生态文明建设、国防和军队建设、维护国家安全、坚持“一国两制”和推进祖国统一、外交工作等方面取得的历史性成就和发生的历史性变革。

“六个必须坚持”，即必须坚持人民至上、必须坚持自信自立、

---

① 《习近平新时代中国特色社会主义思想概论》，高等教育出版社、人民出版社 2023 年版，第 6 页。

② 《习近平新时代中国特色社会主义思想概论》，高等教育出版社、人民出版社 2023 年版，第 7 页。

必须坚持守正创新、必须坚持问题导向、必须坚持系统观念、必须坚持胸怀天下。其中，坚持人民至上是根本价值立场，体现了历史唯物主义群众史观；坚持自信自立是内在精神特质，体现了客观规律性和主观能动性的有机结合；坚持守正创新是鲜明理论品格，体现了变与不变、继承与发展的内在联系；坚持问题导向是重要实践要求，体现了矛盾的普遍性和客观性；坚持系统观念是基本思想和工作方法，体现了辩证唯物主义普遍联系的原理；坚持胸怀天下是中国共产党人的境界格局，体现了马克思主义追求人类进步和解放的崇高理想。

经典文献

实践没有止境，理论创新也没有止境。不断谱写马克思主义中国化时代化新篇章，是当代中国共产党人的庄严历史责任。继续推进实践基础上的理论创新，首先要把握好习近平新时代中国特色社会主义思想的世界观和方法论，坚持好、运用好贯穿其中的立场观点方法。

必须坚持人民至上。人民性是马克思主义的本质属性，党的理论是来自人民、为了人民、造福人民的理论，人民的创造性实践是理论创新的不竭源泉。一切脱离人民的理论都是苍白无力的，一切不为人民造福的理论都是没有生命力的。我们要站稳人民立场、把握人民愿望、尊重人民创造、集中人民智慧，形成人民所喜爱、所认同、所拥有的理论，使之成为指导人民认识世界和改造世界的强大思想武器。

必须坚持自信自立。中国人民和中华民族从近代以后的深重苦难走向伟大复兴的光明前景，从来就没有教科书，更没有现成答案。党的百年奋斗成功道路是党领导人民独立自主探索开辟出来的，马克思主义的中国篇章是中国共产党人依靠自身力量实践出来的，贯穿其中的一个基本点就是中国的问题必须从中国基本国情出发，由中国人自己来解答。我们要坚持对马克思主义的坚定信仰、对中国特色社会主义的坚定信念，坚定道路自信、理论自信、制度自信、文化自信，以更加积极的历史担当和创造精神为发展马克思主义作出新的贡献，既不能刻舟求剑、封闭僵化，也不能照抄照搬、食洋不化。

必须坚持守正创新。我们从事的是前无古人的伟大事业，守正才能不迷失方向、不犯颠覆性错误，创新才能把握时代、引领时代。我们要以科学的态度对待科学、以真理的精神追求真理，坚持马克思主义基本原理不动摇，坚持党的全面领导不动摇，坚持中国特色社会主义不动摇，紧跟时代步伐，顺应实践发展，以满腔热忱对待一切新生事物，不断拓展认识的广度和深度，敢于说前人没有说过的新话，敢于干前人没有干过的事情，以新的理论指导新的实践。

必须坚持问题导向。问题是时代的声音，回答并指导解决问题是理论的根本任务。今天我们所面临问题的复杂程度、解决问题的艰巨程度明显加大，给理论创新提出了全新要求。我们要增强问题意识，聚焦实践遇到的新问题、改革发展稳定存在的深层次问题、人民群众急难愁盼问题、国际变局中的重大问题、党的建设面临的突出问题，不断提出真正解决问题的新理念新思路新办法。

必须坚持系统观念。万事万物是相互联系、相互依存的。只有用普遍联系的、全面系统的、发展变化的观点观察事物，才能把握事物发展规律。我国是一个发展中大国，仍处于社会主义初级阶段，正在经历广泛而深刻的社会变革，推进改革发展、调整利益关系往往牵一发而动全身。我们要善于通过历史看现实、透过现象看本质，把握好全局和局部、当前和长远、宏观和微观、主要矛盾和次要矛盾、特殊和一般的关系，不断提高战略思维、历史思维、辩证思维、系统思维、创新思维、法治思维、底线思维能力，为前瞻性思考、全局性谋划、整体性推进党和国家各项事业提供科学思想方法。

必须坚持胸怀天下。中国共产党是为中国人民谋幸福、为中华民族谋复兴的党，也是为人类谋进步、为世界谋大同的党。我们要拓展世界眼光，深刻洞察人类发展进步潮流，积极回应各国人民普遍关切，为解决人类面临的共同问题作出贡献，以海纳百川的宽阔胸襟借鉴吸收人类一切优秀文明成果，推动建设更加美好的世界。

——《习近平著作选读》第1卷，人民出版社2023年版，第15—18页

2022年10月16日，中国共产党第二十次全国代表大会在北京人民大会堂开幕

习近平新时代中国特色社会主义思想是对马克思列宁主义、毛泽东思想、邓小平理论、“三个代表”重要思想、科学发展观的继承和发展，是当代中国马克思主义、21世纪马克思主义，是中华文化和中国精神的时代精华，是党和人民实践经验和集体智慧的结晶，是中国特色社会主义理论体系的重要组成部分，是全党全国各族人民为实现中华民族伟大复兴而奋斗的行动指南。在习近平新时代中国特色社会主义思想指导下，中国共产党领导全国各族人民，统揽伟大斗争、伟大工程、伟大事业、伟大梦想，推动中国特色社会主义进入新时代，实现了第一个百年奋斗目标，开启了实现第二个百年奋斗目标新征程，开创了马克思主义中国化时代化的新局面。

（三）以中国式现代化全面推进中华民族伟大复兴

实现现代化是近代以来中国人民矢志奋斗、孜孜以求的伟大愿景。改革开放40多年来，党团结带领全国各族人民坚持和发展中国特色社会主义道路，不断推进中国式现代化理论与实践，开创了中国式现代化。党的十八大以来，中国特色社会主义进入新时代，中国共产党在理论和实践上不断创新突破，成功推进和拓展了中国式现代化。中国式现代化是马克思主义中国化时代化的最新重大成果，是习近平新时代中国特色社会主义思想的重要组成部分和突出理论成就。新时代新征程，以中国式现代化全面推进中华民族伟大复兴是中国共产党的使命任务，也是持续推进马克思主义中国化时代化的实践基础。

中国式现代化是强国建设、民族复兴的康庄大道和必由之路。实现中华民族伟大复兴的中国梦，道路问题关乎根本、关乎命脉。习近平总书记指出："实践证明，中国式现代化走得通、行得稳，是强国建设、民族复兴的唯一正确道路。"① 中国式现代化深刻总结中国现代化历史经验、反思超越世界现代化道路体制弊病、赓续发展中华优秀传统文化历史底蕴，既体现了社会主义建设规律，也彰显了人类社会发展规律，是党领导人民长期进行现代化探索的结晶。

中国式现代化是中国共产党领导的社会主义现代化。党的领导直接关乎中国式现代化的根本方向、前途命运、最终成败，具有定性、管总、管根本的重大意义。中国共产党高举中国特色社会主义伟大旗帜，决定中国式现代化根本性质；坚定初心使命，为中国式现代化锚定奋斗目标行稳致远；推动全面深化改革，激发建设中国式现代化的强劲动力；坚定人民立场，为建设中国式现代化凝聚磅礴力量。

中国式现代化在遵循世界现代化一般要求的基础上彰显出鲜明的中国特色。习近平总书记指出："中国式现代化，是中国共产党领导

① 习近平：《中国式现代化是强国建设、民族复兴的康庄大道》，《求是》2023 年第 16 期。

的社会主义现代化，既有各国现代化的共同特征，更有基于自己国情的中国特色。”[①] 其中，“人口规模巨大”是中国式现代化的显著特征和独有实际，意味着推进中国式现代化必然要面对艰巨复杂的问题、走独立自主的道路，也昭示着成功推进中国式现代化将为人类文明作出重大贡献。“全体人民共同富裕”是中国式现代化的本质特征，体现社会主义本质要求和中国共产党的初心使命，是中国式现代化不同于西方现代化的根本区别。“物质文明和精神文明相协调”是中国式现代化的崇高追求，“两个文明”辩证统一、协调发展是社会主义现代化的本质要求，是党领导中国式现代化的重要经验，是不断满足人民美好生活需要的必然旨归。“人与自然和谐共生”是中国式现代化的鲜明特点，是应对全球发展生态困境、环境资源约束的重大探索，是全面建设社会主义现代化国家的内在要求。“走和平发展道路”是中国式现代化的突出特征，体现出对人类文明共同命运的时代思考，是对中国现代化道路经验的赓续发扬和对人类现代化道路的独特贡献。

推进中华民族伟大复兴要深刻把握中国式现代化的本质要求。中国式现代化的本质要求端起于“坚持中国共产党领导”这一领导力量向度；承续于坚定“坚持中国特色社会主义”旗帜方向；贯彻于“实现高质量发展、发展全过程人民民主、丰富人民精神世界、实现全体人民共同富裕、促进人与自然和谐共生”的“五位一体”总体布局；落脚于“推动构建人类命运共同体、创造人类文明新形态”的世界视野和文明意义。这是中国共产党对中国式现代化道路规律的理论总结和创新，体现出习近平总书记治国理政的深邃思想，为深入推进中国

① 习近平：《高举中国特色社会主义伟大旗帜 为全面建设社会主义现代化国家而团结奋斗——在中国共产党第二十次全国代表大会上的报告》，人民出版社 2022 年版，第 22 页。

式现代化提供了科学的行动指南。中国式现代化是一项系统工程，需要正确处理一系列重大关系。以辩证思维处理好顶层设计与实践探索、战略与策略、守正与创新、效率与公平、活力与秩序、自立自强与对外开放等关系，是全面理解和推进中国式现代化的重大着眼点，充分彰显了习近平新时代中国特色社会主义思想世界观和方法论的科学价值。

推进中国式现代化前途光明、任务艰巨，必须牢牢把握贯彻其中的重大原则。我们必须牢牢把握好"坚持和加强党的全面领导"这一根本保证，擎好"坚持中国特色社会主义道路"这面引领旗帜，站稳"以人民为中心的发展思想"根本立场不动摇，以"坚持深化改革开放"激发现代化活力，不断"发扬斗争精神"凝聚继续前进的强大精神力量。这是对中国式现代化宝贵经验的科学总结和内在发展规律的深刻把握，是中国式现代化的根本遵循。中国式现代化是一种全新的人类文明形态，为马克思主义现代化理论的丰富和发展作出了新的贡献。中国式现代化实现了科学社会主义与中国社会发展逻辑统一，彰显了习近平新时代中国特色社会主义思想的真理力量，打破了"现代化=西方化"的迷思，迸发出文明创造强大力量，为人类文明进步展现出全新图景和制度典范。

中国式现代化是中华民族的旧邦新命。习近平总书记指出："中国式现代化赋予中华文明以现代力量，中华文明赋予中国式现代化以深厚底蕴。"[①] 一方面，中国式现代化传承中华优秀传统文化，体现党的领导和社会主义本质属性，推动中华文明与时俱进、返本开新，是塑造中华民族现代文明这一"新的文化生命体"的实践支撑。另一方

① 习近平：《在文化传承发展座谈会上的讲话》，人民出版社2023年版，第7页。

面，中华文明是中国式现代化的文明根基，其民本思想、施政理念、治理经验、思想风格、传统气质与中国式现代化高度相通。中国式现代化与中华民族现代文明良性互动，充分彰显了中国特色社会主义道路和马克思主义中国化时代化的历史正确性。

推动实现中国式现代化责任重大、使命光荣、意义非凡。习近平总书记关于中国式现代化的重要论述，高屋建瓴地为以中国式现代化全面推进中华民族伟大复兴提供了科学指引。中国式现代化雄辩地证明，只有深入贯彻遵循“两个结合”根本要求，不断推动马克思主义中国化时代化，全面深化改革开放，才能回答好“四个之问”、走好实现“两个一百年”奋斗目标和中华民族伟大复兴的繁荣大道。在持续推进中国式现代化理论体系创新和中国式现代化道路拓展的过程中，习近平新时代中国特色社会主义思想也将立足新的实践基础，结合新的国情实际，不断丰富和创新自身的理论体系，实现新的理论飞跃，为民族复兴提供持续的思想伟力和理论指引。

5

“第二个结合”：文化的契合与自信

中华优秀传统文化是中华文明的智慧结晶和精华所在，是中华民族的根，是我们在世界文化激荡中站稳脚跟的根基。2021 年，在庆祝中国共产党成立 100 周年大会上，习近平总书记首次提出"坚持把马克思主义基本原理同中国具体实际相结合、同中华优秀传统文化相结合"[①]的重大论断，鲜明提出"第二个结合"这一科学命题。2023 年，在文化传承发展座谈会上，习近平总书记又强调在 5000 多年中华文明深厚基础上开辟和发展中国特色社会主义，坚持"两个结合"是必由之路。[②]中国共产党在百余年的发展历程中，坚持推进"第一个结合"，推动中国革命、建设和改革取得举世瞩目的伟大成就。与此同时，我们党也高度重视进行"第二个结合"的伟大实践，但未形成系统理论。"第二个结合"的提出，是我们党对马克思主义中国化时代化历史经验的深刻总结，是对中华文明发展规律的深刻把握，揭示了马克思主义同中华优秀传统文化的高度契合性，彰显了中华民族高度的历史自信和文化自信，实现了又一次的思想文化大解放，对于开辟马克思主义新境界具有极为重要的意义。

一、高度契合的马克思主义与中华优秀传统文化

从人类历史长河看，彼此相互契合是一种文化与另一种文化交流

① 习近平：《在庆祝中国共产党成立 100 周年大会上的讲话》，人民出版社 2021 年版，第 13 页。

② 习近平：《在文化传承发展座谈会上的讲话》，人民出版社 2023 年版，第 5 页。

和融合的一个根本前提。习近平总书记指出：“马克思主义与中华优秀传统文化来源不同，但彼此存在高度的契合性。”[①] 马克思主义诞生于 19 世纪中叶资本主义日趋繁荣、工业化现代化相对发达的欧洲，但它并没有在西方国家落地生根、开花结果，却在东方半殖民地半封建落后的农业大国根深叶茂、充满活力，关键原因就在于其价值观主张和世界观、方法论同中华优秀传统文化具有高度契合性。

（一）两者拥有共同的价值立场

马克思主义是人民的理论，它“第一次站在人民的立场探求人类自由解放的道路，以科学的理论为最终建立一个没有压迫、没有剥削、人人平等、人人自由的理想社会指明了方向”[②]。而中华优秀传统文化中蕴含着丰富朴素的民本思想，马克思主义与中华优秀传统文化拥有共同的人民立场。

人民性是马克思主义最鲜明的品格。马克思主义始终坚持为了人民、相信人民、依靠人民，其人民立场主要表现在：马克思主义肯定人民群众的历史主体地位。马克思批判鲍威尔的自我意识哲学和英雄史观，认为“历史活动是群众的活动”[③]，人民群众是历史的创造者，旗帜鲜明地确立了劳动人民的历史主体地位，揭示出人民群众自己创造自己的历史，而不是帝王将相创造历史。马克思主义博大精深，归根结底就是一句话，为人类求解放。在资本主义社会，工人阶级除了自己的劳动力外一无所有，工人为了生存只有出卖自己劳动力的“自

① 习近平：《在文化传承发展座谈会上的讲话》，人民出版社 2023 年版，第 5 页。
② 习近平：《在纪念马克思诞辰 200 周年座谈会上的讲话》，人民出版社 2018 年版，第 8 页。
③ 《马克思恩格斯文集》第 1 卷，人民出版社 2009 年版，第 287 页。

由"。马克思主义提出，要消灭资本主义社会私有制造成的各种异化现象，使社会中的每一个人都能够得到全方位的发展。马克思、恩格斯在《共产党宣言》中就强调："过去的一切运动都是少数人的或者为少数人谋利益的运动。无产阶级的运动是绝大多数人的、为绝大多数人谋利益的独立的运动。"[①] 马克思主义之所以具有跨越国度、跨越时代的影响力，就是因为它植根人民、为了人民，指明了依靠人民推动历史前进的人间正道。

几千年发展而来的中华优秀传统文化蕴藏着丰富的民本思想。春秋战国时期，孔子、墨子、孟子和荀子等就提出了朴素的民本思想。孔子主张"为政以德"、反对苛政，认为"舟非水不行，水入舟则没"，最早提出"君舟民水"思想。墨子提出"兼爱"和"尚贤"思想，主张消除阶级之间不平等。孟子提出"民为贵，社稷次之，君为轻"思想。荀子继承和发展了"君舟民水"思想，强调"君者，舟也；庶人者，水也。水则载舟，水则覆舟"。告诫统治者要仁民爱民，人民可以维护君主的统治，也可以推翻君主的统治。秦汉时期，民本思想日趋完善，贾谊提出"闻之于政也，民无不为本也"；北宋时期，范仲淹提出"先天下之忧而忧，后天下之乐而乐"；明清之际，黄宗羲推崇"君客民主"的思想，批判中国古代君主专制，强调限制和防范君权的滥用。

相较于从历史唯物主义角度深刻揭示的人民历史主体性，虽然中华优秀传统文化中朴素的民本思想要更原始，但两者的本质基本契合，即两者都强调人民群众的主体地位，依靠人民群众推动历史进步。马克思主义传入中国后，中国共产党将马克思主义人民观与传统文化朴素的民本思想相结合，提出"全心全意为人民服务""以人民

① 《马克思恩格斯选集》第 1 卷，人民出版社 1995 年版，第 283 页。

为中心的发展思想”“人民至上”等价值理念，激发和汇聚起了推动社会变革和历史前进的磅礴伟力。

（二）两者都主张建构“群己合一”的世界

马克思主义认为“人的本质不是单个人所固有的抽象物，在其现实性上，它是一切社会关系的总和”①，强调要全面、系统地看待人所处的社会关系。中华优秀传统文化则把人安放在家国天下之中，强调“穷则独善其身，达则兼济天下”。两者都高度重视人与社会、人与国家的内在联结，主张构建一个“群己合一”的世界，反对把人看作孤立的个体。

马克思主义从社会关系的角度把握人的本质，强调任何人都是处在一定的社会关系中从事社会实践活动的人，社会属性是人的本质属性。人们认识和把握人的本质，只能立足于具体的、历史的社会关系，而不能从抽象的人性论出发。马克思、恩格斯在《共产党宣言》中曾指出：“代替那存在着阶级和阶级对立的资产阶级旧社会的，将是这样一个联合体，在那里，每个人的自由发展是一切人的自由发展的条件。”②这里的自由不是资本、社会强者的自由，而是以大多数人的福祉为依归的自由。马克思主义还强调财富的社会享有，“马克思、恩格斯设想，在未来社会中，‘生产将以所有的人富裕为目的’，‘所有人共同享受大家创造出来的福利’……在社会主义条件下，社会应该‘给所有的人提供健康而有益的工作，给所有的人提供充裕的物质生活和闲暇时间，给所有的人提供真正的充分的自由’”③，体现

① 《马克思恩格斯选集》第 1 卷，人民出版社 1995 年版，第 60 页。
② 《马克思恩格斯选集》第 1 卷，人民出版社 1995 年版，第 294 页。
③ 习近平：《在纪念马克思诞辰 200 周年大会上的讲话》，人民出版社 2018 年版，第 20 页。

着把人看作社会关系的总和，以及以群体福祉为依归的鲜明主张。

中华优秀传统文化历来主张“群己合一”，其基本出发点不是个人，而是群体福祉，强调人生的价值要在为社会、群体服务当中实现。“天下一家、亲仁善邻”是中华优秀传统文化一直追求和延续的理念，强调“老吾老，以及人之老；幼吾幼，以及人之幼”，将“仁”这个核心价值观渗透到国家、社会、宗族各个层面，以在社会群体关系中的责任为基础，塑造了中华文化以群体福祉为依归的社会秩序。儒家也特别强调要“立德、立功、立言”三不朽，要“为天地立心，为生民立命”。中华文化鼓励将个人人生融于整体福祉，鼓励整体、宏观、高层次的功利主义，即通过“修身、齐家”达到“治国、平天下”的人生最高境界。同时，中华优秀传统文化推崇道德教化作用，主张以道德力量构建社会秩序，崇尚在人己关系中以他人为重，强调“己所不欲，勿施于人”，倡导共生并进、反对强人从己，致力于构造一个“群己合一”的社会。

马克思主义解放全人类、建立“自由人的联合体”的崇高理想，与中华优秀传统文化中天下为公、讲信修睦的社会追求息息相通，两者通过反对把人看作孤立的个体这一思想纽带，找到了融合中西方两种知识体系精华的最佳切入点。“马克思主义坚持以现实的人、人与人的现实交往……坚持以最广大的人民大众为人类全部活动的主体，这和中国传统知识体系坚持以人为本、以群体的人为本，以从个人到家庭到社会到国家直至天下的命运共同体为最高价值，很自然地容易互相理解、互相印证、互相融通。”①

---

① 姜义华:《中华文化的经脉》，商务印书馆 2019 年版，第 38 页。

（三）两者都强调社会实践的决定性作用

马克思主义是实践的理论，"实践的观点、生活的观点是马克思主义认识论的基本观点，实践性是马克思主义理论区别于其他理论的显著特征"[①]。而中华优秀传统文化对知行关系问题具有独到见解，高度重视实践对认识的决定性作用，与马克思主义实践观具有很多相通之处。

马克思主义实践观是指导人们认识、改造世界的科学的观点，实践性是马克思主义的本质特性。马克思鞭辟入里地指出："哲学家们只是用不同的方式解释世界，问题在于改变世界。"[②] 首先，实践决定认识，认识反作用于实践。马克思主义认为，人的认识是从社会实践活动中产生的，也将进一步影响实践活动的开展，同时，人的认识正确与否，也只有在实践中才能得到检验，即"人的思维是否具有客观的真理性，这不是一个理论的问题，而是一个实践的问题"，"关于离开实践的思维的现实性或非现实性的争论，是一个纯粹经院哲学的问题"。[③] 其次，实践是人能动地改造客体的物质性活动。马克思主义揭露费尔巴哈等旧唯物主义者忽视实践主体能动性的不足，批判唯心主义者忽视实践客观物质性错误，强调实践是客观物质性和自觉能动性的有机统一。最后，实践是人和人类社会的存在方式。马克思主义认为，实践是人所独有的活动，只有在实践基础上，人类的本质力量才能得到充分的体现和确证，人类社会才得以从自然界分离出来；实践是人类赖以生存的前提，人类通过实践创造出满足基本生存需求的物

① 习近平：《在纪念马克思诞辰200周年大会上的讲话》，人民出版社2018年版，第9页。
② 《马克思恩格斯选集》第1卷，人民出版社2012年版，第136页。
③ 《马克思恩格斯选集》第1卷，人民出版社2012年版，第134、138页。

质生活资料、满足发展需求的精神产品以及满足自身繁衍的人本身，人类的一切活动都是实践的，"社会生活在本质上是实践的"[①]。人们在实践中生产生活资料的过程，也是构建社会关系、推动社会进步的过程。

中华优秀传统文化蕴含着丰富的知行观思想，其本质也是实践与认识的辩证关系。春秋时期，孔子就提出"困而不学，民斯为下矣"（《论语·季氏》），认为"学"是认识的重要来源，强调通过学习实践获得知识；战国时期，荀子强调"见之不若知之，知之不若行之。学至于行而止矣"（《荀子·儒效》），他认为在知行关系中，行是最终目的；东汉时期，王充认为知变为行才有现实意义，并且主张要用"行"的效果来验证"知"；宋朝时期，朱熹创造性地提出"知之愈明，则行之愈笃；行之愈笃，则知之愈益明"（《朱子语类》），阐明了认识与实践相互依赖、相互促进的辩证关系，强调认识是实践的向导，实践又反过来促进认识的深入；明朝时期，王守仁提出"知行合一"的观点，认为"知之真切笃实处即是行，行之明觉精察处即是知"（《传习录》）；明末清初，王夫之集中国古代哲学知行观之大成，认为"知也者，固以行为功者也；行也者，不以知为功者也，行焉，可以得知之效也；知焉，未可得行之效也"（《尚书引义》卷三），阐明了行是知的基础，是检验知的标准，行可以检验知，而知不能检验行。

马克思主义实践观与中华优秀传统文化知行观，于实践与认识的观点上共通共融、高度一致。马克思主义认为实践是认识的来源，是决定与被决定、作用与反作用的辩证统一；中华优秀传统文化则认为，认识与实践之间相互促进，且"知行合一"。马克思主义强调不仅要认识世界，更重要的是改变世界；中华优秀传统文化中的知行观

① 《马克思恩格斯选集》第 1 卷，人民出版社 2012 年版，第 139 页。

也强调学习是为了实际应用。同时，马克思主义认为实践是检验真理的唯一标准，而中华优秀传统文化亦主张用事实来验证理论。

（四）两者都秉持互通的辩证方法论

马克思主义唯物辩证法以自然界、人类社会和思维发展的一般规律为研究对象，是认识世界和改造世界的根本方法。中华优秀传统文化蕴含着许多具有辩证思维的概念，形成了独具特色的哲学思想，是中华优秀传统文化宝库中的珍品，两者都秉持互通的辩证思维和辩证方法论。

马克思主义唯物辩证法认为，物质世界是普遍联系和永恒发展的统一体。唯物辩证法的总特征和根本观点是联系和发展，包括对立统一规律、质量互变规律和否定之否定规律三大基本规律。联系的观点、发展的观点，强调要全面地而不是片面地、系统地而不是零散地、发展地而不是静止地、普遍联系地而不是单一孤立地认识世界、改造世界；对立统一规律阐释了矛盾的对立和统一的关系，指出矛盾是事物发展变化的根本动力，揭示了矛盾的同一性与斗争性、矛盾的普遍性与特殊性、主要矛盾与次要矛盾、矛盾的主要方面与次要方面之间的辩证关系；质量互变规律阐明了事物的发展变化存在两种基本形式，揭示了量变是质变的必然前提，质变是量变的必然结果，事物在新质的基础上开始新的量变的辩证关系；否定之否定规律揭示了事物自身发展整个过程由肯定、否定和否定之否定诸环节构成，指出否定之否定不是简单的重复，而是一个螺旋上升的"扬弃"过程，揭示了事物发展前进性和曲折性的辩证统一。

中华优秀传统文化中的辩证法思想萌芽于商周时期。《易经》曰，"生生之谓易""一阴一阳之谓道"，表明万事万物都处在变化发展中，都处于对立统一之中。春秋时期，晏婴将清水勾兑清水称为"和"，调料勾兑清水称为"同"，察觉到了和不是同一，其中包含对立；老子提出有无相生、难易相成等概念，揭示了对立事物相互依存、相互转化的关系；孔子则讲求中庸之道，寻求矛盾的统一；《荀子》云，"不积跬步，无以至千里；不积小流，无以成江海"，带有朴素的质量互变辩证思想。西汉时期，贾谊提出"万物变化兮，固无休息"，阐明事物变化是时时刻刻、永无止境的。到宋代，王安石认为"道立于两""耦中有耦"和"新故相除"，张载提出"一物两体""动非自外"和"著变渐化"等思想，揭示了任何事物都包含着对立的两面，事物内部矛盾引发事物的运动变化，运动变化有"著"和"渐"两种形态。

中华优秀传统文化蕴含着同马克思主义互通的辩证法思想，两者在辩证方法论上具有高度契合性。它们都认为任何事物都是永恒发展的，万物的变化是不停息的。唯物辩证法认为事物既具有对立属性，也具有统一属性，事物发展变化的动力是矛盾；中华优秀传统文化认为有无相生、难易相成，对立运动引起事物变化。唯物辩证法提出和谐是矛盾的一种特殊状态，中华优秀传统文化认为"和"中包含着对立。唯物辩证法指出量变最终引起质变，中华优秀传统文化认为变化分为缓变和显变两种形式。

历史钩沉

《易经》：探究阴阳变化之道

《易经》是中国最为古老的古典文献之一，为古代中国

巫师运用六十四卦以预知未来吉凶祸福的卜筮书，自汉代开始尊奉为“五经”之一。《易经》用一套符号形式系统描述事物的变化，表现了中国古典文化的哲学和宇宙观，其中心思想是用阴阳符号构成的卦象代表世间万物的运行状态。卜筮者向神明问事，求得卦象，借此预测事情（如战争、政事、农收等）的成败吉凶。当然，《易经》的影响并不限于占卜和术数，大凡古代中国的哲学、宗教、政治、经济、医学、天文、算术、文学、音乐、艺术、军事和武术等各方面，皆可见到阴阳变化的思想寓于其中。

二、贯通了马克思主义精髓和中华优秀传统文化精华

习近平总书记指出：“在五千多年中华文明深厚基础上开辟和发展中国特色社会主义，把马克思主义基本原理同中国具体实际、同中华优秀传统文化相结合是必由之路。这是我们在探索中国特色社会主义道路中得出的规律性认识。我们一直强调把马克思主义基本原理同

中国具体实际相结合，现在我们又明确提出‘第二个结合’。”[①]“第二个结合”把高度契合的马克思主义和中华优秀传统文化融合在一起，贯通了马克思主义精髓和中华优秀传统文化精华，“让马克思主义成为中国的，中华优秀传统文化成为现代的，让经由‘结合’而形成的新文化成为中国式现代化的文化形态”[②]。

（一）马克思主义以真理之光激活了中华文明基因

马克思主义最早是在清末民初东西方文化交流、交锋和碰撞之际输入中国的，当时的中国还处于落后的半殖民地半封建社会。俄国十月革命胜利后，中国的先进分子在各种思潮的比较鉴别中，最终选择了马克思主义。从此，马克思主义犹如黑暗中的一缕灿烂曙光，照亮了正在摸索中前进的中国人民的道路。

马克思主义来源于德国古典哲学、英国古典政治经济学、法国空想社会主义，然而其最终升华为马克思主义的根本原因，是它对所处的时代和世界的深入考察，是它对人类社会发展规律的深刻把握，它源于那个时代又超越了那个时代，既是那个时代精神的精华，又是整个人类精神的精华，是被实践证明了的科学的、颠扑不破的真理。其中，唯物史观科学揭示了人类社会从低级向高级演化的内在规律和基本趋势；剩余价值理论科学回答了剩余价值的生产奥秘，揭示了资本主义制度下劳动者越劳动反而越贫穷的社会根源；阶级斗争理论回答了无产阶级实现阶级解放和劳动解放的动力和条件。同时，马克思主义还揭露了资本主义迅速发展所引发的严重社会问题，提出只有以社

① 习近平：《在文化传承发展座谈会上的讲话》，人民出版社 2023 年版，第 5 页。
② 习近平：《在文化传承发展座谈会上的讲话》，人民出版社 2023 年版，第 6 页。

会主义取代资本主义，才能从根本上解决这些社会问题。这些先进思想在清末民初通过学界各种译本传入中国，激活了中华优秀传统文化中的民本思想、反苛政思想、均贫富思想、君舟民水思想等。中国的先进分子经过对各种思想流派的鉴别和比较，认识到马克思主义较各种非马克思主义更具有先进性和可操作性，是解决近代中国社会总体性危机的最佳路径，从而坚定走上通过暴力革命推翻反动政权的正确道路。

马克思主义是“伟大的认识工具”，“推进马克思主义中国化时代化是一个追求真理、揭示真理、笃行真理的过程”①。中国共产党在带领人民百年奋斗的进程中，不断深化对马克思主义真理的认识。如辩证唯物主义和历史唯物主义的世界观和方法论，关于人类社会发展的自然性、历史性及其相关规律，关于人的解放和自由全面发展的规律，马克思主义的实践观、群众观、阶级观、发展观、矛盾观，以及马克思主义关于坚守人民立场的思想、关于生产力和生产关系的思想、关于人民民主的思想、关于文化建设的思想、关于社会建设的思想、关于人与自然关系的思想、关于世界历史的思想、关于马克思主义政党建设的思想等，这些思想精髓进一步激活了中华优秀传统文化蕴含的天下为公、民为邦本、为政以德、革故鼎新、任人唯贤、天人合一、自强不息、厚德载物、讲信修睦、亲仁善邻等文化精华，经过一系列“化学反应”，形成了一个有机统一的新的文化生命体，为党和人民提供了科学的世界观和方法论，为进行适合中国国情的革命、建设和改革提供了强大精神支撑，为实现社会主义现代化和中华民族伟大复兴指明了一条康庄大道。

① 《习近平著作选读》第 1 卷，人民出版社 2023 年版，第 14 页。

在探索推进"第二个结合"的实践中，马克思主义把先进的思想理论带到中国，以真理之光激活了中华文明的基因，引领中国走进现代世界，推动了中华文明的生命更新和现代转型。正如习近平总书记所深刻指出的："从民本到民主，从九州共贯到中华民族共同体，从万物并育到人与自然和谐共生，从富民厚生到共同富裕，中华文明别开生面，实现了从传统到现代的跨越，发展出中华文明的现代形态。"①

（二）中华优秀传统文化充实了马克思主义文化生命

马克思主义作为一种"外来文化"，只有植根中华大地、中华民族历史文化沃土才能根深叶茂。在"第二个结合"中，中华优秀传统文化以深厚文化底蕴充实了马克思主义的文化生命，"推动马克思主义不断实现中国化时代化的新飞跃，显示出日益鲜明的中国风格与中国气派，中国化马克思主义成为中华文化和中国精神的时代精华"。②

中华优秀传统文化赋予了马克思主义鲜明的中国特色。党在领导人民进行革命、建设和改革发展的伟大实践中，坚持运用马克思主义观点传承和弘扬中华优秀传统文化，又以博大精深的中华优秀传统文化浇灌马克思主义"真理之花"。正如习近平总书记所指出的："如果没有中华五千年文明，哪里有什么中国特色？如果不是中国特色，哪有我们今天这么成功的中国特色社会主义道路？"③中国特色社会主义道路是在马克思主义指导下走出来的，也是从5000多年中华文明史中走出来的，生机勃勃的中国特色社会主义离不开中华优秀传统文化滋养。同时，在探索推进"第二个结合"的实践中，我们党以鲜活

① 习近平：《在文化传承发展座谈会上的讲话》，人民出版社2023年版，第6页。
② 习近平：《在文化传承发展座谈会上的讲话》，人民出版社2023年版，第6页。
③ 习近平：《在文化传承发展座谈会上的讲话》，人民出版社2023年版，第5页。

的中国话语、中国风格表达马克思主义深邃原理，让马克思主义“说中国话”，并立足时代要求推进建设中华民族现代文明，最终让中国化的马克思主义成为中华文化和中国精神的时代精华。

中华优秀传统文化夯实了马克思主义中国化时代化的历史文化根基。马克思曾经指出：“理论在一个国家实现的程度，总是取决于理论满足这个国家的需要的程度。”①在漫漫历史长河中，中华民族在创新创造和生产生活中所形成的哲学思想、人文精神、道德思想、教化观念等，同马克思主义基本原理有着高度的契合性，这也是两者能够相互结合的根本前提和重要支撑。在推进“第二个结合”的实践中，中华优秀传统文化夯实了马克思主义中国化时代化的历史文化基础，使马克思主义呈现出鲜活的民族性和本土性，进一步挖掘和释放了马克思主义的真理性和实践性，使深奥的马克思主义基本原理更加深入人心、更容易为人民大众所接受，让其在指导中国式现代化新征程中绽放出更加绚丽的真理光芒。

中华优秀传统文化促进了马克思主义中国化时代化新的飞跃。中华优秀传统文化源远流长、底蕴深厚，是推动马克思主义中国化时代化的沃土肥壤、不竭源泉。党的十八大以来，中国特色社会主义进入新时代，我们党高度重视发掘、继承、弘扬中华优秀传统文化，坚持把马克思主义基本原理同中国具体实际相结合、同中华优秀传统文化相结合，实现了马克思主义中国化时代化的新飞跃，推动中华民族伟大复兴进入了不可逆转的历史进程。“第二个结合”在中华民族现代文明中根植马克思主义的魂脉，在中华民族现代文明中厚植中华优秀传统文化的根脉，不断推动当代中国马克思主义、21 世纪马克思主

① 《马克思恩格斯选集》第 1 卷，人民出版社 2012 年版，第 11 页。

义丰富和发展，不断开辟马克思主义中国化时代化新境界。

（三）促进了中华优秀传统文化创造性转化、创新性发展

中华文明延续着我们国家和民族的精神血脉，既需要薪火相传、代代守护，也需要与时俱进、推陈出新。习近平总书记指出："要推动中华文明创造性转化、创新性发展，激活其生命力，让中华文明同各国人民创造的多彩文明一道，为人类提供正确精神指引。"[①]"第二个结合"促进了中华优秀传统文化创造性转化、创新性发展，推动了中国特色社会主义文化的繁荣和发展。

中华优秀传统文化创造性转化、创新性发展是时代的呼唤。2014年2月，习近平总书记在十八届中共中央政治局第十三次集体学习时对创造性转化、创新性发展的内涵作出了科学阐释，"创造性转化，就是要按照时代特点和要求，对那些至今仍有借鉴价值的内涵和陈旧的表现形式加以改造，赋予其新的时代内涵和现代表达形式，激活其生命力"[②]。创造性转化针对那些健康向上、积极进步的中华优秀传统文化，既对其与时代脱节的表现形式进行科学改造，又对那些至今仍有借鉴价值的思想内涵进行科学改造，使之转化为时代所需的精神财富。"创新性发展，就是要按照时代的新进步新进展，对中华优秀传统文化的内涵加以补充、拓展、完善，增强其影响力和感召力"[③]，即通过创新创造为中华优秀传统文化赋予新的时代内涵，推动形成新的中华优秀传统文化。

在推进"第二个结合"的探索实践中，我们党以中华优秀传统文

---

① 《习近平关于社会主义文化建设论述摘编》，中央文献出版社2017年版，第83页。
② 《习近平关于社会主义精神文明建设论述摘编》，中央文献出版社2022年版，第214页。
③ 《习近平关于社会主义精神文明建设论述摘编》，中央文献出版社2022年版，第214页。

化原有内涵和表现形式为基础，运用马克思主义世界观、方法论和基本原理，对中华优秀传统文化的表现形式、话语表达加以改造，同时为中华优秀传统文化注入新的时代内涵，最大限度地挖掘、利用中华优秀传统文化的宝贵资源，从而推动了中华优秀传统文化不断发扬光大。运用马克思主义观点批判性地继承中华优秀传统文化，摒弃那些不适应时代发展的中华传统文化元素，弘扬符合时代发展的中华优秀传统文化精华，同时在原有中华优秀传统文化基础上，运用马克思主义世界观、方法论和基本原理，不断赋予其崭新的、具有时代特点的马克思主义文化精髓，丰富中华优秀传统文化表现形式，以创新推动中华优秀传统文化生命更新和现代转型，极大地推进了中华民族现代文明建设。

（四）找到了破解“古今中西之争”的现实路径

习近平总书记指出：“经过长期努力，我们比以往任何一个时代都更有条件破解‘古今中西之争’，也比以往任何一个时代都更迫切需要一批熔铸古今、汇通中西的文化成果。”[①] 所谓“古今中西之争”，其实质就是如何看待古代与当代、东方与西方的文化问题。近代以来，“古今中西之争”掀起过一场场文化论战，对中国社会发展产生了不同程度的影响。

“第二个结合”坚守中华优秀传统文化之“根”与马克思主义之“魂”，熔铸古今于一体。从时间坐标看，中华优秀传统文化可视为“古”的范畴，而以马克思主义为指导的中国特色社会主义则属于“今”的范畴。习近平总书记指出，“中国特色社会主义道路是在马克

① 习近平：《在文化传承发展座谈会上的讲话》，人民出版社2023年版，第11页。

思主义指导下走出来的，也是从五千多年中华文明史中走出来的"[1]，中国式现代化是文明更新的结果，不是文明断裂的产物，也不是排斥现代文明的结局。在推进"第二个结合"的过程中，我们党坚持尊古不复古、守正不守旧的进取精神，重视挖掘中华5000多年文明中的精华，结合时代特征对中华优秀传统文化进行创造性转化和创新性发展，在具体实践中丰富和发展马克思主义，在融"古"通"今"的基础上推动马克思主义同中华优秀传统文化深度融合，赋予中华民族现代文明独具特色的价值内涵，不断开辟和拓展中国式现代化，以新的伟大实践回应了"古今之争"。

"第二个结合"深刻把握马克思主义同中华优秀传统文化的契合点，汇通中西于一体。中西方文明的不同基因特性造就了中西方文化不同的思维方式。从地理坐标看，中华优秀传统文化可视为"中"的代表，马克思主义则属于"西"的代表。推动来自不同文化背景、具有不同文化基因的两者有机融合，就必然面临着"中西之争"的问题。在推进"第二结合"的过程中，"马克思主义把先进的思想理论带到中国，以真理之光激活了中华文明的基因，引领中国走进现代世界，推动了中华文明的生命更新和现代转型"[2]。同时，"中华优秀传统文化充实了马克思主义的文化生命，推动马克思主义不断实现中国化时代化的新飞跃"[3]，实现了两大文明智慧结晶的深度融合，创造了人类文明新形态，驳斥了中西文明非此即彼、零和博弈的关系论，以事实强有力地回应了"中西之争"。

---

① 习近平：《在文化传承发展座谈会上的讲话》，人民出版社2023年版，第7页。
② 习近平：《在文化传承发展座谈会上的讲话》，人民出版社2023年版，第6页。
③ 习近平：《在文化传承发展座谈会上的讲话》，人民出版社2023年版，第6页。

三、彰显了中华民族高度的历史自信、文化自信

文化自信是更基础、更广泛、更深厚的自信，坚定文化自信离不开对中华民族历史的认知和把握。在 5000 多年的漫漫历史长河中，中华民族以其勤劳智慧和不懈奋斗创造了辉煌灿烂的优秀文明成果，为人类文明作出了不可磨灭的历史贡献，奠定了中华民族历史自信与文化自信的根基。同时，"第二个结合"建立在对中华优秀传统文化精华的深刻认知之上，建立在对中华优秀传统文化突出特性的深刻把握之上，彰显了中华民族高度的历史自信、文化自信。

（一）中华优秀传统文化精华增强了中华民族的历史自信与文化自信

中华优秀传统文化蕴含着丰富的哲学思想、人文精神、教化思想与道德观念等，构成了中华优秀传统文化的精华部分，"记载了中华民族自古以来在建设家园的奋斗中开展的精神活动、进行的理性思维、创造的文化成果，反映了中华民族的精神追求，是中华民族生生不息、发展壮大的重要滋养"[①]。不仅对中国发展产生了深刻影响，而且极大地推动了人类文明的进步。

中华优秀传统文化精华的内涵十分丰富，涵盖古代中国人的宇宙观、价值观，以及国家治理、社会关系、个人修行、人与自然关系等方方面面。比如，关于道法自然、天人合一的思想，关于天下为公、大同世界的思想，关于自强不息、厚德载物的思想，关于以民为本、安民富民乐民的思想，关于为政以德、政者正也的思想，关于苟日新

① 《习近平著作选读》第 1 卷，人民出版社 2023 年版，第 276 页。

日日新又日新、革故鼎新、与时俱进的思想，关于脚踏实地、实事求是的思想，关于经世致用、知行合一、躬行实践的思想，关于集思广益、博施众利、群策群力的思想，关于仁者爱人、以德立人的思想，关于以诚待人、讲信修睦的思想，关于清廉从政、勤勉奉公的思想，关于俭约自守、力戒奢华的思想，关于中和、泰和、求同存异、和而不同、和谐相处的思想，关于安不忘危、存不忘亡、治不忘乱、居安思危的思想，等等。[①]

从历史的角度看，中华优秀传统文化精华“对中华文明形成并延续发展几千年而从未中断，对形成和维护中国团结统一的政治局面，对形成和巩固中国多民族和合一体的大家庭，对形成和丰富中华民族精神，对激励中华儿女维护民族独立、反抗外来侵略，对推动中国社会发展进步、促进中国社会利益和社会关系平衡，都发挥了十分重要的作用”[②]，对古代西方文明发展也产生了重大影响。从当今世界看，人类物质文明和精神文明已经取得了古人难以想象的巨大进步，但当代人类也面临着许多突出的难题，如贫富差距持续扩大、物欲追求奢华无度、个人主义恶性膨胀、社会诚信不断消减、伦理道德每况愈下、人与自然关系日趋紧张等。世界上一些有识之士认为，要有效解决这些难题，不仅需要借助当代人类创造的物质条件、科技手段、精神成果，还需要从博大精深的中华优秀传统文化中寻找智慧、力量和答案。

中华优秀传统文化精华体现了中国人几千年来积累的知识智慧和理性思辨。“第二个结合”以马克思主义思想精髓，激活中华优秀传

① 《习近平著作选读》第 1 卷，人民出版社 2023 年版，第 278 页。
② 《习近平著作选读》第 1 卷，人民出版社 2023 年版，第 277 页。

统文化精华，使中华民族的"优秀文化基因与当代文化相适应、与现代社会相协调，把跨越时空、超越国度、富有永恒魅力、具有当代价值的优秀文化精神弘扬起来"[①]，为人们认识和改造世界提供了有益启迪，为治国理政提供了有益启示，为道德建设提供了有益启发，也为解决当代人类面临的难题提供了有益借鉴，极大增强了中华民族的历史自信、文化自信。

（二）中华优秀传统文化突出特性提振了中华民族历史自信、文化自信

中华文明是世界上独具特色的文明，具有突出的连续性、创新性、统一性、包容性、和平性。中华优秀传统文化是中华文明的精粹和重要组成部分，积淀着中华民族最深沉的精神追求，代表着中华民族独特的精神标识。在"第二个结合"中，我们党深刻挖掘、总结提炼的五个突出特性，有力提振了中华民族的历史自信、文化自信。

世界史学界一致认为，古埃及文明、古巴比伦文明、古印度文明和中华文明是人类进程中的"四大文明"，但只有中华文明一直延续下来，是世界上唯一绵延不断且以国家形态发展至今的伟大文明。中华民族具有 5000 多年文明史，大约在公元前 2070 年，中国就建立起第一个奴隶制王朝——夏朝。夏商西周之后的春秋战国时期，中华文化空前繁荣。秦朝实现了大一统，两汉、魏晋南北朝、隋唐、宋元、明清，中华文化绵延不绝且繁荣发展。近代以来，在中西文化剧烈交汇激荡中，中华文化屡遭重创依然屹立不衰。中华文明突出的连续性，充分证明了"中华文明具有自我发展、回应挑战、开创新局的文

① 《习近平著作选读》第 1 卷，人民出版社 2023 年版，第 280—281 页。

化主体性与旺盛生命力”[①]。中华文明历经数千年而绵延不绝、迭遭忧患而经久不衰，既是人类文明的奇迹，又是我们自信的底气，更是极大提振中华民族“走自己的路”的历史自信、文化自信。

中华文明是革故鼎新、辉光日新的文明，静水深流与波澜壮阔交织。在5000多年历史长河中，中华民族始终“以‘苟日新，日日新，又日新’的精神不断创造自己的物质文明、精神文明和政治文明，在很长的历史时期内作为最繁荣最强大的文明体屹立于世”[②]。数千年薪火相传，中华民族展现出强烈的创新创造精神，从思想到器物，从制度到文化，从艺术到科技，都创造了灿烂辉煌的文明成果。“周虽旧邦，其命维新。”我国历史上著名的李悝变法、管仲变法、商鞅变法、王安石变法、张居正变法、戊戌变法等，充分体现了中华民族革故鼎新、与时俱进的创新思想，展现了中华儿女不畏艰难、维新改革的创新精神。中华文明突出的创新性，从根本上决定了中华民族守正不守旧、尊古不复古的进取精神，极大提振了中华民族不惧新挑战、勇于接受新事物的历史自信、文化自信。

悠久灿烂的中华文明是凝聚中华民族的精神纽带。“中华文明长期的大一统传统，形成了多元一体、团结集中的统一性。‘向内凝聚’的统一性追求，是文明连续的前提，也是文明连续的结果。”[③]秦汉代以降，“大一统”思想逐步占据了中华文明的核心位置，多元一体、华夏（夷）一统是历史发展大趋势。在这种思想和信念的驱动下，中国虽屡遭战乱、分裂，但一直以追求、实现统一为历史大方向。华夏各民族在广袤的中华大地交错杂居、守望相助，逐渐形

① 习近平：《在文化传承发展座谈会上的讲话》，人民出版社2023年版，第2页。
② 习近平：《在文化传承发展座谈会上的讲话》，人民出版社2023年版，第3页。
③ 习近平：《在文化传承发展座谈会上的讲话》，人民出版社2023年版，第3页。

成了水乳交融的民族关系。中华文明突出的统一性，"从根本上决定了中华民族各民族文化融为一体、即使遭遇重大挫折也牢固凝聚，决定了国土不可分、国家不可乱、民族不可散、文明不可断的共同信念"，[①]极大提振了中华民族像石榴籽一样紧紧拥抱在一起，牢固树立中华民族共同体意识的历史自信、文化自信。

中华文明从来不用单一文化代替多元文化，也从未拒绝过任何一种外来文化，而是由多元文化汇聚成共同文化，主张不同文化形态之间的尊重、包容和交流，化解冲突，凝聚共识。"中华文化认同超越地域乡土、血缘世系、宗教信仰等，把内部差异极大的广土巨族整合成多元一体的中华民族。"[②]从历史上看，佛教传入中国后，很快就融合为中华文化的有机组成部分；北方游牧民族数次入主中原后，少数民族文化也与中原文化同化为一体；中原文化同西域文化通过"丝绸之路"交流交融，不少西域文化元素成为中华文化的精粹。古往今来，中华民族坚定维护中华文化的主体性，同时也以海纳百川的恢宏气度，吸纳一切人类优秀文明成果。中华文明突出的包容性，从根本上决定了中华民族交往交流交融的历史取向，极大提振了中华民族对世界文明兼收并蓄的历史自信、文化自信。

中华民族是热爱和平的民族，中华文化是崇尚和合的文化。和平、和睦、和谐是中华文明5000多年来一直传承的理念，亲仁善邻、天下一家是中华文明的处世之道。中华文明"倡导交通成和，反对隔绝闭塞；倡导共生并进，反对强人从己；倡导保合太和，反对丛林法则"[③]。中华民族的血液中没有侵略他人、称王称霸的基因，中国

---

① 习近平：《在文化传承发展座谈会上的讲话》，人民出版社2023年版，第3页。
② 习近平：《在文化传承发展座谈会上的讲话》，人民出版社2023年版，第4页。
③ 习近平：《在文化传承发展座谈会上的讲话》，人民出版社2023年版，第4页。

人民从来没有欺负、压迫、奴役过其他国家人民。从古至今，中华文明崇尚胸怀天下、立己达人，秉持公道、伸张正义。中华文明突出的和平性，从根本上“决定了中国不断追求文明交流互鉴而不搞文化霸权，决定了中国不会把自己的价值观念与政治体制强加于人，决定了中国坚持合作、不搞对抗，决不搞‘党同伐异’的小圈子”，[①] 极大提振了中华民族坚定不移走和平发展道路的历史自信、文化自信。

历史钩沉

大一统传统

在几千年历史演进中，中华民族创造了灿耀寰宇的伟大文明，形成了关于国家制度和国家治理的丰富思想。其中，九州共贯、多元一体的大一统理念如鲜明主线，始终是历史主流。“《春秋》所以大一统者，六合同风，九州共贯也。”春秋战国时期，诸子百家争芳斗艳，却不约而同对“大一统”理念进行理论化、系统化阐释，这与礼崩乐坏、天下纷争、战乱频仍的时局有关，是战火硝烟和宇宙法则强化了人们对“和而不同大一统”的尊崇与渴望。西汉哲学家董仲舒则从天地、阴阳等方面系统地把“大一统”价值理念扩展到宇宙、社会、人生等各个方面，深刻影响着一代代中国人的思想与行为。

数千年中华文明史，就是一部各民族交往交流交融汇聚

① 习近平：《在文化传承发展座谈会上的讲话》，人民出版社 2023 年版，第 4 页。

成多元一体中华民族的历史。正如习近平总书记指出，我们辽阔的疆域是各民族共同开拓的，悠久的历史是各民族共同书写的，灿烂的文化是各民族共同创造的，伟大的精神是各民族共同培育的。几千年来，中华文明之所以能够在百转千回中奔涌向前、延绵不绝，中华民族之所以能够在栉风沐雨中生生不息、繁荣兴盛，一个重要原因，是我们拥有基于大一统传统的共同价值观、共同家国情怀、共同精神追求。

——参见张勤繁：《九州共贯、多元一体的大一统传统》，《新湘评论》2023 年第 14 期

（三）"第二个结合"：彰显了中华民族高度的历史自信、文化自信

历经数千年的历史变迁，中华民族在风雨中不断砥砺前行，独特的中华文化为其提供了坚实的精神支柱。深刻洞悉历史底蕴，精准把握未来走向，"第二个结合"不仅深入解答了马克思主义与中华优秀传统文化的融合问题，同时明确回应了构建有机统一的全新文化生命体的使命，使中华民族的历史自信与文化自信迈向崭新境界。

造就了一个有机统一的新的文化生命体。马克思主义和中华优秀传统文化来源不同，都拥有自己独特的基因特性，都是人类文明发展产生的优秀成果。在推进"第二个结合"中，马克思主义以真理之光激活了中华文明的基因，推动了中华文明的生命更新和现代转型，实现了从传统到现代的跨越，发展出中华文明的现代形态。与此同时，中华优秀传统文化丰富了马克思主义的文化内涵，推动马克思主义不

断实现中国化时代化的新突破，展现出越发鲜明的中国风格与中国气派，马克思主义已成为中华文化和中国精神的时代精华。"第二个结合"没有降低或削弱马克思主义的指导地位，又充分认识中华优秀传统文化的历史地位和时代价值，促进了马克思主义与中华优秀传统文化互相成就，从而造就了一个有机统一的新的文化生命体，彰显了建设中华民族现代化文明的高度历史自信、文化自信。

筑牢了中国特色社会主义道路根基。习近平总书记强调，"两个结合"是我们在探索中国特色社会主义道路中得出的规律性的认识，是我们取得成功的最大法宝。中国特色社会主义道路首先是社会主义，这是从马克思主义那里来的，是在马克思主义指导下走出来的；同时，中国文化中朴素的社会主义元素也奠定了中国接受马克思主义的文化基础，中国特色社会主义道路也是从 5000 多年中华文明中走出来的。中国式现代化赋予中华文明以现代力量，中华文明赋予中国式现代化以深厚底蕴。尤其是"'第二个结合'让中国特色社会主义道路有了更加宏阔深远的历史纵深，拓展了中国特色社会主义道路的文化根基"[①]。彰显了中华民族在新时代弘扬民族文化、丰富中国特色社会主义文化内涵的历史自信、文化自信。

打开了面向未来的理论和制度创新空间。"两个结合"本身就是创新，同时又开启了广阔的理论和实践创新空间。"第二个结合"以马克思主义激活了中华优秀传统文化优秀基因，以时代精神激发了中华优秀传统文化生命力，充分挖掘和系统阐发了中华优秀传统文化，使中华民族最基本的文化基因与当代文化相适应、与现代社会相协调；同时，也让我们掌握了思想和文化主动，并有力地作用于中国

① 习近平：《在文化传承发展座谈会上的讲话》，人民出版社 2023 年版，第 7 页。

特色社会主义道路、理论和制度。我们党开创的人民代表大会制度、政治协商制度、民族区域自治制度等，正是创造性吸收借鉴中华优秀传统文化国家治理和制度智慧的结果。推动“第二个结合”，让我们能够“在更广阔的文化空间中，充分运用中华优秀传统文化的宝贵资源，探索面向未来的理论和制度创新”[①]，彰显了中华民族不忘“老祖宗”又要“说新话”的历史自信、文化自信。

巩固和突出了中华文化的主体性。文化主体性是指处于某种文化形态的人们，“对该文化的历史由来和现实地位具有清醒认识，对该文化的身份认同、民族认同、国家认同功能具有自觉意识，对该文化的价值精神和内在生命力具有自信态度”[②]。中华优秀传统文化得以传承千年而不衰，其根本原因在于中华民族坚定维护了中华优秀传统文化的根基，捍卫了中华文化的立场和自主性。在推动“第二个结合”的过程中，我们党将马克思主义基本原理与中国具体实际和中华优秀传统文化相结合，实现了中华优秀传统文化的创造性转化和创新性发展。同时，我们积极借鉴全球一切优秀文明成果，强化了中华文化的主体性地位，从而树立了文化自信。这种文化自信源于文化主体性，为我们提供了坚定的自我认同，使中华文化自信拥有了坚实基础。在此基础上，中华民族形成了国家认同的坚实文化根基，彰显了中华民族在坚守中华文化主体性方面的历史自信和文化自信。

四、实现了又一次的思想文化大解放

2023 年 6 月 2 日，习近平总书记在文化传承发展座谈会上首次

① 习近平：《在文化传承发展座谈会上的讲话》，人民出版社 2023 年版，第 8 页。
② 董彪：《“第二个结合”与中华文化主体性的当代彰显》，《山西高等学校社会科学学报》2023 年第 8 期。

明确提出“‘第二个结合’是又一次的思想解放”的重要论断，这表明我们党的历史自信、文化自信达到了新高度，我们党在传承中华优秀传统文化中推进文化创新的自觉性达到了新高度。在党百年奋斗中，如果说“第一个结合”把人们从教条主义的思想枷锁中解放出来，实现了马克思主义中国化第一次历史性飞跃，那么深刻认识“第二个结合”的思想解放作用，对于我们继续推进马克思主义中国化时代化，推动中华优秀传统文化创造性转化、创新性发展，创造属于我们这个时代的新文化，建设中华民族现代文明，具有十分重要的意义。

（一）深化了对中国具体实际的认识，突破了狭义“国情观”的思想束缚

马克思主义作为一门科学理论，唯有根植于本国土壤，紧密联系民族历史文化，方能彰显其旺盛生机与磅礴力量。自我们党诞生之日起，就始终秉持着解放思想、实事求是的原则，不断深化对我国现实状况和民族特点的理解，着力将马克思主义基本原理与中国具体实际及中华优秀传统文化相结合，持续推动马克思主义中国化时代化进程，带领人民创造了一个又一个载入史册的辉煌成就。

推进马克思主义同中国具体实际相结合是一个不断解放思想的过程。中国共产党成立初期，由于党内教条主义盛行，几乎葬送了中国革命。1938 年 10 月，毛泽东在党的六届六中全会上明确提出，要“使马克思主义在中国具体化，使之在其每一表现中带着必须有的中国的特性，即是说，按照中国的特点去应用它”。[1] 在深刻分析半殖

① 《毛泽东选集》第 2 卷，人民出版社 1991 年版，第 534 页。

民地半封建“中国的特点”后，他给出了一个与众不同的结论：中国革命不能照抄照搬他国经验，而是“走相反的道路”，使全党从对马克思主义教条式理解中解放出来。新中国成立后，党带领人民在“一穷二白”基础上开始探索适合本国国情的社会主义建设道路。改革开放后，党深刻认识到，我国最大的实际是处于并将长期处于社会主义初级阶段，必须坚定不移走自己的道路。显然，过去我们更多是从现实角度来认识中国实际和国情的。

今天的中国乃历史演进之产物，承前启后，不断发展。习近平总书记指出，“观察和认识中国，历史和现实都要看”。[①] 只有全面把握中国的历史和现实，才能深刻认识和理解中国国情。在党的六届六中全会上，毛泽东还提出，“我们这个民族有数千年的历史，有它的特点，有它的许多珍贵品……从孔夫子到孙中山，我们应当给以总结，承继这一份珍贵的遗产”，“马克思主义必须和我国的具体特点相结合并通过一定的民族形式才能实现”。[②] 自新中国成立以来，我们党坚定秉持马克思主义立场，对古代文化遗产进行审慎梳理，倡导“古为今用、洋为中用”的原则。在改革开放之后，我们党进一步强调，社会主义精神文明建设应立足于中国现实，传承历史文化优秀传统，并吸收外国文化之精华。此种立场，揭示了我国具体实践的历史文化特质，同时也在不断推动“第二个结合”的进程。然而，在理论层面，我们党尚未对其进行明确的概括和阐述。

中华优秀传统文化是中华民族的“根脉”，是我们在世界文化激荡中站稳脚跟的根基。进入新时代，我们党深刻认识到，中华优秀传统

① 《习近平外交演讲集》第 1 卷，中央文献出版社 2022 年版，第 128 页。
② 《毛泽东选集》第 2 卷，人民出版社 1991 年版，第 533—534 页。

文化已成为中华民族的基因，在5000多年中华文明深厚基础上开辟和发展中国特色社会主义，把马克思主义基本原理同中国具体实际、同中华优秀传统文化相结合是必由之路，明确提出"两个结合"重大命题。其中"第二个结合"使我们深化了对中国具体实际的认识，把思想观念从狭义"国情观"束缚中解放出来，深刻懂得"现实的中国"和"历史的中国"共同构成当代中国国情，使马克思主义同中华优秀传统文化相结合从自在走向自觉，让"两个结合"彼此契合、互相成就，拥有了深厚的文化底蕴，开辟了马克思主义中国化时代化新境界。

延伸阅读

真理标准问题大讨论

1978年5月10日，中共中央党校内刊《理论动态》第60期发表《实践是检验真理的唯一标准》一文。11日，《光明日报》以"本报特约评论员"名义刊登此文，新华社于当

实践是检验真理的唯一标准

本报特约评论员

检验真理的标准只能是社会实践

理论与实践的统一，是马克思主义的一个最基本的原则

天转发。12 日，《人民日报》和《解放军报》同时全文转载。文章指出：检验真理的标准只能是社会实践，理论与实践的统一是马克思主义的一个最基本的原则，任何理论都要不断接受实践的检验。这篇文章在全党引起了强烈反响，引发了一场关于真理标准问题的全国性大讨论。大讨论冲破了"两个凡是"、教条主义枷锁对全党的束缚，是五四运动以来又一次具有深远意义的思想解放运动，为具有划时代意义的党的十一届三中全会的召开奠定了思想基础。

——参见李颖：《文献中的百年党史：1921—2021》，学林出版社 2020 年版

（二）深化了对中华文明精华的认识，冲破了简单"落后论"的思想禁锢

中国文化源远流长，中华文明博大精深，为人类文明进步作出了不可磨灭的贡献。鸦片战争后，中国逐步沦为半殖民地半封建社会，国家蒙辱、人民蒙难、文化蒙尘，落后挨打的局面引发人们对本国文化的反思。五四运动前后，中国先进分子高举反帝反封建旗帜，倡导民主和科学思想，无情揭露和批判腐朽没落的传统礼教。然而，在反思中，有人陷入了历史虚无主义、文化虚无主义的泥沼，把造成国家积贫积弱的原因完全归结为中华传统文化落后，出现了文化自卑自弃的心理，对中华传统文化采取全盘否定的态度，甚至喊出"全盘西化"等极端口号。及至改革开放打开国门，西方文化又一次大量涌入、泥沙俱下，盲目崇拜西方所谓的"蓝色文明"、贬低甚至否定东

方传统的社会思潮一度甚嚣尘上。

我们党成立以来，对中华传统文化的正确认识不断深化。1940年1月，毛泽东在《新民主主义论》中指出，"中国的长期封建社会中，创造了灿烂的古代文化。清理古代文化的发展过程，剔除其封建性的糟粕，吸收其民主性的精华，是发展民族新文化提高民族自信心的必要条件"[①]。在对中华传统文化给予充分肯定的前提下，第一次阐发了"去其糟粕、取其精华"思想。1960年12月，毛泽东在会见外宾时说道："中国几千年的文化，主要是封建时代的文化，但并不全是封建主义的东西，有人民的东西，有反封建的东西。"[②]有力驳斥了中华传统文化统统"封建落后"的观点。同时，他特别强调，对中国的文化遗产，应当充分地利用，批判地利用。[③]这些论述为我们正确认识和充分尊重中华优秀传统文化奠定了坚实思想基础。

文化是一个国家、一个民族的灵魂。新时代，在推进"第二个结合"中，我们党深刻认识到，中华优秀传统文化中蕴含着丰富的哲学思想、人文精神、教化思想、道德理念等，凝结着中华传统文化的精华。天人合一、道法自然，天下为公、世界大同，民为邦本、为政以德，自强不息、厚德载物，讲信修睦、立己达人，己所不欲、勿施于人，存不忘亡、居安思危等传统文化思想，为中华民族生生不息绵延发展、饱受挫折又不断浴火重生提供了强大精神支撑。事实证明，即便是身处21世纪，中华优秀传统文化既不是"博物馆中的历史收藏物"，也绝非远离日常生活的"遗产"，而是当代中国文化的根基，是维系全世界华人的精神纽带，也是中国文化赖以创新的宝藏。推动

① 《毛泽东选集》第2卷，人民出版社1991年版，第707—708页。
② 《毛泽东文集》第8卷，人民出版社1999年版，第225页。
③ 《毛泽东文集》第8卷，人民出版社1999年版，第225页。

中华优秀传统文化创造性转化、创新性发展，能够为马克思主义中国化时代化提供丰厚的文化滋养和传统智慧，为新时代党的治国理政提供有益启示，为解决当代人类面临的难题提供重要借鉴，可以使中华民族最基本的文化基因与当代文化相适应、与现代社会相协调，让中华文明赋予中国式现代化以深厚底蕴。

不忘本来才能开辟未来，善于继承才能更好创新。习近平总书记指出：“一个抛弃了或者背叛了自己历史文化的民族，不仅不可能发展起来，而且很可能上演一场历史悲剧。”[①]“第二个结合”使我们深化了对中华文明精华的认识，把思想观念从简单将中华传统文化视为“封建落后”的禁锢中解放出来，彻底摒弃了全盘否定中华传统文化的极端主张，有力抵制了历史虚无主义的错误思潮。在“第二个结合”的过程中，马克思主义以真理之光激活了中华文明的文化基因，引领中国走进现代世界，推动了中华文明的生命更新和现代转型；同时，中华优秀传统文化以深厚文化沃土滋养了马克思主义的文化生命，推动马克思主义不断实现中国化时代化的新飞跃，显示出日益鲜明的中国风格与中国气派。

（三）深化了对中华文明突出特性的认识，廓清了传承中华优秀传统文化的思想迷雾

中华优秀传统文化的诸多重要元素，共同塑造出中华文明的突出特性，铸就了其博采众长、海纳百川的恢宏气度，赋予了其旺盛生命力和深远影响力，使其成为世界上唯一绵延不断且以国家形态发展至今的伟大文明。在推进“第二个结合”中，我们党深化了对中华文

① 《习近平关于社会主义文化建设论述摘编》，中央文献出版社 2017 年版，第 12 页。

明突出特性的认识，为新时代传承中华优秀传统文化打开了多维全新视野。

中华文明具有突出的连续性。从神话时代到有文字记载，从蒙昧状态到王权礼制社会，再经“轴心时代”历经两千多年沧桑岁月，中华文明始终持续发展、薪火相传。中华文明具有突出的创新性。中华文明是革故鼎新、辉光日新的文明。中华民族始终以“苟日新，日日新，又日新”的精神，不断创造自己的辉煌历史和灿烂文明。中华文明具有突出的统一性。中华文明长期的大一统传统，形成了多元一体、团结集中的统一性。数千年来，中华大地虽屡遭战乱分裂，但始终崇尚统一、追求统一。中华文明具有突出的包容性。中华文明从不主张以单一文化代替多元文化，而是由多元文化汇聚成共同文化，主张不同文化形态之间的尊重、包容、交流和互鉴。中华文明具有突出的和平性。中华文明一直传承和平、和睦、和谐的理念，主张以道德秩序构造群己合一的和谐世界，反对隔绝闭塞、反对强人从己、反对丛林法则。这些突出特性，是中华优秀传统文化精华的集中体现，是其区别于任何其他民族文化的显著标志。

“第二个结合”深刻揭示了中华文明的突出特性，让马克思主义同中华优秀传统文化拥有了更为密切的契合点，尤其为传承中华优秀传统文化打开了思想“闸门”。比如，运用马克思主义历史观，深入探究中华文明绵延不绝、世代相传的根本所在，有利于推动中华文明永续发展；坚持马克思主义与时俱进理论品格，弘扬中华民族守正不守旧、尊古不复古的进取精神，有助于推动中华优秀传统文化创造性转化、创新性发展；运用马克思主义国家观，深入挖掘中华民族各民族文化融为一体、聚力凝结的文化根源，有助于厚植中华民族共同体意识的文化底蕴；坚持马克思主义人类文明观，秉持兼收并蓄的开放胸怀，尊重世界文明多样性，促进不同文明交流互鉴，有利于推动中华优秀传统文化更好走向世界；坚持马克思主义和平发展思想，激发和传承中华文明的和合基因，彰显中华优秀传统文化的和平底色，将为构建人类命运共同体提供强大文化价值支撑。

在推进“第二个结合”中，我们对中华文明突出特性的认识达到了一个新高度，极大增强了我们的文化自信、文化自觉，廓清了传承中华优秀传统文化的思想迷雾，凸显了中华优秀传统文化创造性转化、创新性发展的着力点，清晰指出了传承和弘扬中华优秀传统文化的前进方向。继续推进“第二个结合”，充分彰显中华文明的突出特性，促进马克思主义与中华优秀传统文化深度融合，让马克思主义成为中国的、中华优秀传统文化成为现代的，必将为建设中华民族现代文明夯实深厚历史文化基础。

（四）深化了对文化资源空间的认识，打破了理论和制度创新的思想窠臼

马克思曾指出，人们自己创造自己的历史，但并不是随心所欲地创造，而是在直接碰到的、既定的、从过去承继下来的条件下创造。中国特色社会主义就是我们党带领人民立足中华大地、传承中华文明，不断创新创造取得的根本成就。在推进“第二个结合”的过程中，我们党深化了对中华优秀传统文化资源空间的认识，为继续推进理论和制度创新开辟了广阔天地。

理论创新一旦脱离实践，就会成为无源之水、无本之木。马克思主义中国化时代化的创新理论成果，无不深深植根于中华优秀传统文化沃土。习近平新时代中国特色社会主义思想运用马克思主义世界观、方法论，立足中华民族伟大历史实践和当代实践，深刻汲取中华

优秀传统文化丰厚滋养，对发展马克思主义作出了原创性贡献，是推动党的理论创新的光辉典范。在推进“第二个结合”中，我们党传承中华优秀传统文化的创新性基因，吸收中华优秀传统文化丰富的思想精华，借鉴中华优秀传统文化的话语风格，使党的创新理论拥有了更深厚的历史底蕴、更丰富的文化内涵、更生动的语言表达，从而赋予其更加强大的说服力、穿透力、感染力。

中国特色社会主义制度和国家治理体系有着深厚的历史文化渊源。中华优秀传统文化蕴含着丰富的国家治理思想，中国古代政治制度、法律制度、科举制度、监察制度、军事制度等曾长期领先世界，对推动中华民族团结统一、实现国家有效治理发挥过重要作用。我们党开创的人民代表大会制度、政治协商制度、民族区域自治制度，以及法律体系、公务员制度、巡视制度等，都凝结着古代国家治理思想和制度精华。“第二个结合”进一步打开了创新空间，不仅让我们能够更好地理解中国特色社会主义制度的文化基础，也“让我们能够在更广阔的文化空间中，充分运用中华优秀传统文化的宝贵资源，探索面向未来的理论和制度创新”[①]。习近平总书记指出：“我们党开创的人民代表大会制度、政治协商制度，与中华文明的民本思想，天下共治理念，‘共和’、‘商量’的施政传统，‘兼容并包、求同存异’的政治智慧都有深刻关联。我们没有搞联邦制、邦联制，确立了单一制国家形式，实行民族区域自治制度，就是顺应向内凝聚、多元一体的中华民族发展大趋势，承继九州共贯、六合同风、四海一家的中国文化大一统传统。”[②]在推进“第二个结合”的过程中，我们党积极弘扬

① 习近平：《在文化传承发展座谈会上的讲话》，人民出版社 2023 年版，第 8 页。
② 习近平：《在文化传承发展座谈会上的讲话》，人民出版社 2023 年版，第 8 页。

中华优秀传统文化中的变法革新精神，汲取其独创性的国家治理思想和制度设计智慧，为制度创新注入了历久弥新的历史文化元素，不断完善中国特色社会主义制度和国家治理体系，极大增强了人们的文化认同、价值认同、情感认同，从而更好地将中国特色社会主义制度优势转化为国家治理效能。

当代中国正在进行着人类历史上最为宏大独特的实践创新。"两个结合"本身就是创新，同时又开启了广阔的理论和实践创新空间。习近平总书记深刻指出："'第二个结合'，是我们党对马克思主义中国化时代化历史经验的深刻总结，是对中华文明发展规律的深刻把握，表明我们党对中国道路、理论、制度的认识达到了新高度，表明我们党的历史自信、文化自信达到了新高度，表明我们党在传承中华优秀传统文化中推进文化创新的自觉性达到了新高度。"[①]"第二个结合"的提出，使得中国特色社会主义道路有了更加宏阔深远的历史纵深，拓展了中国特色社会主义道路的文化根基；大大深化了我们对文化资源空间的认识，把理论和制度创新从狭隘的思想窠臼中解放出来，让我们能够在更广阔的文化空间中，源源不断地汲取着弥足珍贵的中华文明有益养分，充分运用中华优秀传统文化的宝贵资源，探索面向未来的理论和制度创新，从而继续坚持、丰富和发展中国特色社会主义。

习近平总书记指出："对历史最好的继承就是创造新的历史，对人类文明最大的礼敬就是创造人类文明新形态。"[②]"第二个结合"将我们的思想认识从各种条条框框中解放出来，让我们拥有了更为强烈的

① 习近平：《在文化传承发展座谈会上的讲话》，人民出版社 2023 年版，第 9 页。
② 习近平：《在文化传承发展座谈会上的讲话》，人民出版社 2023 年版，第 12 页。

历史主动和历史自觉，以更加饱满的精神状态推进马克思主义中国化时代化。新征程上，我们要始终坚持以习近平文化思想为科学指南，充分发挥"第二个结合"的思想解放作用，着力在解放思想中统一思想，坚定担负起新的文化使命，努力建设中华民族现代文明，不断创造人类文明新形态，在以中国式现代化全面推进中华民族伟大复兴进程中创造新的历史伟业。

6

“两个结合”：取得成功的最大法宝

习近平总书记强调："在五千多年中华文明深厚基础上开辟和发展中国特色社会主义，把马克思主义基本原理同中国具体实际、同中华优秀传统文化相结合是必由之路。这是我们在探索中国特色社会主义道路中得出的规律性的认识，是我们取得成功的最大法宝。"[①] 习近平总书记这段话道出了"两个结合"之于中国特色社会主义的重大意义，而"两个结合"同样也是习近平文化思想形成的重要路径。习近平文化思想的形成，标志着我们党对中国特色社会主义文化建设规律的认识达到了新高度，表明我们党的历史自信、文化自信达到了新高度，为推动我国社会主义文化建设提供了磅礴伟力。

一、"两个结合"互为依托、互相成就

马克思主义基本原理同中国具体实际的结合与马克思主义基本原理同中华优秀传统文化的结合互为依托、互相成就，共同在动态的过程中有机统一、相互融合，塑造了中华文化的新形态。习近平新时代中国特色社会主义思想正是体现了"两个结合"的当代中华文化的主体内容。

（一）"结合"的前提是彼此契合

习近平总书记指出，"结合"的前提是彼此契合。马克思主义和

① 习近平：《在文化传承发展座谈会上的讲话》，人民出版社 2023 年版，第 5 页。

中华优秀传统文化来源不同，但彼此存在高度的契合性。相互契合才能有机结合。[①]马克思主义和中华优秀传统文化的契合性表现在许多方面。党的二十大报告指出：“坚持和发展马克思主义，必须同中华优秀传统文化相结合。只有植根本国、本民族历史文化沃土，马克思主义真理之树才能根深叶茂。中华优秀传统文化源远流长、博大精深，是中华文明的智慧结晶，其中蕴含的天下为公、民为邦本、为政以德、革故鼎新、任人唯贤、天人合一、自强不息、厚德载物、讲信修睦、亲仁善邻等，是中国人民在长期生产生活中积累的宇宙观、天下观、社会观、道德观的重要体现，同科学社会主义价值观主张具有高度契合性。”[②]

在自然观、宇宙观的层面，中华传统文化一直都有“天人合一”的自然观、宇宙观，马克思主义则强调人与自然所具有的辩证关系。中华传统文化讲究人与天地万物相通，为一气所化生，而人又为天地万物之最贵者。人源于自然而生，所以要与自然融为一体，不能“涸泽而渔，焚林而猎”，要取之有节、用之有度。同时，天人合一也彰显了人与世界的位置关系，可以视为一种宇宙观。马克思主义则讲人与自然的辩证关系。人与自然的关系是内在一致的，人是自然界发展到一定阶段的产物，人与自然是统一的。同时，自然又是人本质力量的对象化，影响着人与人、人与社会的关系。可见，中华传统文化与马克思主义都强调人与自然的交融与统一，在自然观、宇宙观层面是相互契合的。

---

① 习近平：《在文化传承发展座谈会上的讲话》，人民出版社 2023 年版，第 5、6 页。

② 习近平：《高举中国特色社会主义伟大旗帜　为全面建设社会主义现代化国家而团结奋斗——在中国共产党第二十次全国代表大会上的报告》，人民出版社 2022 年版，第 18 页。

在价值观层面，中华传统文化讲求天下为公，马克思主义的最高理想则是共产主义。《礼记》中有言，"大道之行也，天下为公"，认为天下是人人共有的，将建设一个公平正义、邻里和睦、繁荣昌盛的社会视为一种追求。而马克思主义是探索实现全人类解放之路的思想学说，最高理想是消灭剥削和压迫，实现共产主义。也正是在这最高的价值观追求上，"天下为公"与共产主义是相通的。天下大同描绘的是一幅人与人高度和谐、人与社会高度和谐的社会画卷；共产主义则畅想了一个没有剥削、没有压迫，每个人都自由全面发展的社会形态。

在人民观层面，中华传统文化讲求民为邦本，马克思主义则认为人民群众是历史的创造者。民为邦本，指的是人民才是国家的基础。中国历代的思想家都提出过有关"民本"的论述。汉唐时期，"民本"思想不断发展，把君民关系比喻为民水君舟。明末清初，"民本"思想趋于完善，进一步强调了"民"的重要性，把"君"从主体地位转到了客体地位。而马克思主义认为人民群众是历史的创造者，人民史观是唯物史观的根本观点。同时，人的自由全面发展则是共产主义社会的重要特征。可以看出，在讲求人民为主体的人民观层面，中华传统文化与马克思主义也是相互契合的。

在社会观层面，中华传统文化与马克思主义也有诸多契合之处。比如中华传统文化讲求任人唯贤，突出对人才的重视；马克思主义则在坚持人民史观的基础上，突出少数英雄人物所起的关键作用，也是一种对人才的重视。比如中华传统文化讲求革故鼎新，蕴含着与时俱进、推陈出新的思想；马克思主义则认为物质世界是不断运动变化的统一整体，量变引发质变。中华传统文化讲求为政以德，体现了对统治者的施政要求，要求统治者施行仁政，是一种正身爱民的思想；马克思主义的群众观则坚持人民群众是社会变革的决定力量，所以要贯彻群众路线。在人才、变革、群众等社会观层面，中华传统文化与马克思主义也具有高度契合性。

在道德观层面，中华传统文化讲求自强不息、厚德载物、讲信修睦、亲仁善邻。自强不息侧重个人要确立远大志向，要有不断拼搏的意志。厚德载物强调人要具有深厚的德行，才能够应对各种事情。讲信修睦强调的是人与人的交往要讲诚信、求合作，以和为贵。亲仁善邻则强调与仁者亲近，与邻邦友好，侧重集体与集体的关系层面。马克思主义认为，道德作为一种意识形态，是调整人与人之间、人与社会之间关系的行为准则，并将“真正人的道德”的实现作为人的解放的重要一环。可见，中华传统文化和马克思主义都重视个人道德、人与人之间的道德以及集体与集体之间的道德。

在矛盾观层面，中华传统文化讲求阴阳调和、相反相成，如《易传》的“一阴一阳之谓道”，《老子》的“祸兮福之所倚，福兮祸之所伏”，都是中国古代哲学对矛盾概念的理解和表达。马克思主义的唯物辩证法强调矛盾是对立面的统一，是事物发展的根本动力。在这种对立统一的矛盾观层面，中华传统文化与马克思主义也具有很强的契合性。

在实践观层面，中华传统文化强调知行合一，既有知易行难、知难行易等论争，更强调要打通知与行。比如王阳明主张“知者行之始，行者知之成”，陆游诗中也提到，“纸上得来终觉浅，绝知此事要躬行”。马克思主义实践的观点则是马克思主义哲学的核心观点，要求认识与实践的辩证统一，并将革命的实践视为人类解放的有效途径。在知行统一的实践观层面，中华传统文化与马克思主义也高度契合。

通过在自然观、价值观、人民观、社会观、道德观、矛盾观和实践观层面的对比，可以看出马克思主义与中华优秀传统文化在诸多方面都有着高度的契合性，这为“两个结合”的实现确立了前提条件。

（二）“结合”的结果是互相成就

习近平总书记指出，“结合”的结果是互相成就，造就了一个有机统一的新的文化生命体，让马克思主义成为中国的，中华优秀传统文化成为现代的，让经由“结合”而形成的新文化成为中国式现代化的文化形态。[①] 这种互相成就可以分别从马克思主义的中国化与中华优秀传统文化的现代化两个维度来理解。

1. 马克思主义的中国化

马克思主义的中国化是“两个结合”的第一个成果。马克思主义作为诞生于欧洲的思想，有其特殊的历史背景与文化体系。马克思主义必须中国化才能落地生根、本土化才能深入人心。中国化的方式主要有两种，一是赋予其民族性，二是给予其时代性。

第一种方式是赋予马克思主义鲜明的民族特性。民族性是马克思主义中国化的根基。如何用中国人熟悉的话语体系来阐释马克思主义的基本原理，是被历代中国共产党人、中国思想家与学者所最为关心的问题。近代中国，基于中华优秀传统文化，毛泽东在经典马克思主义、列宁主义的基础上发展了矛盾论、实践论，将马克思主义从原本的西方思想体系中带入了中国传统思想体系，在思想原理层面作出了不可磨灭的贡献，奠定了马克思主义中国化坚实的根基。30 多年后，面对刚刚经历“十年浩劫”的中国，邓小平将马克思主义的矛盾观与发展观结合中国传统的“通变”思想，发展为极富能动性的改革开放理论，吹响了改革开放的号角。对内改革、对外开放，面对前人

① 习近平：《在文化传承发展座谈会上的讲话》，人民出版社 2023 年版，第 6 页。

从未走过的道路，马克思主义在中国大地上开出了新的花朵。在中国特色社会主义进入新时代的新起点上，习近平总书记勾勒出中国式现代化的宏伟蓝图。以“两个结合”描摹出中国式现代化新的文明形态，马克思主义的民族特性得到前所未有的彰显。

第二种方式是给予马克思主义丰富的时代特性。时代性是马克思主义中国化的灵魂，不同时代都有各自时代所面对的课题。而为马克思主义注入不同的时代精髓，则是中国共产党人的伟大创举。在新民主主义革命时期，基于中国的特殊国情以及三座大山的压迫，毛泽东提出“农村包围城市，武装夺取政权”的革命道路，为马克思列宁主义的“城市革命”注入中国农耕文明的鲜明特色。毛泽东把工作重心由城市转移到农村，并总结中国古代农民运动的经验，坚持暴力革命，最终带领全国人民取得新民主主义革命的胜利。在改革开放的起始阶段，邓小平提出坚持四项基本原则，为改革开放大业铺平道路。尤其是社会主义市场经济的诞生，将马克思主义基本原理与20世纪末全球化思潮相结合，为马克思主义注入了新的活力。在推进中国式现代化的进程中，习近平总书记面对全新的时代课题，在党建、经济、法治、教育、社会、外交、文化、生态、强军等各个领域都作出了新的回答与阐释，对马克思主义经典理论进行守正创新，将马克思主义中国化、时代化推向了新的高度，为建设中国式现代化绘制了理论蓝图。

2. 中华优秀传统文化的现代化

中华优秀传统文化的现代化是“两个结合”的第二个成果。中华优秀传统文化的现代化，即对传统文化的创造性转化、创新性发展。转化与发展是基于传统文化自身的创造与创新，是在新的语境下对中华优秀传统文化的接续与传承。

第一，用马克思主义来挖掘中华优秀传统文化。习近平总书记指出：“以马克思主义为指导对中华五千多年文明宝库进行全面挖掘，用马克思主义激活中华优秀传统文化中富有生命力的优秀因子并赋予新的时代内涵，将中华民族的伟大精神和丰富智慧更深层次地注入马克思主义，有效把马克思主义思想精髓同中华优秀传统文化精华贯通起来，聚变为新的理论优势，不断攀登新的思想高峰。”[①]也就是说，以马克思主义的世界观与方法论来重新审视中华传统文化，寻找其中那些富有生命力的思想，并赋予其当今的时代内涵，将古典的文化拿到现代的时空中，并给予其民族精神和马克思主义。以中华传统文化与马克思主义相契合的部分为切入点，将二者融会贯通，实现对优秀传统文化的创造性转化与创新性发展，从而推陈出新，实现中华优秀传统文化的现代化。在这一过程中，这一层面着重关注的是如何以马克思主义的世界观与方法论来重新审视中华传统文化。而实现这一过程的核心就是找到马克思主义基本原理与中华优秀传统文化之间的契合点，比如中华优秀传统文化中的天下为公、民为邦本、为政以德、革故鼎新、任人唯贤、天人合一、自强不息、厚德载物、讲信修睦、亲仁善邻等，马克思主义中的唯物辩证法、实践观、矛盾观等。立足于这些契合点，能够达到用马克思主义来挖掘中华优秀传统文化的目的。

第二，以现代中国来激活中华优秀传统文化。如果说用马克思主义挖掘中华优秀传统文化属于为古典文化立心，那么以现代中国来激活中华优秀传统文化则属于为古典文化凝神。立心为传统文化坚定立场，凝神则为传统文化指明方向。传统文化诞生于中国古代社会，

① 《习近平在中共中央政治局第六次集体学习时强调　不断深化对党的理论创新的规律性认识　在新时代新征程上取得更为丰硕的理论创新成果》，《人民日报》2023 年 7 月 2 日。

每一个思想范畴都有其独特的历史语境和具体指向。所以，在将其进行现代性的转化与发展时需要面对两个难点。一是如何让古典的思想范畴在转化的过程中不脱离其本意；二是如何让特定历史语境下的思想范畴在现代语境中仍然有效。对于这两个难题，历代中国共产党人都做出了解答。比如毛泽东赋予“实事求是”这一源自《汉书》的成语以现代意义，将其发展为马克思主义活的灵魂和党的思想路线。邓小平则从《诗经》中提取了“小康”这一概念，以此代指中国共产党带领中国人民的奋斗目标。21 世纪以来，社会主义核心价值观的提出也是我们党对中华优秀传统文化的现代性阐释。习近平总书记更是从中华优秀传统文化中汲取了诸多概念范畴，以此勾勒出中国式现代化的伟大蓝图。

（三）“结合”的过程是有机统一

马克思主义基本原理同中国具体实际相结合的过程和同中华优秀传统文化相结合的过程并非泾渭分明，而是一个你中有我、我中有你的有机统一体。其中，“马克思主义”和“中华优秀传统文化”属于思想文化体系，是“两个结合”的主体；“中国具体实际”属于文化历史语境，是“两个结合”的客体。在“两个结合”的生发过程中，作为思想体系的主体必须与作为历史语境的客体相结合，无论是“马克思主义”还是“中华优秀传统文化”，都需要面向“中国具体实际”，这样才能够具有鲜活的生命力和创造力；否则，就会被束之高阁，成为尘封在象牙塔中的典籍。“两个结合”的过程是动态的，在内容上彼此渗透，在时间上不分先后，在逻辑上互为因果。具体来讲，主要有 3 条路径，即马克思主义中国化、中华优秀传统文化现代化、中国化的马克思主义与现代化的中华优秀传统文化时代化。

1."两个结合"之起点：马克思主义中国化

能否将一个外来思想本土化、民族化，直接关系到这一思想在本国的接受程度。而马克思主义在本土化、民族化的初始阶段，必然面临着概念转换问题，即如何用具有中国风格的话语阐释好马克思主义，让马克思主义由"陌生的外来客"变为"熟悉的好伙伴"。对此，李大钊、陈独秀、毛泽东等早期中国共产党人与思想家们纷纷做出探索。例如，在阐释共产党与人民群众的关系上，毛泽东用"种子""土地"来进行比喻，指出"共产党人好比种子，人民好比土地。我们到了一个地方，就要同那里的人民结合起来，在人民中间生根、开花"①，生动阐释了共产党人要紧紧依靠群众的思想。也正是在这一时期，传统文化作为中国本土的"概念库"登场了。我们从传统文化中汲取了符合马克思主义思想体系的思想精华，用以解释马克思主义的基本原理，让马克思主义富有"中国味道"，从而实现马克思主义的民族化。同时，传统文化中与马克思主义相契合的部分也被激活，中华优秀传统文化的现代化也在悄然之中展开了。在经历了概念转换阶段之后，马克思主义开始在中国传播开来，这只是马克思主义中国化的第一步。当马克思主义与中国的实际国情相碰撞之后，才开启了马克思主义中国化的第二步，也就是马克思主义的时代化。在这第一条路径之中，"两个结合"几乎是同步发生的。马克思主义同中华优秀传统文化相结合作为前提，服务于马克思主义同中国具体实际相结合。只有融入了传统文化的马克思主义才有可能同中国具体实际相结合，才能推动马克思主义中国化更好地发展。

① 《毛泽东选集》第4卷，人民出版社1991年版，第1162页。

2.“两个结合”之发展：中华优秀传统文化现代化

当我们借用传统文化对马克思主义进行概念转换的时候，传统文化就开始了现代化的转型之路。需要明确的是，这里传统文化现代化中的“现代化”具体可以从两个维度来理解。从一般现代性维度来看，指的是西方所谓的“普遍的现代性”道路，强调人的主体性，崇尚工具理性。中国近代随着“西学东渐”的逐渐深入，西方的现代性思潮逐渐传入中国，传统文化也正是在与现代性思潮碰撞的过程中开启了现代化。但这一过程却非常艰难，“全盘西化”的浪潮几乎将传统文化的现代化转型之路完全封堵。从马克思主义维度来看，指的是以人的全面解放、自由发展为核心要义的现代化道路。通过实践证明，马克思主义维度的现代化才是真正符合中国国情的现代化模式，也正是在与马克思主义的交融之中，中华传统文化才真正得以进行现代化转型，即被创造性地转化和创新性地发展。在这一过程之中，传统文化之中那些与马克思主义维度的现代化相契合的部分被继承下来，并注入现代因子加以激活，被转化和发展为现代文化的一部分。而其中那些与马克思主义维度的现代化不相符合的部分则被封存起来，将其作为思想发展史的一部分沉睡在典籍之中。这个过程也就是我们常说的“取其精华，去其糟粕”。经过这一过程的传统文化就成为今天我们常说的“中华优秀传统文化”，成为与马克思主义相契合的“现代传统文化”。所以，“现代传统文化”这一看似相悖的概念恰好概括了现代化转型之后的传统文化特征。

3.“两个结合”之结果：中国化的马克思主义与现代化的中华优秀传统文化时代化

能否面向新时代、能否回答时代课题都是马克思主义与中华优秀传统文化能否保持生命力的关键。马克思主义经过中国化转型，变得更具中国味道，逐步被更多中国人所接受；传统文化经过现代化转型，也已经褪去了“长袍马褂”，穿上了“西装”、披上了红旗，开始渐渐融入现代中国社会。但是，仅仅具有中国味的马克思主义和只有现代性的中华优秀传统文化终究无法服务于中华民族的百年复兴征程。只有让已经中国化的马克思主义和开始现代化的中华优秀传统文化面向中国实际、拥抱时代大潮，才能够让马克思主义和中华优秀传统文化具备鲜活的生命力。所以，“两个结合”的最终成果就是塑造了始终面向时代、能够引领思想解放的中国化的马克思主义与现代化的中华优秀传统文化。在这一过程中，马克思主义的时代化与中华优秀传统文化的时代化是同步进行的。同时，面对不同时代的不同课题，中国共产党人与思想家也在不断为马克思主义与中华优秀传统文化注入新的时代活力。也就是说，在“第二个结合”的过程中，马克思主义与中国具体实际的结合也在同步发生。因为马克思主义经由“第一个结合”得以时代化，那么，被马克思主义所激活的中华优秀传统文化也得以时代化。所以，中国特色社会主义理论体系逐渐诞生并迅速发展，中华优秀传统文化也在创造性转化和创新性发展之中融入中华民族伟大复兴的历史征程。

马克思主义的中国化时代化伴随中华优秀传统文化的创造性转化和创新性发展，3 条路径相互交织、相互融合，共同在“两个结合”的动态过程中彼此影响，造就了中国式现代化的新文化形态，真正实现了中国化的马克思主义、现代化的中华优秀传统文化。

“两个结合”互为依托，中华优秀传统文化与马克思主义在诸多层面的高度契合性令结合成为可能。“两个结合”互相成就，经由结合而发展的马克思主义则更加中国化、时代化，中华优秀传统文化则变得现代化。“两个结合”有机统一，在动态的结合过程中，马克思主义与中华优秀传统文化都为彼此注入了新鲜血液，共同融合为中国式现代化的中华文化新形态。

延伸阅读

毛泽东与“实事求是”

1941年5月19日，毛泽东在延安高级干部会议上作《改造我们的学习》的报告。这篇报告和《整顿党的作风》《反对党八股》，是毛泽东关于延安整风的基本著作。在这篇报告中，毛泽东结合中国革命实际，论述了“实事求是”。什么是“实事求是”呢？他说：“‘实事’就是客观存在着的一切事物，‘是’就是客观事物的内部联系，即规律性，‘求’就是我们去研究。我们要从国内外、省内外、县内外、区内外的实际情况出发，从其中引出其固有的而不是臆造的规律性，即找出周围事变的内部联系，作为我们行动的向导。而要这样做，就须不凭主观想象，不凭一时的热情，不凭死的书本，而凭客观存在的事实，详细地占有材料，在马克思列宁主义一般原理的指导下，从这些材料中引出正确的结论。”“实事求是”一语，出自《汉书·河间献王传》：河间献王德以孝景前二年立，修学好古，实事求是。经毛泽东使用现代语言讲解阐发，这个古代成语重新被赋予新的生机，不但让人听得懂，而且看得见、摸得着、可操作、能检查，很快在干部群众的思想上扎根，成为我们党的思想路线和毛泽东思想的根本立场、观点、方法。

二、筑牢了道路根基、打开了创新空间

“两个结合”筑牢了中国特色社会主义的道路根基，打开了思想理论的创新空间，具有重要的现实意义与理论意义。无论是毛泽东思想，还是中国特色社会主义理论体系，抑或习近平新时代中国特色社会主义思想都是“两个结合”的产物，闪烁着理论创新的火花。同时，“第二个结合”作为又一次的思想解放，对中华优秀传统文化的发展、马克思主义的发展以及科学社会主义的发展都具有重要意义。

（一）“两个结合”筑牢了中国特色社会主义的道路根基

习近平总书记指出，“两个结合”筑牢了道路根基，让中国特色社会主义道路有了更加宏阔深远的历史纵深，拓展了中国特色社会主义道路的文化根基。[①] 习近平总书记这段话强调了“两个结合”之于中国特色社会主义的重要影响，其中的“道路根基”是关键概念。“两个结合”于道路方向上筑牢了中国特色社会主义整体的道路根基，于社会制度上筑牢了中国特色社会主义的制度根基，于思想文化上筑牢了中国特色社会主义的文化根基。

1. 道路方向的稳定：中国特色社会主义整体的道路根基

道路选择对一个民族和国家来说是关乎民族命运、国家前途的关键抉择，中国特色社会主义道路就是指引中华民族通往民族复兴的康庄大道。中国自近代以来，多次面临关键的道路选择。而在每一次中华民族面对命运抉择之际，都是马克思主义与中国具体实际的结合、

① 习近平：《在文化传承发展座谈会上的讲话》，人民出版社 2023 年版，第 7 页。

与中华优秀传统文化的结合，形成和发展中国化的马克思主义，使我们党团结带领中国人民战胜千难万险，创造一个又一个奇迹，取得一个又一个胜利。新民主主义革命时期，三座大山压迫下的中华民族已经处于生死存亡之秋，是早期的中国共产党人与先进思想家找到了马克思主义这一救世良方。他们借用中华优秀传统文化的概念来阐释马克思主义的世界观与方法论，尝试将马克思主义与中华优秀传统文化相结合。同时，面对半殖民地半封建的近代中国，他们没有视马克思主义为不变的教条，而是积极地将马克思主义和中国具体实际相结合，摸索出了一条中国特色的革命道路，并最终带领中国人民站起来了。20 世纪 70 年代，经历了“十年浩劫”的中华民族又一次站在了历史的十字路口上。中国共产党毅然选择了社会主义道路不动摇，并且再次将马克思主义与此时的中国实际相结合，将马克思主义与中华优秀传统文化相结合，走出了一条前无古人的中国特色社会主义道路。党的十八大以来，面对百年未有之大变局和中华民族伟大复兴战略全局的相互交织，以习近平同志为核心的党中央再次高扬了中国特色社会主义的伟大旗帜，将马克思主义进一步与当前的中国实际相结合，同时进一步以马克思主义来激活中华优秀传统文化，实现其创造性转化和创新性发展，提出了一系列原创性极强的思想理论与制度构想，为实现中国式现代化的伟大目标筑牢了道路根基。这些鲜活的例证都说明了“两个结合”对扎实中国特色社会主义道路根基的重要作用。

2. 社会制度的巩固：中国特色社会主义的制度根基

制度建设位于上层建筑的核心位置，在现代国家中相当于人体的骨骼。一个国家能否行稳致远，一个社会能否稳定和谐，制度建设在其中都发挥着关键作用。“两个结合”除了在方向选择上筑牢了中国特色社会主义的道路根基，同样也在中国特色社会主义的制度建设上筑牢了根基。作为我国根本政治制度的人民代表大会制度是“两个结合”扎牢制度根基的生动典范。人民代表大会制度是马克思主义同中国具体实际相结合的产物。马克思主义是一种思考关于人的解放、人的全面自由发展的学说，人民代表大会制度的建立首先贯彻了马克思主义人民至上、以人为本的人民观，积极听取民意、集中民策，充分保障了人民当家作主的权利。同时，对于中国这样一个人口大国，要想保障人民真正行使权利，离不开法治的基础与一个坚强的领导核心保驾护航。因此，人民代表大会制度坚持了党的领导、人民当家作主和依法治国的有机统一，用党的领导和法治的方式保障人民民主，创造性地开辟了民主新形式。人民代表大会制度是马克思主义同中华优秀传统文化相结合的产物。“民本”思想作为传统文化的重要组成部分延续几千年，“民为贵，社稷次之，君为轻”“政之所兴，在顺民心。政之所废，在逆民心”等民本思想不仅是封建中国的治国之道，也是现代中国的理政之术。而人民代表大会制度正是在中华传统“民本”思想的基础上发展起来的，从而使中国特色社会主义制度有了深厚的历史根脉。

3. 思想文化的坚守：中国特色社会主义的文化根基

思想文化是上层建筑的重要组成部分，在一个文明或者国家中相当于人体的头脑。文化是一个国家、一个民族的灵魂。文化兴则国运兴，文化强则民族强。“两个结合”明确了马克思主义作为指导思想的绝对地位，加大了中华优秀传统文化在中国特色社会主义文化版图中的比重，在思想文化上筑牢了中国特色社会主义的文化根基。在思想上，马克思主义作为我们党的指导思想，随着历史的脚步也在逐步发展，逐渐创立出一整套的中国化的马克思主义理论体系。从毛泽东思想、邓小平理论、"三个代表"重要思想、科学发展观，再到习近平新时代中国特色社会主义思想，这些党和国家的指导思想无一不是马克思主义同中国具体实际、同中华优秀传统文化相结合的产物。在文化上，我们形成了独具一格的中国特色社会主义文化。其中，中华优秀传统文化是底蕴，是我们民族的根脉，塑造了中国人独有的价值体系、文化内涵和精神品格；革命文化和社会主义先进文化是基石，贯穿中华民族过去、当下与未来，是中国共产党价值追求和中华民族精神内涵最生动的体现。中华优秀传统文化、革命文化和社会主义先进文化，这三大文化形态互相交融，共同构成了我们今天的中国特色社会主义文化。在其中，既有马克思主义同中国具体实际相结合而产生的革命文化和社会主义先进文化，也有马克思主义同中华优秀传统文化相结合而产生的传统文化的新形态。可以说，"两个结合"塑造了当今中国文化的精神内核与外在品格，为中国特色社会主义筑牢了文化根基。

所以，无论从方向选择的层面，还是从制度建设的层面，抑或从思想文化的层面，我们都可以说"两个结合"筑牢了中国特色社会主义道路根基，让中国特色社会主义道路有了更加宏阔深远的历史纵深，拓展了中国特色社会主义道路的文化根基。

（二）"两个结合"打开了思想理论的创新空间

习近平总书记强调，"两个结合"打开了思想理论的创新空间，让我们掌握了思想和文化主动，并有力地作用于道路、理论和制度。[①] 这里应该如何理解习近平总书记所讲的"思想理论的创新空间"

① 习近平：《在文化传承发展座谈会上的讲话》，人民出版社 2023 年版，第 8 页。

呢？我们需要清楚，一种思想理论的创新需要满足 3 个条件：一是这种思想理论要有延续性；二是这种思想理论的发展与时代的发展开始出现不同步的状况；三是通过回应新的时代课题，这种思想理论实现了某种飞跃性发展。根据理论创新的 3 个条件，“两个结合”是如何打开思想理论的创新空间的呢？可以分 3 个层面来思考。

1.“两个结合”以马克思主义为核心，同时继承了中华优秀传统文化

“两个结合”在通俗意义上也可以理解为马克思主义中国化时代化的过程。习近平总书记说过：“马克思主义中国化时代化这个重大命题本身就决定，我们决不能抛弃马克思主义这个魂脉，决不能抛弃中华优秀传统文化这个根脉。坚守好这个魂和根，是理论创新的基础和前提。”[①] 理论要想实现创新，离不开对“魂”和“根”的坚守，守正才能创新。所以，我们要想实现中国特色社会主义理论的创新与发展，当然离不开对马克思主义这一魂脉的坚守，和对中华优秀传统文化这一根脉的继承。而“两个结合”恰好是对这一魂脉和根脉的坚守与继承，其核心与前提是坚守马克思主义。只有坚守住马克思主义，才能在面对复杂多变的时代课题时不会迷失方向，才能始终头脑清醒、立场坚定，才能不忘初心、砥砺前行。只有坚守住马克思主义，才能在吸收传统文化的过程中不会陷入“复古主义”，开历史的倒车，才能更好地激活传统文化中的精髓，让中华优秀传统文化达到创造性转化和创新性发展的目的。无论是与中国具体实际相结合，

① 《习近平在中共中央政治局第六次集体学习时强调　不断深化对党的理论创新的规律性认识　在新时代新征程上取得更为丰硕的理论创新成果》，《人民日报》2023 年 7 月 2 日。

还是与中华优秀传统文化相结合，其中的主体和落脚点都是马克思主义本身。与中国具体实际相结合是为了让马克思主义更好地时代化，使其能够积极回应时代之问，从而引领时代的发展。与中华优秀传统文化相结合是为了让马克思主义更好地中国化，汲取中华文化的历史纵深，使其能够更好地与中华文化体系相交融，成为中华民族的精神支撑。

2.“第一个结合”以时代课题带动马克思主义的理论创新

马克思主义通过与中国具体实际相结合，针对不同的时代课题，创新发展出不同的思想理论体系，从而使马克思主义得以丰富与发展。也就是说，马克思主义通过时代化实现了自身的理论创新。从毛泽东思想到习近平新时代中国特色社会主义思想，理论创新离不开对理论传统的坚守与延续。但值得注意的是，马克思主义作为一套理论体系，诞生于19世纪的欧洲，面对的是资本主义处于上升时期的历史语境。因此，尽管马克思主义的世界观与方法论具有无可争议的科学性，其中绝大多数的概念体系也都极富前瞻性。但是，传统马克思主义所要回答的时代课题与今天我们所面对的时代课题还是有所区别的。所以，马克思主义自身的发展与时代发展的差异性，就带来了思想理论的创新空间。当我们把理论自身从思想史中拉回到当下的历史时空之中，理论就从典籍中走向了现实。通过用马克思主义的世界观与方法论来思考多种多样的现实问题，实现了理论与现实的碰撞，从而为推进实践基础上的理论创新提供了充分空间。理论的创新又在发展传统理论自身的基础上指导了现实的实践活动，甚至引领时代的发展。也就是在这样一种辩证的过程之中，理论因为探索和回答现实问题而实现创新，而得到创新的理论又指引实践解决现实问题。马克思主义在中国大地被接受与发展的历程，正好映照了理论创新的辩证过程。

3.“第二个结合”以马克思主义激活传统文化的转化与发展

马克思主义通过与中华优秀传统文化相结合，激活传统文化中与马克思主义相契合的部分，使其实现创造性转化与创新性发展。也就是说，马克思主义通过中国化，实现了自身的理论创新，同时也实现了中华优秀传统文化的转化与发展。需要注意的是，在“第一个结合”中只是马克思主义在回答时代课题的过程中实现发展，而在“第二个结合”之中，马克思主义与中华优秀传统文化在相互结合的动态过程里，彼此都实现了创新与发展。以马克思主义为主体来看，通过以中华优秀传统文化中的概念与范畴来阐释马克思主义的世界观与方法论，从而使马克思主义更好地融入中华文化的体系之中，更巧妙地实现本土化，进而实现了自身的发展与创新。以中华优秀传统文化为主体来看，利用马克思主义提供的现代化体系来激活传统文化中那些与之相契合的部分，将这些沉睡在经文之中的思想带进现代社会，并通过现代化加工让其焕发新生。这里所谓的“现代化加工”主要有两种方式：一是对古典概念范畴进行现代性转化，即将原本的内容转变为具有现代性意味的内容；二是赋予古典概念范畴以现代性内涵，即在其原本内涵的基础上加入了新的现代性内涵。第一种方式可以理解为对中华优秀传统文化的创造性转化，第二种方式则可以理解为对中华优秀传统文化的创新性发展。这样一来，无论是马克思主义还是中华优秀传统文化，都在“第二个结合”的过程中实现了创新与发展。

“两个结合”以马克思主义为核心，吸收继承了中华优秀传统文化。其中，“第一个结合”以时代课题为线索，带动了马克思主义的

舞蹈诗剧《只此青绿》

理论创新。“第二个结合”则以马克思主义为参照，激活了中华优秀传统文化，使其实现转化与发展。通过对这 3 个层面的阐释，可以理解“两个结合”是如何打开思想理论的创新空间的。

（三）“第二个结合”：又一次的思想解放

历史的进程从哪里开始，思想的进程就从哪里开始。一部人类发展史，从某种意义上说就是一部思想发展史，就是一部在思想解放中不断打开人类文明进步大门、增强人类文明发展动力的历史。中国共产党是一个高度重视思想解放的马克思主义政党，在一次又一次的思想解放中拓展通向真理的道路、推动党和人民事业发展。习近平总书记强调：“‘第二个结合’是又一次的思想解放，让我们能够在更广阔的文化空间中，充分运用中华优秀传统文化的宝贵资源，探索面向未来的理论和制度创新。”[①] 习近平总书记站在中国近代史、马克思主义

① 习近平：《在文化传承发展座谈会上的讲话》，人民出版社 2023 年版，第 8 页。

发展史、社会主义发展史乃至人类文明史的高度，高瞻远瞩地揭示了把马克思主义基本原理同中华优秀传统文化相结合这“第二个结合”的重大现实意义和深远历史意义，深刻彰显了我们党的历史自信、文化自信，为我们在新时代新征程继续推进马克思主义中国化时代化、建设中华民族现代文明指明了前进方向。

1. 真正地确立了对中华优秀传统文化的自信与底气

从中华民族发展史看，“第二个结合”作为又一次的思想解放，让中国人民坚定文化自信，让中华民族以昂扬的姿态屹立于世界民族之林。习近平总书记强调：“我们生而为中国人，最根本的是我们有中国人的独特精神世界，有百姓日用而不觉的价值观。”① 对于一个国家、一个民族的发展来说，文化自信是更基础、更广泛、更深厚的自信，是更基本、更深沉、更持久的力量。鸦片战争后，随着中华民族由盛转衰，一些人文化上趋于妄自菲薄、精神上陷入困顿被动。没有文化上的自信自强，中华民族就难以在世界上站稳脚跟。“第二个结合”作为又一次的思想解放，充分肯定、深入挖掘中华优秀传统文化的时代价值和精神力量，让中国人民在历史进程中积累的强大能量充分爆发出来，焕发出前所未有的历史主动精神、历史创造精神。新时代，中华文明探源工程取得重要进展，中华优秀传统文化传承发展工程大力推进，长城、大运河、长征、黄河、长江国家文化公园建设有序开展，国家版本馆建成开馆，“考古热”“博物馆热”“非遗热”“古籍热”“国潮热”持续兴起……我们用马克思主义真理的力量激活了

① 习近平：《青年要自觉践行社会主义核心价值观——在北京大学师生座谈会上的讲话》，人民出版社 2014 年版，第 8 页。

中华文明，将中华优秀传统文化内涵创造性凝结于社会主义核心价值观中，以文培元、凝神铸魂。今天，中国人民的前进动力更加强大、奋斗精神更加昂扬、必胜信念更加坚定，正在以坚定的文化自信书写新时代中国发展的伟大历史。

2. 为探寻马克思主义中国化时代化新道路奠定了基础

从马克思主义发展史看，“第二个结合”作为又一次的思想解放，让马克思主义具有鲜明的中国特色、中国风格、中国气派，放射出更加耀眼的真理光芒。思想解放让人们从旧有观念、陈旧思想的束缚中解脱出来，让马克思主义能够保持鲜活的生命力。习近平总书记强调：“只有植根本国、本民族历史文化沃土，马克思主义真理之树才能根深叶茂。”[①] 马克思主义一经诞生，就在不断吸收人类优秀思想文化成果之中发展自身。当马克思主义进入中国大地，中国共产党人就立足马克思主义和中华优秀传统文化的契合之处，以中华优秀传统文化来滋养马克思主义，以中华文化特有的思想来填充马克思主义，使其更具有东方味道。中华优秀传统文化以其独有的精神气韵、思想品格，赋予了马克思主义更加宽广、更加深厚的文明底蕴，展现出鲜明的中国特色、中国风格、中国气派。党的十八大以来，以习近平同志为主要代表的中国共产党人，科学回答新时代坚持和发展什么样的中国特色社会主义、怎样坚持和发展中国特色社会主义等重大时代课题，创立了习近平新时代中国特色社会主义思想，这是马克思主义的新发展。习近平新时代中国特色社会主义思想是当代中国马克思主

① 习近平：《高举中国特色社会主义伟大旗帜　为全面建设社会主义现代化国家而团结奋斗——在中国共产党第二十次全国代表大会上的报告》，人民出版社 2022 年版，第 18 页。

义、21 世纪马克思主义，是中华文化和中国精神的时代精华，是“两个结合”的光辉典范，实现了马克思主义中国化时代化新的飞跃，为丰富发展马克思主义作出了原创性贡献。

3. 赋予科学社会主义研究以更深厚的文化底蕴

从科学社会主义发展史看，“第二个结合”作为又一次的思想解放，拓展了中国特色社会主义道路的文化根基，赋予中国式现代化以深厚的底蕴，为科学社会主义注入了新内容。习近平总书记强调：“我们的社会主义为什么不一样？为什么能够生机勃勃充满活力？关键就在于中国特色，中国特色的关键就在于‘两个结合’。”[①] 世界社会主义 500 多年的发展史，经历了从空想到科学、从理论到实践、从一国实践到多国发展的过程，其间既有高潮也有低谷，遭遇过许多波折。而中国共产党带领中国人民开创的中国特色社会主义道路，却让科学社会主义在 21 世纪的中国焕发出新的蓬勃生机。中国特色社会主义道路，是在马克思主义指导下走出来的，也是从 5000 多年的中华文明史中走出来的。中国共产党坚持把科学社会主义的基本原则同本国具体实际、历史文化传统、时代特征紧密结合起来，在实践中反复总结经验，开辟出了一条符合中国国情的独具中国特色的社会主义道路。党的十八大以来，以习近平同志为核心的党中央，坚定不移走中国特色社会主义道路，成功推进和拓展了中国式现代化。正是扎根于中华优秀传统文化，中国式现代化才形成了独特的世界观、价值观、历史观、文明观、民主观、生态观等及其伟大实践。“第二个结合”既赋予了中国式现代化独特的中华文化底色，又赋予了中国式现代化对于时

① 习近平：《在文化传承发展座谈会上的讲话》，人民出版社 2023 年版，第 7 页。

代问题的中国式回答，为科学社会主义在21世纪的发展提供了新的方向与可能。

4. 创造了人类文明新形态，为人类文明发展注入崭新动力

从人类文明发展史看，“第二个结合”作为又一次的思想解放，为人类文明发展作出重大贡献。习近平总书记强调：“中国共产党将致力于推动文明交流互鉴，促进人类文明进步。”[①]中国共产党是具有高度思想解放自觉和坚定创新创造自信的马克思主义政党，同时是具有深厚天下情怀和自觉文明担当的马克思主义政党，既坚守中华文化立场，又深刻洞察人类发展进步潮流，运用马克思主义世界观和方法论，不断为解决人类面临的共同问题贡献中国智慧、中国方案。我们党将“两个结合”特别是“第二个结合”作为推进党的理论创新的科学方法，充分展现了我们党博采人类文明之长、海纳百川的宽广胸襟，更深刻展示了我们党赓续人类文明命脉、推进文明创新的使命担当。“第二个结合”通过马克思主义这一西方文明的重要成果与中华优秀传统文化这一中华文明“根脉”的有机结合，实现东西方文明在中华大地上的深度融合，这在人类文明史上是前所未有的大事件。中国共产党人深刻把握马克思主义与中华优秀传统文化高度的契合性，推动二者有机结合，创造了一个有机统一的新的文化生命体，让经由“结合”而形成的新文化成为中国式现代化的文化形态。“第二个结合”作为又一次的思想解放，生动彰显了中国共产党人的文明观，为人类文明在交流互鉴中不断创新发展树立了典范。中国式现代化，深

① 习近平：《携手同行现代化之路——在中国共产党与世界政党高层对话会上的主旨讲话》，人民出版社2023年版，第7页。

深植根于中华优秀传统文化，体现科学社会主义的先进本质，借鉴吸收一切人类优秀文明成果，代表人类文明进步的发展方向，展现了不同于西方现代化模式的新图景，是一种全新的人类文明形态。中国式现代化作为人类文明新形态，与全球其他文明相互借鉴，必将极大丰富世界文明百花园。

思想解放开天地，无边光景一时新。新征程上，我们要坚持以习近平新时代中国特色社会主义思想为指导，深刻领会"第二个结合"的重大意义，坚持以思想解放推进全面建设社会主义现代化国家、实现中华民族伟大复兴的历史进程。扬起思想解放的风帆，开启文化创新的航程，我们必将在"第二个结合"中创造光耀时代、光耀世界的中华民族现代文明。

历史钩沉

邓小平南方谈话

邓小平南方谈话，发生在1992年1月18日—2月21日。当时已正式告别中央领导岗位的党的第二代领导核心、改革开放的总设计师邓小平，以普通党员的身份，凭着对党和人民伟大事业的深切期待，先后赴武昌、深圳、珠海和上海视察，沿途发表了重要谈话。3月26日，《深圳特区报》率先发表了"东方风来满眼春——邓小平同志在深圳纪实"的重大社论报道，并集中阐述了邓小平南方谈话的要点内容。南方谈话是把改革开放和现代化建设推向新阶段的又一个解放思想、实事求是的宣言书，不仅对即将召开的党的十四大具有十分重要的指导作用，而且对中国整个社会主义现代化建设事业具有重大而深远的意义。

邓小平同志南方谈话在国内外产生了巨大的影响。他在中国面临向何处去的重大历史关头，高举改革开放旗帜，坚持解放思想，抓住历史机遇，大大加快了中国的发展。中共中央连续发出文件，就全党学习邓小平南方谈话和在经济建设、思想文化建设和党的建设等领域贯彻南方谈话精神，作出了一系列的决策和部署。形势真正是：“东方风来满眼春。”邓小平南方谈话的学习、贯彻成了召开十四大最重要的思想、理论准备和推进改革开放步入新阶段、跨上新台阶的强大动力。江泽民同志在党的十五大报告中，对南方谈话作了一个很深刻很准确的历史评价。他说：“一九九二年邓小平南方谈话，是在国际国内政治风波严峻考验的重大历史关头，坚持十一届三中全会以来的理论和路线，深刻回答长期束缚人们思想的许多重大认识问题，把改革开放和现代化建设推进到新阶段的又一个解放思想、实事求是的宣言书。”

三、拓展了民族复兴伟业的历史纵深

“两个结合”筑牢了中国特色社会主义的道路根基，打开了思想理论的创新空间。尤其是马克思主义基本原理同中华优秀传统文化的结合，为当代中国的马克思主义注入了中华优秀传统文化因子，为当代中华文化提供了传统文化的支撑，也为今天崭新的中华文明接续传统文明提供了文化土壤，拓展了中华民族伟大复兴事业的历史纵深。

（一）“两个结合”将“大同社会”理想与全面建成小康社会相联通

全面建成小康社会是中国共产党带领全国人民所实现的第一个百年奋斗目标，这一目标的完成让中华儿女扎扎实实地向实现中华民族伟大复兴的中国梦迈出了一大步。“两个结合”将全面建成小康社会与“天下大同”的思想相融合，将党的奋斗目标与中国人的朴素梦想贯通在一起，拓展了党第一个百年奋斗目标的历史纵深。

在中国，小康社会不只是一种政治概念，更作为大同社会的雏形承载着中华儿女几千年的梦想。《礼记·礼运》有云，“大道之行也，天下为公”，即大同社会的主要特征。在大同社会中，“选贤与能，讲信修睦。故人不独亲其亲，不独子其子，使老有所终，壮有所用，幼有所长，矜寡孤独废疾者皆有所养”。所以，“谋闭而不兴，盗窃乱贼而不作，故外户而不闭，是谓大同”。大同社会对于儒家先贤来说是一种理想世界，而对于无法到达“大同”的社会状态来说，“小康”则成为一个阶段性的理想社会。《礼记·礼运》中接着描述了“小康社会”的基本特征，“大道既隐，天下为家，各亲其亲，各子其子，货力为己，大人世及以为礼”，同时要以礼义为基础建立制度去约束人民，维系社会秩序。所以，在中国古代“小康”就成为实现“大同”之前所要达到的阶段性的社会状态。

到了近代，随着马克思主义的传入，中国人找到了一条以“大同社会”诠释共产主义和社会主义的理念联通之路。一直以来，大同社会与共产主义社会的相通性已经得到了广泛的认可。钱穆曾认为，今天所谓的社会主义与共产主义，“正是小戴《礼记·礼运篇》里所揭举的大同世界之理想所追求的”[①]。毛泽东在《论人民民主专政》中也将作为人类高级社会形态的共产主义社会称为“大同”，他指出：“经过人民共和国到达社会主义和共产主义，到达阶级的消灭和世界的大同。”[②]

不难发现，传统文化意义上的“小康”与“大同”和马克思主义意义上的“小康社会”与“共产主义”，两组概念经由“两个结合”实现了两两对应。从党的“两个一百年”奋斗目标之中来看，“全面建成小康社会”这一阶段性目标则串联起了实现大同社会的传统梦想与建设社会主义现代化强国的现实理想。小康社会作为社会主义社会的一个重要阶段，在民族复兴伟业中具有承上启下的作用，全面建成小康社会正是实现中华民族伟大复兴的重要一步。在“两个结合”的作用下，实现“大同社会”的千年愿望则为党的“两个一百年”奋斗目标注入了强大的历史伟力。

（二）“两个结合”将“民为邦本”思想与坚持人民至上的理念相汇通

习近平总书记在党的二十大报告中指出，中华优秀传统文化是中华文明的智慧结晶，其中蕴含的“民为邦本”等思想，同科学社会主义价值观主张具有高度契合性。中国共产党人的“人民至上”理念既是马克思主义政党本质属性的内在要求，也是中国古代“民为邦本”思想的发展延续。从“民为邦本”到“人民至上”，中国共产党把先贤的治国智慧，生发成我们党区别于其他政党的显著标志，“人民至上”成为“民为邦本”的现代诠释和成功实践，成为党的立身之本、

① 钱穆：《中国文化史导论》，上海三联书店1988年版，第98页。
② 《毛泽东选集》第4卷，人民出版社1991年版，第1471页。

执政之基。

“民本”思想将民众视为治国理政的根本，强调民众在国家结构中的基础性地位，要求统治者重视民意和民生。这一思想发源于《尚书·五子之歌》中的“民惟邦本，本固邦宁”，强调民众是国家的根本，民心安定、民众稳定，国家就会安宁。此后，春秋战国时期的思想家们反复提及“民为邦本”的思想。如孔子提出的“君以民存，亦以民亡”[①]，强调君与民唇齿相依的关系。其后，孟子发扬孔子思想，对儒家的“民本”思想作出了经典阐释，提出了“民者，君之本也”的核心观点，强调君主统治的基础在于民众，并在《孟子·尽心下》中提出“民为贵，社稷次之，君为轻”的论断，为传统的民本思想奠定了理论基础。其后，荀子在《荀子·哀公》中提出“君者舟也，庶人者水也，水则载舟，水则覆舟”的经典论断，为儒家“民本”思想做出总结。此后，无论是朱熹在《四书章句集注·孟子集注》中提出的“国以民为本，社稷亦为民而立”，还是黄宗羲在《明夷待访录·原臣》中提出的“天下之治乱，不在一姓之兴亡，而在万民之忧乐”，都是“民为邦本”思想的发展与演化。

近代以来，马克思主义的传入为传统的“民为邦本”思想注入了新的诠释。唯物史观“人民群众是历史的创造者”的观点，激活了中国传统“民为邦本”思想并促进其实现创造性转化，为中国共产党坚持人民至上理念提供了传统文化支撑。中国共产党自诞生之日起，就将为中国人民谋幸福、为中华民族谋复兴作为初心使命。毛泽东在《为人民服务》中强调：“我们这个队伍完全是为着解放人民的，是彻

---

① 出自《礼记·缁衣》。

底地为人民的利益工作的。”[①] 全心全意为人民服务是党的根本宗旨，也是党一切活动的出发点和落脚点。进入新时代，习近平总书记更明确提出了“以人民为中心”的发展理念，在党的二十大报告中再次强调“江山就是人民，人民就是江山”，并将“人民至上”作为不断谱写马克思主义中国化时代化新篇章必须坚持的六大原则的第一原则，将“民本”这一古老思想发展到新时代的最高境界。

习近平总书记指出：“只有坚持以人民为中心的发展思想，坚持发展为了人民、发展依靠人民、发展成果由人民共享，才会有正确的发展观、现代化观。”[②] 在全面建设社会主义现代化国家的新征程上，要继续挖掘好、吸收好、转化好传统民本思想，去粗取精，去伪存真，使中国式现代化的人民性特质既根植于中华优秀传统文化又创新于伟大社会实践，不断擦亮中国式现代化的人民底色，彰显中国式现代化的人民特色，为推进中国式现代化提供人民伟力。

（三）“两个结合”将“革故鼎新”思想与全面深化改革开放相融通

走进绿意盎然的深圳前海石公园，映入眼帘的是一块形似“扬帆起航”造型的巨石。立此远眺，昔日片片滩涂摇身一变成为座座高楼，这一“特区中的特区”成为见证新时代改革开放再出发的“桥头堡”。改革开放是决定当代中国命运的关键一招，全面深化改革开放则更是一场系统性整体性的创新，是涉险滩、闯难关的变革。习近平

---

① 《毛泽东选集》第 3 卷，人民出版社 1991 年版，第 1004 页。
② 《习近平在省部级主要领导干部学习贯彻党的十九届五中全会精神专题研讨班上发表重要讲话强调　深入学习坚决贯彻党的十九届五中全会精神　确保全面建设社会主义现代化国家开好局》，《人民日报》2021 年 1 月 12 日。

总书记指出，“我们提出的一系列创新理论、采取的一系列重大举措、取得的一系列重大突破，都是革命性的”[①]。早在先秦时期，中华儿女便开始了对“改革”的孜孜探索，此后也一直跋涉于改革进步的道路上。“两个结合”将“革故鼎新”的思想与全面深化改革开放的策略有机相融，赋予了新时代中国改革开放进程以深厚的历史底蕴。

“革故鼎新”思想可追溯于《周易》之中。《周易·杂卦》有记载：“革，去故也，鼎，取新也。”后世将其融合起来作为一个成语使用，用以表达除旧创新的意思，与因循守旧相对。在中国古代的政治传统中，革故鼎新就体现为改革变法、除旧布新。西周时期，周文王和周武王革商朝暴政、倡以民为本、行分封之制，社会风貌为之一新。战国末年，法家学派更加青睐“革故鼎新”思想，如商鞅提出“治世不一道，便国不法古”[②]的观点，强调治理国家不可一成不变。此后，韩非在《韩非子·五蠹》中则有“世异则事异，事异则备变”的主张，认为治理国家和社会的法制要随时代而变，随实际而改。宋代理学家张载也在《横渠易说·系辞上》中提出，“能通其变而措于民，圣人之事业也”，认为能不断因时而变法从而体恤百姓，是圣人的事业。而后王安石也在熙宁变法中喊出“天变不足畏，祖宗不足法，人言不足恤”[③]的宣言，表达了即使排除万难也要推行变法的决心与勇气。由此可见，“革故鼎新”思想为中国古代的政治改革提供了思想基础，形成了勇于改革的中国式政治理念。

随着马克思主义传入中国，中国共产党人为“革故鼎新”思想注入了新的理解。作为新文化运动的摇旗手，陈独秀在《青年杂志》

① 《习近平著作选读》第2卷，人民出版社2023年版，第394页。
② 出自《史记·七十列传·商君列传》。
③ 出自《宋史·列传·卷八十六》。

创刊号上发表《敬告青年》一文，高呼“以人事之进化言之，笃古不变之族，日就衰亡；日新求进之民，方兴未已；存亡之数，可以逆睹”。[①] 他呼吁广大青年要求新求变，在创新中寻求拯救社会的良方。此后，中国共产党人秉承“革故鼎新”思想将马克思主义创造性地运用于中国的革命与建设中。2013 年，党的十八届三中全会通过了《中共中央关于全面深化改革若干重大问题的决定》，开启了新时代中国的“革故鼎新”之路。面对改革开放进入攻坚期和深水区，中国共产党人继承了绵延千年的改革勇气与政治智慧，以全局观念和系统思维谋划推进改革，冲破了思想观念的束缚，突破了利益固化的藩篱，在解决新矛盾、应对新挑战的过程中将全面深化改革开放推向更深层次。诞生于数千年前的“革故鼎新”思想，在中国特色社会主义新时代闪烁着更加璀璨的光芒。

（四）“两个结合”将“天人合一”思想与建设社会主义生态文明相贯通

2023 年 7 月发布的“中国生态保护硬核成绩单”的数据显示，全国地表水水质优良断面比例升至 87.9%，森林覆盖率达到 24.02%，我国创造了举世瞩目的生态奇迹和绿色发展奇迹。尊重自然、顺应自然、保护自然已经成为建设社会主义现代化强国的内在要求。习近平总书记强调：“要像保护眼睛一样保护生态环境，像对待生命一样对待生态环境。”[②] 生态兴则文明兴，自然是生命之母，人与自然是密不可分的生命共同体，这一思想可从中国古代的“天人合一”思想中窥见渊

① 《陈独秀著作选》第 1 卷，上海人民出版社 1993 年版，第 131 页。
② 《习近平著作选读》第 2 卷，人民出版社 2023 年版，第 171 页。

源。经由“两个结合”，“天人合一”思想在新时代中国成为社会主义生态文明建设的思想源泉与历史积淀。

“天人合一”是中国古典哲学的重要思想，认为人类诸种社会现象都是自然的反映，体现了一种人与自然和谐共生的关系。“天人合一”的思想最早起源于春秋战国时期。《黄帝内经》中有“与天地相应，与四时相副，人参天地”的说法，强调天人相应。《庄子·齐物论》里有“天地与我并生，万物与我为一”的观点，强调了“天人合一”的宇宙观。张载在《西铭》中也提出“民，吾同胞；物，吾与也”的观点，认为人与人本就是同胞，而天地万物与人类也是同类。此后，朱熹则从“天人一理”的整体观出发，提出了“天即人，人即天。人之始生，得于天也，既生此人，则天又在人矣”的观点。朱熹认为天之道需要依靠人之道来体现，而人又是依赖天地自然才得以存在的，所以必须尊重自然、顺应天道。不难看出，中国古代的“天人合一”思想一直贯穿于中国思想文化的始终，塑造了独具特色的自然观。

“天人合一”思想在近代中国与马克思主义的自然观相遇，在“两个结合”的碰撞中，二者因天然的契合性加以融合，并随着时代的发展不断演化。党的十八大以来，我们党牢固树立和践行绿水青山就是金山银山的理念，以前所未有的力度抓生态文明建设，推动生态环境保护发生历史性、转折性和全局性的变化。在理论创新上，形成了以“十个坚持”为主体内容的习近平生态文明思想，为新时代社会主义生态文明建设提供了理论武器与基本遵循。在具体实践中，中国共产党带领全国人民从具体实际出发，把生态文明建设作为统筹推进“五位一体”总体布局和协调推进“四个全面”战略布局的重要内容，把建设美丽中国摆在强国建设、民族复兴的突出位置，加快绿色低碳循环发展，坚持山水林田湖草沙一体化保护和系统治理，建立健全系统完整的生态文明制度体系，不断推进生态环境治理体系和治理能力的现代化，扎实朝着建设社会主义现代化强国迈进。

总体来看，无论是“大同社会”理想与全面建成小康社会的联通，还是“民为邦本”思想与坚持人民至上理念的汇通，还是“革故鼎新”思想与全面深化改革开放的融通，抑或“天人合一”思想与建设社会主义生态文明的贯通，通过“两个结合”，中华优秀传统文化的诸多方面都在新时代的中国得到了创造性转化和创新性发展，实现了传承千年的文脉赓续，拓展了实现中华民族伟大复兴伟业的历史纵深。

经典文献

《礼记·礼运》

孔子曰：“大道之行也，与三代之英，丘未之逮也，而有志焉。大道之行也，天下为公，选贤与能，讲信修睦。故人不独亲其亲，不独子其子，使老有所终，壮有所用，幼有所长，鳏寡孤独废疾者皆有所养，男有分，女有归。货恶其弃于地也，不必藏于己；力恶其不出于身也，不必为己。是故谋闭而不兴，盗窃乱贼而不作，故外户而不闭，是谓大同。今大道既隐，天下为家，各亲其亲，各子其子，货力为己，大人世及以为礼，城郭沟池以为固，礼义以为纪，以正君臣，以笃父子，以睦兄弟，以和夫妇，以设制度，以立田里，以贤勇知，以功为己。故谋用是作，而兵由此起。禹、汤、文、武、成王、周公，由此其选也。此六君子者，未有不谨于礼者也。以著其义，以考其信，著有过，刑仁讲让，示民有常，如有不由此者，在势者去，众以为殃，是谓小康。”

《礼记》是战国至秦汉年间儒家学者解释说明经书《仪礼》的文章选集，是一部儒家思想的资料汇编。《礼记》的作者不止一人，写作时间也有先有后，其中多数篇章可能是孔子的七十二弟子及其学生们的作品，还兼收先秦的其他典籍。《礼记》主要是记载和论述先秦时期中国的礼制、礼意，解释仪礼，记录孔子和弟子等的问答，记述修身做人的准则。

四、巩固了中华文化主体性

习近平总书记指出，“两个结合”巩固了文化主体性，创立新时代中国特色社会主义思想就是这一文化主体性的最有力体现。[①] 当代中华文化主体性的集中体现就是习近平新时代中国特色社会主义思想。“中华文化”包括中华优秀传统文化、革命文化和社会主义先进文化。“主体性”一般是指人的实践原则，这里则是指当今指导中华民族伟大复兴的那一部分文化。所以，习近平新时代中国特色社会主义思想就是当代中华文化主体性的最有力体现。我们来具体考察一下

① 习近平：《在文化传承发展座谈会上的讲话》，人民出版社2023年版，第9页。

“两个结合”是如何分别巩固了中华文化主体性的。

（一）“第二个结合”奠定了中华文化主体性的根基

马克思主义与中华优秀传统文化的结合又一次实现了思想的解放，奠定了中华文化主体性的根基。就如同习近平总书记所说的那样，“‘第二个结合’是我们党对马克思主义中国化时代化历史经验的深刻总结，是对中华文明发展规律的深刻把握，表明我们党对中国道路、理论、制度的认识达到了新高度，表明我们党的历史自信、文化自信达到了新高度，表明我们党在传承中华优秀传统文化中推进文化创新的自觉性达到了新高度”①。习近平总书记在这一段话中提到了“第二个结合”代表着 3 个“新高度”，是对“第二个结合”奠定了中华文化主体性根基的凝练表达。

1.“第二个结合”表明了党对中国道路、理论、制度的认识达到了新高度

坚定的道路选择可为“中华号”巨轮锚定航向。我们在新的历史时期坚定了走中国特色社会主义道路的决心，这是科学社会主义与传统文化中“和而不同”“天下大同”思想结合的体现。中国特色社会主义道路既体现了科学社会主义的基本原则与架构，也彰显了独具特色的民族风格，符合中国的国情与历史文化。此外，对中国社会未来发展饱含美好期许和愿景的中国梦也是共产主义理想与“大同社会”愿景的具象化表现。

实践基础上的理论创新可为“中华号”巨轮劈波斩浪。我们党

① 习近平：《在文化传承发展座谈会上的讲话》，人民出版社 2023 年版，第 9 页。

于传统文化中汲取文化资源，习近平总书记念兹在兹的“以人民为中心”就是很好的例证。人民性是马克思主义的本质属性，中国共产党始终秉承马克思主义人民观，始终保持同人民群众的血肉联系，凝聚起众志成城的磅礴力量，团结带领人民共同创造历史伟业。无论是坚持以人民为中心的发展思想，还是矢志不渝推进全体人民共同富裕，抑或为中国人民谋幸福、为中华民族谋复兴，都是尊重人民历史地位、彰显人民主体性的生动体现，体现了历史唯物主义的基本原理，更是对中华传统文化中“民本”思想的继承与发展。

完善的制度建设可为“中华号”巨轮保驾护航。中国共产党坚持马克思主义的指导，从中华优秀传统文化中汲取养分，融入中国特色社会主义的制度建设之中。以中国新型政党制度为例，中国共产党与各民主党派之间以共同政治基础为价值追求，形成了以合作、协商代替对立、争斗的和谐政党关系，彰显了中华优秀传统文化和而不同的文化基因。同时，古代的仁人志士秉承“天下兴亡，匹夫有责”的人生追求，自觉在紧要关头承担起改造社会、拯救国家的责任。中国共产党秉持的“立党为公，执政为民”执政理念，展现出“天下为公”思想的当代传承。各民主党派以浓厚的家国情怀和强烈的社会责任感将人生价值与民族荣辱、国家兴衰相关联，形成了“参政为民”的根本宗旨，在国家利益的基础上实现了政治理想的融合共生。

2.“第二个结合”表明了党的历史自信、文化自信达到了新高度

历史自信指历史主体对于民族、国家、政党历史所取得的奋斗成就、所形成的奋斗精神的自信。习近平总书记所强调的历史自信，特指中国共产党对自身历史以及由此扩展到对中华民族历史的坚定

自信。中华民族5000多年创造的璀璨文明奠定了历史自信的坚实根基。在漫长的岁月里，中华民族以自己的勤劳和智慧，创造了灿烂辉煌的东方文明，政治经济雄踞世界之巅、科技创新成果举世赞叹、文化艺术瑰宝更是饮誉全球。中华民族以其顽强的毅力和坚定的自信向前迈进，使古代人类历史星河中的其他群星黯然失色，使世界人民为之称赞和向往。但当历史的车轮驶入近代，由于西方列强的入侵和封建统治的腐败，致使国家蒙辱、人民蒙难、文明蒙尘，中国历史自信遭受了前所未有的冲击。十月革命一声炮响，给中国送来了马克思列宁主义。中国共产党领导中国人民在各个时期创造了不同凡响的伟大成就，使中华民族重新找回了历史自信。时至今日，中国特色社会主义发展的美好前景更为历史自信注入了深厚力量。中国特色社会主义生产方式保障发展、中国特色社会主义共同富裕目标引领建设、中国特色社会主义现代化强国的部署激励奋进，这都为坚定中国的历史自信提供了内在动力和不竭之源。

文化自信是指一个国家、民族、政党对自身文化价值的充分肯定，对自身文化生命力的坚定信念。习近平总书记所强调的文化自信，是指对马克思主义、社会主义核心价值观、社会主义先进文化、革命文化、中华优秀传统文化、国家文化软实力、中华文化影响力的坚定自信。文化自信是更基础、更广泛、更深厚的自信，是一个国家、一个民族发展中最基本、最深沉、最持久的力量。“没有高度的文化自信，没有文化的繁荣兴盛，就没有中华民族伟大复兴。”①习近平总书记提出坚定文化自信，并将其纳入中国特色社会主义“四个自信”，这是习近平文化思想中的重要原创性观点。中华优秀传统

① 《习近平著作选读》第2卷，人民出版社2023年版，第33页。

文化是我们坚定文化自信的基础，是中华民族的根脉，植根于国人心中，形成了我们看待世界、认识社会、品悟人生的独特价值体系、文化内涵和精神品质。而马克思主义与中华优秀传统文化的结合让这些绵延几千年的文化精神被激活，通过赋予其现代性从而实现中华优秀传统文化的创造性转化和创新性发展，使其在 21 世纪的今天仍旧能迸发出激荡人心的宏伟力量。

3.“第二个结合”表明了党在传承中华优秀传统文化中推进文化创新的自觉性达到了新高度

文化创新的前提是对文化传统的继承，马克思主义与中华优秀传统文化的结合为中国特色社会主义文化的创新提供了新的契机。在对中华优秀传统文化的传承上，“第二个结合”坚守了中华文化的立场。中华优秀传统文化是中华文明的智慧结晶，是中华民族的根和魂。习近平总书记强调：“中华文明源远流长、博大精深，是中华民族独特的精神标识，是当代中国文化的根基，是维系全世界华人的精神纽带，也是中国文化创新的宝藏。”[①] 党的十八大以来，以习近平同志为核心的党中央无论在精神上弘扬中华优秀传统文化方面，还是在物质上传承中华文化遗产方面都做出了诸多努力，也取得了显著成绩。

在对中国特色社会主义文化的创新方面，“第二个结合”赋予了传统文化新的活力。对历史最好的继承就是创造新的历史，而马克思主义为传统文化带来了创造新的历史的契机。推动中华优秀传统文化

① 习近平：《把中国文明历史研究引向深入　推动增强历史自觉坚定文化自信》，《求是》2022 年第 14 期。

创造性转化、创新性发展就是当代实现文化创新的最佳方式。创造性转化就是按照新的时代特点，对那些至今仍有借鉴价值的内涵和陈旧的表现形式加以改造，并赋予其新的时代内涵和表现形式。创新性发展就是按照时代的新课题，对传统文化的内涵加以补充、丰富和拓展，使其更富现代性色彩。马克思主义的世界观和方法论就是实现中华优秀传统文化创造性转化和创新性发展的一把标尺，通过“第二个结合”来保证在对中华优秀传统文化的传承中实现文化创新。因而，“第二个结合”彰显了党在传承中华优秀传统文化中推进文化创新的自觉性，也为在新的历史时期发展中华文化提供了新的路径。

（二）“第一个结合”丰满了中华文化主体性的枝干

如果说“第二个结合”奠定了中华文化主体性的根基，那么“第一个结合”则丰满了中华文化主体性的枝干。自中国共产党诞生以来，我们党通过马克思主义与中国具体实际相结合，不断发展并完善中国化时代化的马克思主义，直至形成了一整套关于中国特色社会主义的思想体系。在中国特色社会主义进入新时代的今天，正是在“第一个结合”的过程中，作为中华文化主体性集中体现的习近平新时代中国特色社会主义思想得以创立，并实现了不断创新、发展。那么，习近平新时代中国特色社会主义思想是如何体现“第一个结合”的呢？下面将从 4 个方面依次展开。

1. 在党的建设方面

基于党百年以来的成功经验，针对当前中国面临的实际情况，党的十八大以来，习近平总书记从党肩负的历史使命和现实任务出发，既坚持马克思主义党的建设基本原理，又紧密结合当今世情国情党情的实际，提出了一系列关于党的建设的新思想新观点新要求，形成了习近平总书记关于党的建设的重要思想。这一重要思想进一步升华了党的执政理念、丰富了党的执政方略、完善了党的执政方式，把我们对执政党建设规律的认识提高到新的水平，为新时代坚持党的领导、加强党的建设、全面从严治党提供了根本遵循。概括起来，在5个方面创新发展了党建理论。一是将党的政治建设摆在首位。党的政治建设是党的根本性建设，把政治建设纳入党的建设总体布局并置于首要位置，是新时代我们党基于“第一个结合”对马克思主义党建理论做出的重大创新。二是重视党的思想建设。党的思想建设是党的建设的重要组成部分，关系到党的性质、宗旨和使命。思想建设是党的基础性建设，是贯彻党的理论、路线方针的重要保障。三是贯彻新时代党的组织路线。新时代党的组织路线是我国社会主义事业发展的根本方针，为广大党员干部指明了前进方向。要全面贯彻新时代党的组织路线，必须深刻领会其科学内涵，紧密结合实际，坚定不移地推进党的组织建设。为此，严密党的组织体系是重点，建设高素质专业化的干部队伍则是关键。四是以严的基调强化正风肃纪。近年来，我国在全面从严治党方面取得了显著成果，党风廉政建设也取得了重要进展。然而，正风肃纪的任务依然艰巨，必须以严的基调强化正风肃纪工作，持续推进党风廉政建设和反腐败斗争。党的作风就是党的形象，核心就是党与人民群众的关系问题。五是把制度建设贯穿到党的各项建设之中。把制度建设贯穿到党的各项建设之中，是我们党在新时代全面建设社会主义现代化国家新征程中的重要任务。党的十八大以来，我们党深刻总结历史经验教训，明确提出全面依法治国，将制度建设纳入国家治理体系和治理能力现代化建设，不断推进党的建设新的伟大工程。

2. 在经济建设方面

新时代我国经济发展的主题是高质量发展。以习近平同志为核心的党中央将马克思主义政治经济学同新时代经济发展的实践相结合，提出了一系列新理念、新思想和新战略，形成了习近平经济思想。一是贯彻新发展理念。新的发展理念诞生于新的发展阶段，党的十八大以来，我国的经济发展进入新常态，由高速增长阶段转向高质量发展阶段。所以，新的阶段必须以新的发展理念作为指导，把发展质量问题置于更为突出的位置，坚定不移地贯彻创新、协调、绿色、开放、共享的新发展理念。二是坚持和完善社会主义基本经济制度。社会主义基本经济制度是实现高质量发展的制度基础，党中央将公有制为主体、多种所有制经济共同发展，按劳分配为主体、多种分配方式并存，社会主义市场经济体制等共同作为社会主义基本经济制度。三是加快构建新发展格局。当前党中央依据我国发展阶段、发展环境、条件变化，提出要构建以国内大循环为主体、国内国际双循环相互促进的新发展格局。需要注意的是，新发展格局是把握未来发展主动权的“先手棋”，是开放的国内国际双循环，是在全国统一大市场的基础上以国内大循环为主体。

3. 在政治建设方面

党的十八大以来，以习近平同志为核心的党中央深入领会马克思主义民主理念与中国具体实际，创新性提出全面发展全过程人民民主，这是对社会主义政治理论的有力拓展。人民民主是社会主义的生命所在，是一种立足于社会主义经济基础、彰显社会主义国家性质、体现社会主义制度内涵的新型社会主义民主制度。同时，人民民主亦是全面建设社会主义现代化国家的核心要素。全过程人民民主揭示了社会主义民主政治的本质属性，是新时代中国特色社会主义民主政治理论与实践相结合的重大理论成果。我们可以从4个"统一"的角度理解全过程人民民主。全过程人民民主实现了过程民主与成果民主、程序民主与实质民主、直接民主与间接民主、人民民主与国家意志的有机统一。此外，全过程人民民主还具有全链条、全方位、全覆盖的特点。全链条意味着人民在选举、协商、决策、管理及监督各环节均积极参与；全方位表明全过程人民民主贯穿国家政治生活与社会生活的各个方面；全覆盖则表示全过程人民民主覆盖国家各项事业与工作，实现各方面民主的有机结合。

4. 在外交思想方面

党的十八大以来，以习近平同志为核心的党中央立足马克思主义世界观与方法论，审视国内外发展态势，深入思考人类命运走向，推动重大外交理论实践创新，形成了习近平外交思想。

面对世界百年未有之大变局，国际力量对比发生深刻变化，科技和产业革命浪潮翻涌，国际体系与秩序深度调整，世界步入新的动荡变革期，我国与世界的关系正经历历史性变革。为此，我们提出中国特色大国外交，以应对此大变局。坚定不移走和平发展道路，这是新时代外交基本原则。既回应国际社会对中国发展之关切，亦展现中国人民实现发展目标的自信与自觉。我们倡导构建新型国际关系，推进大国协调合作，打造周边命运共同体，加强与发展中国家团结合作，不断完善全方位、多层次、立体化外交布局，构建新型政党关系，开创国际关系新模式。坚定维护国家主权、安全、发展利益，坚持外交为民。人民外交是党的创新举措，亦为中国外交力量源泉。积极推动构建人类命运共同体，这是当代中国共产党人解答关乎人类前途命运的时代之问的中国方案。应对人类共同挑战，建设更加繁荣美好世界的人间正道，亦是新时代对外工作的总目标。

此外，在文化建设、社会治理、军队建设、生态文明建设、法治领域等诸多方面，均体现了马克思主义与中国具体实际相结合所孕育出的创新成果。

（三）“两个结合”与中华文明的突出特性

2023 年 6 月 2 日，习近平总书记在文化传承发展座谈会上指出，在 5000 多年中华文明深厚基础上开辟和发展中国特色社会主义，把马克思主义基本原理同中国具体实际、同中华优秀传统文化相结合，必须把握好中华文明的 5 个突出特性。“两个结合”的深入发展，不仅需要我们把握好中华文明的 5 个突出特性，更需要我们不断推进中华优秀传统文化的创造性转化和创新性发展，使中华文明不断适应新时代的发展需要，展现更加蓬勃的生命力和深远的影响力。

中华文明的连续性，赋予了中华民族独特的道路选择。作为世界上唯一延续不断且以国家形态发展至今的伟大文明，中华文明的连续性为今天我们强调中华文化的主体性提供了坚实的根基。正是由于中华传统文化的深厚底蕴和绵延千年而不绝的历史传承，使得“两个结合”的理念得以实现，马克思主义与中华优秀传统文化的结合成为可能，中华优秀传统文化的现代化也成为可能。

中华文明的创新性，塑造了中华民族守正不守旧、尊古不复古的进取精神，以及不惧新挑战、勇于接受新事物的无畏品格。中华文明历经几千年未有断绝，其中一个关键因素便是其鲜明的创新性品格。我们的传统文化坚持因时而变，不断丰富发展，始终保持强大的生命力。同时，中华文化在统一的主轴上接续发展，始终保持稳定传承。

中华文明的统一性，彰显了中华各民族文化的融合，以及国土、国家、民族和文明的牢固凝聚。在国家统一这一核心利益上，中华文明明确了坚定的立场，强调一个坚强统一的国家是各族人民的命运所系。

中华文明的包容性，体现了中华民族交往交流交融的历史取向，以及各宗教信仰多元并存的和谐格局。作为由多元文化汇聚的共同文化，中华文明具有无与伦比的包容性和吸纳力。

中华文明的和平性，决定了中国在世界和平的建设、全球发展贡献、国际秩序维护上的坚定立场。中华文明强调文明交流互鉴，而非文化霸权，坚决不将自己的价值观念和政治体制强加于人，始终坚持合作、反对对抗，坚决摒弃"党同伐异"的小圈子。

总的来看，中华文明的独特性特征使得"两个结合"得以顺畅实施，而在动态统一的过程中，"两个结合"又进一步强化了中华文明的独特性特征。这些独特性特征得以巩固，进而强化了中华文化的主体性。

"第一个结合"通过对时代课题的积极回应丰满了中华文化主体性的枝干，"第二个结合"通过对中华优秀传统文化的重新挖掘奠定了中华文化主体性的根基。同时，"两个结合"又与中华文化的主体性互相促进、彼此影响，在新时代彰显了中华文化的主体性。

五、推动"中华号"巨轮行稳致远

一个民族的复兴，既需要强大的物质力量，也需要强大的精神力量。马克思主义与中华优秀传统文化的结合传承了华夏精神，赓续了历史文脉，让传统文化的精髓在马克思主义的照耀下越发闪亮。马克思主义与中国具体实际的结合能够立足当代实践，回应时代课题，让马克思主义始终立于时代潮头，永不过时。在“两个结合”的整体影响下，中华文化的主体性得以彰显，中国精神的独立性得以凝聚，能够从容应对各种国际思潮与国际变局，推动“中华号”巨轮行稳致远。

（一）传承华夏精神，赓续历史文脉

“两个结合”传承了华夏精神，赓续了历史文脉，使得古典文化在现代焕发出新的生机活力，让传承千年的中华文化在新的千年得以继续发展。中国式现代化就是坚持“两个结合”而形成的当代中华文明新形态。对此，习近平总书记深刻指出：“中国式现代化是赓续古老文明的现代化，而不是消灭古老文明的现代化；是从中华大地长出来的现代化，不是照搬照抄其他国家的现代化；是文明更新的结果，不是文明断裂的产物。”[①] 习近平总书记对于中国式现代化特质的阐释，恰好印证了“两个结合”对于中华文明传承方面的重要作用。

中华优秀传统文化是中国式现代化的根脉，马克思主义与中华优秀传统文化的结合则是现代中国对古老根脉的继承，绝非对根脉的切割。中华文化自诞生以来就具有极强的生命力，其连续性、创新性、统一性、包容性、和平性使中华文化能够在历经诸种风浪之后依然能够屹立不倒。在中国古代，中华文化一直随着时代的发展而逐渐变化，以极大的包容性与统一性吸收着各民族的独特文化，并将其融入中华文化的血脉之中。同时，中华文化自身也在与各民族文化融合的过程中进行着创新与发展，在不同的历史时期产生了不同的历史形象。无论在哪一个历史时期，中华文化都步履不停地前进着，谱写着

① 习近平：《在文化传承发展座谈会上的讲话》，人民出版社 2023 年版，第 7 页。

传承千年的中华文明，即便是在封建王朝的统一被打破、中华大地纷争不断之时，中华文化也展现出强大包容性，随着民族融合、文化交汇不断丰富发展。比如魏晋南北朝时期，北方的战乱导致人口南迁，促使民族加速融合，不同民族的政权林立，不同的文化、民俗也开始交流，随着佛教的传入、道教的演进、儒学的发展，玄学开始兴起，儒释道开始走向融合。此外，随着阶层的不断分野，以及“士”这一阶层的逐渐壮大，文化开始走向自觉，也诞生了多彩的文艺创作。魏晋南北朝时期独特的文化现象，为之后唐宋文化的繁荣奠定了坚实基础，也实现了中华文化的一次大融合与大发展。此后，中华文明无论是经历政权割据，还是少数民族入主中原，都未曾消亡，反而随着时代的发展在不断吸收着民族文化与外来思想，让古老的中华文明不断绵延下去。尤其是明末清初，“民权”思想开始出现，在社会间展开了批判君权的思想解放运动，让中华文化走向了近代化转型的十字路口。

随着鸦片战争的炮响，中华文明遭遇了几千年来最严峻的考验。在西学东渐的社会思潮中，中华民族的有识之士不断地找寻救世良方。新文化运动伊始，中华文化被视为旧时代的桎梏，各种激进的文化思潮此起彼伏，全盘西化的声音不绝于耳。在不断地探索与多次失败之后，马克思主义走进了中国人的视野。经过对马克思主义的学习与传播，“人类解放”的愿景与中华文化中“天下大同”的希冀逐渐融合，马克思主义科学的世界观与方法论也让中国的有识之士开始确信这才是拯救中华文明的药方。于是，中国共产党和中国人民选择了马克思主义，又通过不懈的努力取得了新民主主义革命的胜利，实现了中华民族站起来的历史飞跃。此后，随着“三大改造”的顺利进行，中国正式步入社会主义，真正站在了中华民族伟大复兴之路的起

中共一大纪念馆“南陈北李　相约建党”雕塑

点。之后的改革开放更是为中华民族伟大复兴打下了坚实的基础，才有了中国特色社会主义向新时代的迈进。

在对马克思主义进行吸收的过程之中，通过挖掘马克思主义与中华优秀传统文化的契合之处，令中华优秀传统文化与马克思主义实现了有机融合。在这一过程之中，中华优秀传统文化的精髓被重新激活，并与马克思主义相结合形成了中国特色社会主义理论体系，成为现代中华文化的主体部分。这样一来，中华优秀传统文化并没有在与马克思主义的融合之中解构自身，反而强化了中华文化的突出特性，成为当代中华文化的重要底色。同时，在马克思主义与中华优秀传统文化进行结合的这“第二个结合”之中，中华优秀传统文化还因为马克思主义的注入，实现了创造性转化和创新性发展，将传承数千年的思想与文化在新的历史时空中“华丽转身”，实现新的思想解放与理论创新。于是，古老的中华文明也就在接续中华优秀传统文化的基础上实现了现代化转型。所以，经由马克思主义与中华优秀传统文化的结合，中华文化得以延续至今，并实现新的发展，古老的中华文明也在新的时代焕然一新。

（二）立足当代实践，回应时代课题

时代是思想之母，实践是理论之源。“两个结合”能够准确直面时代课题，将理论与实践有机统一，让马克思主义始终立于时代潮头，共同服务于新时代党的赶考之路。习近平总书记深刻指出：“一切划时代的理论，都是满足时代需要的产物。用以观察时代、把握时代、引领时代的理论，必须反映时代的声音，绝不能脱离所在时代的实践，必须不断总结实践经验，将其凝结成时代的思想精华。我们推进理论创新是实践基础上的理论创新，而不是坐在象牙塔内的空想，必须坚持在实践中发现真理、发展真理，用实践来实现真理、检验真理。”[①] 从毛泽东思想到习近平新时代中国特色社会主义思想，这些能够引领中华民族伟大复兴的思想理论无一不是立足实践、回应时代的产物，是“两个结合”的应用范本。

1. 新民主主义革命与社会主义革命和建设时期

毛泽东思想诞生于新民主主义革命时期，在社会主义革命和建设时期更加成熟。20 世纪前半期，“战争与革命”是时代的主题，毛泽东思想则是在这样一种大环境下诞生的。中国半殖民地半封建的社会状态，三座大山的持续压迫，以及中国特殊的人口分布，这些时

① 《习近平在中共中央政治局第六次集体学习时强调　不断深化对党的理论创新的规律性认识　在新时代新征程上取得更为丰硕的理论创新成果》，《人民日报》2023 年 7 月 2 日。

代课题都是以毛泽东同志为主要代表的中国共产党人所面临的。在反复地尝试与不断地探索之后，中国共产党终于找到了中国革命的胜利法宝。1945 年 4 月 23 日至 6 月 11 日，党的七大在延安胜利召开，这次大会第一次明确地把毛泽东思想确立为全党的指导思想，并写入党章。实事求是、群众路线、独立自主是毛泽东思想的活的灵魂，是毛泽东和中国共产党人在反复的失败与成功中总结出来的宝贵经验，是将马克思主义基本原理同此时的中国具体实际相结合而产生的。毛泽东以辩证唯物主义和历史唯物主义的基本原理来分析中国的具体实际，写出了如《论持久战》《矛盾论》《实践论》《新民主主义论》等著名篇章，充分彰显了“两个结合”所带来的第一次思想解放。毛泽东思想是马克思主义中国化第一次历史性飞跃的理论成果，是中国共产党和中国人民历尽艰辛获得的宝贵的精神财富，是中国革命和建设的科学指南，是中华民族的精神支柱。

2. 改革开放和社会主义现代化建设新时期

理论总是适应实践的要求而产生的，也必须随着实践的发展而成熟。中国特色社会主义理论体系就是适应改革开放和社会主义现代化建设的实践要求而产生，并在引领和总结改革开放和社会主义现代化建设的实践中逐步成熟的。中国特色社会主义理论体系是包括邓小平理论、“三个代表”重要思想、科学发展观在内的科学理论体系。邓小平理论是中国共产党寻找到的与苏联模式不同的社会主义建设经验的理论总结，这一理论诞生于刚刚经历“十年浩劫”，并对于未来的道路充满迷茫的历史时期。随着 1978 年党的十一届三中全会的开幕，“解放思想”的口号逐渐席卷全国，之后随着改革开放的号角吹响，中国特色社会主义为中国的未来指明了方向。1997 年党的十五大把“邓小平建设有中国特色社会主义理论"直接称为"邓小平理论"，并写入党章。邓小平理论是在和平与发展成为时代主题的历史条件下，在我国改革开放和现代化建设的实践中，在总结我国社会主义胜利和挫折的历史经验并借鉴其他社会主义国家兴衰成败历史经验的基础上，逐步形成和发展起来的。邓小平理论第一次比较系统地初步围绕"什么是社会主义，怎样建设社会主义"这个根本问题，回答了中国社会主义的发展道路、发展阶段、根本任务、发展动力、外部条件、政治保证、战略步骤、党的领导和依靠力量以及祖国统一等一系列基本问题，指导我们党制定了在社会主义初级阶段的基本路线。"三个代表"重要思想则在邓小平理论的基础上，进一步回答了"什么是社会主义，怎样建设社会主义"的问题，创造性地回答了"建设什么样的党，怎样建设党"的问题，深化了中国共产党对中国特色社会主义的认识。进入21世纪，随着经济的高速发展，人与自然、人与社会之间的种种问题开始凸显，基于此，科学发展观诞生了。科学发展观回答了"实现什么样的发展、怎样实现发展"这一问题，对人与自然的关系、和谐社会的构建、社会主义荣辱观等问题进行了深刻的阐释，进一步指明了新世纪新阶段我国现代化建设的发展道路、发展模式和发展战略。

3. 中国特色社会主义进入新时代

党的十八大以来，国内外的形势变化和我国各项事业的发展都给我们提出一个新的时代课题，这就是必须结合理论与实践的发展，系统回答"新时代坚持和发展什么样的中国特色社会主义、怎样坚持和发展中国特色社会主义"。围绕这个重大时代课题，以习近平同志为核心的党中央坚持以马克思列宁主义、毛泽东思想、邓小平理论、"三个代表"重要思想、科学发展观为指导，坚持解放思想、实事求是、与时俱进、求真务实，坚持辩证唯物主义和历史唯物主义，紧密结合新的时代条件和实践要求，以全新的视野深化对共产党执政规律、社会主义建设规律、人类社会发展规律的认识，通过持续不断的理论探索，取得了重大理论创新成果，形成了习近平新时代中国特色社会主义思想。主要回答了新时代坚持和发展中国特色社会主义的总目标、总任务、总体布局、战略布局和发展方向、发展方式、发展动力、战略步骤、外部条件、政治保证等基本问题，并且根据新的实践对经济、政治、法治、科技、文化、教育、民生、民族、宗教、社会、生态文明、国家安全、国防和军队、“一国两制”和祖国统一、统一战线、外交、党的建设等各方面作出理论分析和政策指导，有利于更好地坚持和发展中国特色社会主义。习近平新时代中国特色社会主义思想是当代中国马克思主义、21 世纪马克思主义，是中华文化和中国精神的时代精华，实现了马克思主义中国化时代化新的飞跃。

从毛泽东思想到习近平新时代中国特色社会主义思想，无一不是以“两个结合”为基本方法，集中回答时代课题的马克思主义中国化的创新成果。

（三）凝聚中国精神，保持独立自主

1958 年 9 月，毛泽东在会见巴西记者时谈道，“所有亚洲、非洲、拉丁美洲国家的共同历史任务，就是争取民族独立，发展民族经济和发展民族文化”①。为了实现这一目标，中国共产党坚持推进“两个结合”，让中华文化主体性得以彰显，让中国人民得以保持精神上的独立自主，在全球思潮漩涡中保持定力与生命力。新时代新征程，面对世

① 《毛泽东外交文选》，中央文献出版社、世界知识出版社 1994 年版，第 338 页。

界百年未有之大变局，习近平总书记强调，要用中国道理总结好中国经验，把中国经验提升为中国理论，实现精神上的独立自主[①]。

1. 从伟大实践中汲取保持精神独立自主的强大力量

要想保持精神的独立自主，物质上的独立自主是前提条件。经过改革开放 40 多年的发展，中国的经济总量已经跃居世界第二，物质财富极大丰富，成为名副其实的“大国”。在经济建设上，发展平衡性、协调性、可持续性明显增强，国家经济实力、科技实力、综合国力跃上新台阶，经济建设迈上更高质量、更有效率、更加公平、更可持续、更为安全的发展之路。在全面深化改革开放上，中国共产党不断推动改革向广度和深度进军，中国特色社会主义制度更加成熟、更加定型，国家治理体系和治理能力现代化水平不断提高、不断上升，党和国家事业焕发出新的生机活力。在政治建设上，积极发展全过程人民民主，社会主义民主政治制度化、规范化、程序化全面推进，中国特色社会主义政治制度优越性得到更好发挥，生动活泼、安定团结的政治局面得到巩固和发展。在全面依法治国上，中国特色社会主义法治体系不断健全，法治中国建设迈出坚实步伐，中国共产党运用法治方式领导和治理国家的能力显著增强。在文化建设上，我国意识形态领域形势发生全局性、根本性转变，全党全国各族人民文化自信明显增强，全社会凝聚力和向心力极大提升，为新时代开创党和国家事业新局面提供了坚强思想保证和强大精神力量。在社会建设上，人民生活全方位改善，社会治理社会化、法治化、智能化、专业化水平大幅提升，发展了人民安居乐业、社会安定有序的良好局面，续写了

① 习近平：《在文化传承发展座谈会上的讲话》，人民出版社 2023 年版，第 10 页。

社会长期稳定的奇迹。在生态文明建设上，党中央以前所未有的力度抓生态文明建设，美丽中国建设迈出重大步伐，我国生态环境保护发生历史性、转折性、全局性变化。在外交工作上，中国特色大国外交全面推进，构建人类命运共同体成为引领时代潮流和人类前进方向的鲜明旗帜，我国外交在世界大变局中开创新局、在世界乱局中化危为机，我国国际影响力、感召力、塑造力显著提升。党和国家事业取得的历史性成就、发生的历史性变革为中国人民实现精神上的独立自主提供了坚实的物质与制度保障。

2. 从科学思想中汲取保持精神独立自主的关键力量

一个民族要走在时代前列，就一刻不能没有理论思维，一刻不能没有正确思想指引。中国共产党是用马克思主义武装起来的政党，马克思主义是我们立党立国的根本指导思想，是我们党的灵魂和旗帜。百余年来，我们因为拥有了科学的指导思想，才能对前进方向保持清醒，才能够应对来自各方面的种种风险与挑战，才能够真正做到精神上的独立自主。中国特色社会主义进入新时代，“两个大局”相互交织，面对错综复杂的时代课题，我们形成了习近平新时代中国特色社会主义思想这一科学的指导思想。马克思主义不是僵硬的教条，而是灵活的行动指南。在新民主主义革命时期，毛泽东就强调：“马克思列宁主义理论和中国革命实际，怎样互相联系呢？拿一句通俗的话来讲，就是‘有的放矢’。”[①] 他用“有的放矢”这一成语，寓意要“拿马列主义的箭，射中国革命诸问题的靶”。习近平新时代中国特色社会主义思想始终坚持用马克思主义之“矢”去射新时代中国之“的”，

① 《毛泽东选集》第 3 卷，人民出版社 1991 年版，第 819 页。

继续推进马克思主义基本原理同中国具体实际相结合，它作为中国式现代化新征程的指导思想，系统回答了中国之问、世界之问、人民之问、时代之问，是最鲜活的中国化时代化的马克思主义。中华优秀传统文化包罗万象、博大精深，是中华文明的智慧结晶，同马克思主义具有高度契合性。习近平新时代中国特色社会主义思想坚持把马克思主义基本原理同中华优秀传统文化相结合，把马克思主义思想精髓同中华优秀传统文化精华有机贯通起来，体现了中华民族的共同价值观念，将中华民族传承至今的智慧和精神注入马克思主义，让中国化时代化的马克思主义真正扎根中国大地，成为科学的指导思想。正是因为有科学的指导思想作为引领，我们才能在过去实现、在现在践行、在未来保持精神上的独立自主。

3. 从传统文化中汲取保持精神独立自主的不竭力量

中华优秀传统文化源远流长、历久弥新，熔铸了中华文明的根脉，塑造了中国人民的基本品格，滋养了中华民族的独特气质，为保持精神独立自主提供了源源不断的力量。古代中国是一个强盛的多民族封建国家，一代代君王依靠儒家、道家、法家等文化的思想治国理政，一代代人民通过“四书五经”等包含的理念修身养性。中华传统文化在过去是中国人民精神上独立自主的力量源泉。2023 年，习近平总书记在文化传承发展座谈会上深刻阐述和概括了中华文明的 5 种突出特性，其中之一是突出的创新性。5000 多年来，中华传统文化不断在创新中发展、在变革中前行，成为世界上唯一一个从未中断的文明。进入新时代，中国共产党坚持推进中华优秀传统文化的创造性转化和创新性发展，促进中华文明不断融入当今的历史环境，帮助中国共产党和中国人民不断寻找时代课题的答案。我们对中华优秀传统文化最好的继承，就是在新的历史时期创造新的中华文化。通过对中华优秀传统文化的创造性转化和创新性发展，使中华民族最深层的文化基因融入当代中国，与现代社会相适应，把跨越时空、超越国家、富有永恒魅力、具有当代价值的文化精神真正传承、弘扬起来。中华优秀传统文化是新时代坚定文化自信的深厚基础，也是提高文化软实力的前提条件，更是实现精神上独立自主的重要保障。文化软实力集中体现了一个国家基于文化而具有的凝聚力和生命力，以及由此产生的吸引力和影响力。只有强而有力的文化软实力才能支撑中华文化在世界文化之林绚烂绽放，才能令我们精神上的独立自主得以真正实现、得以永久保持。

扎根历久弥新的传统文化，立足丰富的实践经验，再加上科学指导思想的引领，中国精神得以凝聚，实现了精神层面的独立自主，让我们有能力、有底气在国际变局中时刻保持清醒与独立，从容应对各种风险挑战。

马克思主义基本原理同中国具体实际、同中华优秀传统文化的结合互为依托、相互成就，在动态中实现了有机统一。“两个结合”筑牢了中国特色社会主义的道路根基，拓展了民族复兴伟业的历史纵深，打开了中国当代马克思主义理论的创新空间。“第一个结合”到“第二个结合”的发展，更是巩固了中华文化的主体性，赓续了中华民族的历史文脉，增强了中华文明的突出特性，保持了精神上的独立自主，推动了“中华号”巨轮在风浪中行稳致远。习近平总书记强调：“中国式现代化赋予中华文明以现代力量，中华文明赋予中国式现代化以深厚底蕴。”[①] 在“两个结合”的指引下，马克思主义与中华优秀

① 习近平：《在文化传承发展座谈会上的讲话》，人民出版社 2023 年版，第 7 页。

传统文化将会在21世纪的中华大地上继续相互融合，不断描绘中华文明的崭新面貌，不断塑造人类文明新形态。

时代声音

浙江安吉县余村的“华丽转身”——“两山论”的发源地

余村是浙江省湖州市安吉县的一个小山村，也是绿水青山就是金山银山理念的诞生地。10多年来，这个小山村从卖石头到赏风景，从靠山吃山到养山富山，成功实现了绿色转型。

20世纪80年代，村民利用村中山林优质的石灰岩资源发展靠山吃山的“石头经济”，让余村一度成了安吉县的“首富村”。但由于盲目开采，余村的生态环境遭到了严重破坏，村里整日炮声隆隆、粉尘蔽日。2003年，浙江省启动“千村示范、万村整治”工程（简称“千万工程”），余村停矿关厂、复垦复绿，农村环境建设大行动如火如荼。2005年8月15日，时任浙江省委书记的习近平来到余村，首次提出绿水青山就是金山银山的科学论断。在这一理念指引下，余村的绿色发展步入了“快车道”，实现了从炮声隆隆、粉尘漫天到山清水秀、竹海连绵的华丽转型。

2005年，余村开起了第一家农家乐，乡村旅游、竹林碳汇和林下经济相结合形成了一条农旅结合的产业新路。近年来，余村又开发了文化创意产业、露营基地、数字游民社区等新产业新业态。现在的余村，无论是青年人、新产业，还是低碳建筑，每一股新鲜的“血液”都在让这个昔日的矿山小村焕发出新的生机，绘出了一幅人与自然和谐共生的新画卷。

7

新的文化使命：建设中华民族现代文明

"在新的起点上继续推动文化繁荣、建设文化强国、建设中华民族现代文明，是我们在新时代新的文化使命。"[①] 习近平总书记在文化传承发展座谈会上，从党和国家事业发展全局战略高度，对中华文化传承发展的一系列重大理论和现实问题作了全面系统深入的阐述，鲜明提出建设中华民族现代文明的时代任务。站在新的历史起点，肩负崭新文化使命，我们要深入挖掘和汲取中华优秀传统文化精华，把马克思主义思想精髓同中华优秀传统文化精华贯通起来、同人民群众日用而不觉的共同价值观念融通起来，坚定文化自信，秉持开放包容，在守正创新中构筑中华文化新气象、激发中华文明新活力，努力建设中华民族现代文明，为强国建设、民族复兴提供强大的精神力量。

一、坚持"两个结合"，推动文化"两创"

"两个结合"既是在中华文明历史长卷中开辟中国特色社会主义新境界的必由之路，是我们党实践开拓的见证；又是在探索中国特色社会主义道路中得出的规律性的认识[②]，是我们党的理论指导的具体表达。"两个结合"的提出和推进，标示着中国共产党对于中华文化与中华民族现代文明高度的文化自信和思想行动自觉。在"两个结合"中厚植中华优秀传统文化，坚持创造性转化、创新性发展，不断

① 习近平:《在文化传承发展座谈会上的讲话》，人民出版社 2023 年版，第 10 页。
② 习近平:《在文化传承发展座谈会上的讲话》，人民出版社 2023 年版，第 5 页。

彰显其独特的民族魅力和生生不息的创造力，方可铸就社会主义文化新辉煌。

（一）高举伟大旗帜，以科学思想凝心铸魂

“在新的历史起点上继续推动文化繁荣、建设文化强国、建设中华民族现代文明”，“坚定文化自信，就是坚持走自己的路。坚定文化自信的首要任务，就是立足中华民族伟大历史实践和当代实践，用中国道理总结好中国经验，把中国经验提升为中国理论，既不盲从各种教条，也不照搬外国理论，实现精神上的独立自主”[①]。习近平总书记在文化传承发展座谈会上如是说。中华民族现代文明建设是马克思主义文化与文明观在当代中国社会主义现代化建设事业中的具体体现，也是“第二个结合”即把马克思主义基本原理同中华优秀传统文化相结合的生动实践。

1. 秉承马克思主义文化观的科学指引

文化发展与文化创新是马克思主义关注的重要领域之一。马克思主义文化观坚持以辩证唯物主义和历史唯物主义为其哲学基石，对资本主义文化进行了批判性的考察，对社会主义文化发展提出了建设性的构想。它科学阐释了文化的起源、本质、发展规律及其在人类社会中的地位和作用，具有突出的实践性、批判性、发展性、阶级性与人民性。一是关注文化在社会发展中的作用。马克思指出，文化“是从物质实践出发来解释各种观念形态”[②]。对于文化本质的这一揭示为文

① 习近平:《在文化传承发展座谈会上的讲话》，人民出版社 2023 年版，第 10 页。
② 《马克思恩格斯文集》第 1 卷，人民出版社 2009 年版，第 806 页。

化建设和发展提供了基本理据。二是善于从传统文化历史中汲取时代精华。马克思主义鲜明指出，要正确认识传统文化，在同传统的观念实行决裂的过程中吸取时代的精华，深刻揭示了优秀传统文化自信彰显与弘扬激发的必要性。三是高度重视文化领导权的建设。马克思主义坚信“没有革命的理论，就不会有革命的运动”①，唯有共产党人才能架起共产主义理想到现实的桥梁。

“坚持马克思主义，最重要的就是坚持马克思主义的科学原理和科学精神、创新精神，善于根据客观情况的变化，不断从人民群众实践中吸取营养，不断丰富和发展理论，使理论更好指导我们的工作。”②具体到文化建设领域，坚持文化创造性转化与创新性发展，使中华文明在新时代继续焕发生机与活力，是坚持马克思主义文化观的内在要求。立足时代之问、时代之思、时代之鉴和时代之需，习近平总书记关于建设中华民族现代文明的相关论述正是对马克思主义文化观的坚持和发展。坚持科学思想理论指导、坚守马克思主义魂脉，方可保证中华民族现代文明是代表先进生产力、走在时代前列、属于人民的现代文明，是社会主义现代文明。

2. 坚持以习近平文化思想为根本遵循

文明生生不息，思想与时俱进。建设中华民族现代文明需要坚持马克思主义的科学指导，这就内在地要求了把中国化时代化的马克思主义有机融入其中。2023 年 10 月 7 日至 8 日，全国宣传思想文化工作会议

---

① 《列宁选集》第 1 卷，人民出版社 2012 年版，第 311 页。
② 习近平：《在学习〈胡锦涛文选〉报告会上的讲话》，人民出版社 2016 年版，第 18 页。

首次提出了“习近平文化思想”[①]，深刻回答了“新时代建设什么样的文化强国、怎样建设文化强国”的时代课题，为新时代新征程进一步推进文化建设提供了实践指南。党的十八大以来，以习近平同志为核心的党中央在文化建设的理论创新和实践探索的互动中深化了对中国特色社会主义文化建设规律的认识。从社会主义核心价值观到文化自信，从“第二个结合”到建设中华民族现代文明，系列文化建设的新概念新判断新理念，构成了习近平文化思想博大精深的科学体系。习近平文化思想以马克思主义为魂，以中华优秀传统文化为根，以文化发展的创新实践为基础，以建设包括中华民族现代文明在内的社会主义先进文化为任务，以推进文化强国、民族复兴为使命，是对马克思主义文化理论的丰富发展，是对中国化时代化马克思主义文化理论的重大创新。

在新的历史起点上继续推动文化繁荣、建设文化强国、建设中华民族现代文明，必须深入学习领会习近平文化思想的理论品格、实践要求、创新品质、人民立场和开放精神，坚定文化自信、秉持开放包容、坚持守正创新。聚焦用党的创新理论武装全党、教育人民，自觉担负起新的文化使命，举旗帜、聚民心、育新人、兴文化、展形象，奋力推进文化强国建设，打造中华民族现代文明高地，以实际行动坚定拥护“两个确立”、坚决做到“两个维护”，担负起新的文化使命，谱写建设中华民族现代文明的实践华章。

（二）根植鲜活实践，以时代发展指引方向

万物有所生，而独知守其根。每一种文明都扎根于自己的生存

① 《习近平对宣传思想文化工作作出重要指示强调　坚定文化自信秉持开放包容坚持守正创新　为全面建设社会主义现代化国家　全面推进中华民族伟大复兴提供坚强思想保证强大精神力量有利文化条件》，《人民日报》2023 年 10 月 9 日。

土壤，凝聚着非凡智慧和精神追求。理论创新与发展、文化繁荣与昌盛并不是偶然的，真正伟大的思想都是在特定时代场域中发出时代声音，在回应当下文化建设重大关切的过程中逐渐形成的思想结晶。理论的飞跃不是体现在词句的标新立异上，也不是体现在逻辑的自洽自证上，归根到底要体现在回答实践问题、引领实践发展上。新时代新征程，“两个大局”同步交织、相互激荡，战略机遇和风险挑战并存，一起勾画出时代大潮和发展趋势的经纬图。思想文化工作面临着新形势新任务，必须有新气象新作为。

1. 立足具体实际，以新时代文化建设实践为社会基础

新时代以来，中国共产党对文化建设倾情之深、笔墨之重、举措之实、力度之大前所未有，社会主义文化建设在时代画卷的波澜壮阔与静水深流中相映成趣。党的十八大以来，扎实推进社会主义文化强国建设是我国文化建设历史进程的生动写照。以习近平同志为核心的党中央举旗定向、正本清源、战略擘画并扎实推进文化建设各项重要工作。党的十九大以“坚定文化自信，推动社会主义文化繁荣兴盛”为主题发出“不断铸就中华文化新辉煌”[①]的新号令，党的十九届四中全会就坚持完善繁荣发展社会主义先进文化的制度作出新推进，党的十九届五中全会将建成文化强国写入2035年基本实现社会主义现代化的远景目标，党的二十大就“推进文化自信自强，铸就社会主义文化新辉煌”[②]规划新的战略蓝图。习近平总书记坚持亲自谋划、亲

① 习近平：《决胜全面建成小康社会　夺取新时代中国特色社会主义伟大胜利——在中国共产党第十九次全国代表大会上的报告》，人民出版社2017年版，第41页。

② 习近平：《高举中国特色社会主义伟大旗帜　为全面建设社会主义现代化国家而团结奋斗——在中国共产党第二十次全国代表大会上的报告》，人民出版社2022年版，第31页。

自指导、亲自推动，组织集体学习、召开专门会议、主持专题座谈、制定改革方案、决策重大项目、推动重大工程、实地调研考察，对文化建设各方面逐一进行深入细致的研究部署。“新时代十年的伟大变革，在党史、新中国史、改革开放史、社会主义发展史、中华民族发展史上具有里程碑意义。”[①] 史诗之成，离不开文化之力；史诗之中，内含有文化之篇。新时代以来党和人民坚持不懈地加强文化发展，推动文化建设事业取得了历史性成就，意识形态领域形势发生全局性、根本性转变，全党全国各族人民文化自信明显增强、精神面貌更加奋发昂扬。

以理论创新促进文化繁荣发展、建设社会主义文化强国、建设中华民族现代文明，必须坚定不移地走中国特色社会主义文化发展道路，立足中国实际、洞察时代大势、把握历史主动，坚持全局性谋划、战略性布局、整体性推进，科学解答时代新课题，突出繁荣中华文化要同当下实践要求相结合、同重大现实问题相结合，根据时代新变化和实践新要求来厘清当前文化发展的思路和举措，方可以鲜活的实践激活深厚的文化底蕴。

2. 坚持问题导向，不断深化对文化建设的规律性认识

历史总是在不断解决问题中前进。习近平总书记强调：“每个时代总有属于它自己的问题，只要科学地认识、准确地把握、正确地解决这些问题，就能够把我们的社会不断推向前进。”[②] 聚焦时代、回应

① 习近平：《高举中国特色社会主义伟大旗帜　为全面建设社会主义现代化国家而团结奋斗——在中国共产党第二十次全国代表大会上的报告》，人民出版社2022年版，第15页。

② 习近平：《之江新语》，浙江人民出版社2007年版，第235页。

时代，方可把握时代、引领时代。推进中华民族现代文明建设，必须正确回答时代和实践提出的重大课题，科学解答中国之问、世界之问、人民之问、时代之问，在新的赶考之路上书写不负时代、不负人民的崭新答卷。面对实践发展变化，以习近平同志为核心的党中央立足“两个大局”，对关系文化建设的一系列重大理论和实践问题进行深邃思考和科学判断，就新时代坚持和发展什么样的中国特色社会主义文化、怎样坚持和发展中国特色社会主义文化，建设什么样的社会主义文化强国、怎样建设社会主义文化强国，建设什么样的中华民族现代文明、怎样建设中华民族现代文明等重大时代课题，提出一系列原创性新理念新思想新战略。就怎样坚持和加强党对宣传思想文化工作的全面领导，怎样坚持马克思主义在意识形态领域的指导地位，怎样推动中华优秀传统文化创造性转化、创新性发展，怎样坚持以人民为中心的创作导向，怎样推进物质文明和精神文明相协调的现代化，怎样弘扬全人类共同价值等具体实践问题提出一系列新观点新论断新办法。

踏上新征程，新时代文化建设面临问题的复杂程度、解决问题的艰巨程度明显增强，需要我们深入调查研究，准确把握时代呼声，深刻揭示文化发展、文明传承的内在规律。面向未来，应从理论、文化、历史和现实等多个维度把握建设中华民族现代文明的深层次机理，在文化建设和文明发展上创造更多新辉煌。

（三）赓续民族血脉，以中华文明强根聚气

2021 年 3 月，习近平总书记来到南平武夷山朱熹园，一路往里走，到最里面一间屋舍，看到墙上印有朱熹的名言“国以民为本，社稷亦为民而立”时，他驻足凝视良久。早在 2018 年 6 月，习近平总

书记就曾借用这句话，诠释“民心是最大的政治”，以传统文化彰显中国特色，实现马克思主义的中国化时代化发展。

1. 深耕文化沃土，擦亮民族底色

在几千年的中华历史长河中，中国古人实事求是、知行合一的思想智慧，与马克思主义者“改变世界”的实践品格相通；中国明君民为邦本、为政以德的治理理念，与马克思主义者“人民群众是历史的创造者”的坚定立场相融；中国圣贤天下为公、天下大同的社会追求，与马克思主义者共产主义、社会主义的理想信念相生。党的十八大以来，从《共产党宣言》到《德意志意识形态》《资本论》《哥达纲领批判》等，“学好用好《共产党宣言》等马克思主义经典著作”[①]是习近平总书记一直的坚持；从《论语诠解》到《诗经》《天问》《警世通言》等，追寻延伸的中华文脉是习近平总书记不变的习惯。

建设中华民族现代文明，要实现对马克思主义理论的全面把握、对中华文明发展规律的系统梳理、对中国共产党百余年来的经验总结，深刻认识到“马克思主义和中华优秀传统文化来源不同，但彼此存在高度的契合性”[②]，只有植根本民族历史文化沃土，马克思主义真理之树才能根深叶茂。建设中华民族现代文明，要学习贯彻习近平总书记关于“两个结合”的重要论述，搞清楚结合什么、在哪些方面结合、在何种程度上进行结合，准确把握互为融通之要义。建设中华民族现代文明，要在实践中坚持用马克思主义激活中华传统文化中富有生命力的优秀因子，以“第二个结合”推进中华民族现代文明根植

① 习近平：《学习马克思主义基本理论是共产党人的必修课》，《求是》2019 年第 22 期。
② 习近平：《在文化传承发展座谈会上的讲话》，人民出版社 2023 年版，第 5 页。

马克思主义的魂脉、厚植中华优秀传统文化的根脉，以沉淀千年的文明赋予中国特色社会主义道路更加宏阔深远的历史纵深以及更加深沉丰厚的文化根基，以鲜明的中国特色赋予社会主义无限生机与饱满活力。

2. 绽放创新活力，激发内生动力

党的十八大以来，习近平总书记立足于新的历史方位，以坚定的文化自觉、宏阔的历史视野、深远的战略考量，提出了一系列新理念新思想新战略，引领中华文化创造性转化、创新性发展，推动中华文脉绵延繁盛、中华文明历久弥新。一是要坚持理论创新，我们党运用“以和为贵，和而不同”等治理思想，并结合世界百年未有之大变局的时代局势，创造出“人类命运共同体”的崭新概念；汲取“亲仁善邻、讲信修睦”等传统品质，并结合中国共产党人的百年探索，总结出中国特色社会主义核心价值观；坚守“天人合一”“道法自然”等传统理念，并结合生态文明建设的现实需求，探索出人与自然和谐共生的现代化之路。二是要坚持实践创新，不断激活传统文化元素。山西大同的云冈石窟不仅是中华文明宝贵的历史印记，也是中外文化、中国少数民族文化和中原文化、佛教艺术与石刻艺术相融合的文化艺术宝库。2020 年，习近平总书记在山西考察时强调：“要深入挖掘云冈石窟蕴含的各民族交往交流交融的历史内涵，增强中华民族共同体意识。”在总书记的深切嘱托和中国共产党的积极实践下，山西省利用数字扫描和 3D 打印技术等比例精准复制第 12 石窟当中古代音乐人盛大演出的场面，让“音乐窟”能够“动起来、走出去”。

一直以来，中国共产党不仅仅把中华优秀传统文化的发掘当作自身使命，更把中华优秀传统文化的创新当作首要任务。“‘结合’

本身就是创新，同时又开启了广阔的理论和实践创新空间。”[①] 建设中华民族现代文明，既需守好传统文化之根基，也需推动传统文化的创造性转化、创新性发展。要立足全面建设社会主义现代化国家的新需求，坚持用“两个结合”实现传统文化的时代表达，把马克思主义思想精髓同中华优秀传统文化精华贯通起来、同人民群众日用而不觉的共同价值观念融通起来，让马克思主义因充分汲取中华优秀传统文化的特质和精华而更加具有中国特色、中国风格、中国气派，让中华优秀传统文化因马克思主义的真理力量而具有新的时代特征、时代精神、时代内涵。建设中华民族现代文明，还应紧扣“现代化发展”这一目标，紧抓科技革命的新机遇，坚持用数字技术、科技手段激活传统文化的优秀基因、丰富传统文化的表现形式、拓展传统文化的传播渠道，以创新让中华文明焕发出更加蓬勃的生机与活力。

经典文献

1848年这一年在德国一事无成，只是在哲学领域中发生了全面的转折。这个民族由于热衷于实际，一方面初步建立起大工业和投机事业，另一方面为德国自然科学此后所经历的、由巡回传教士和漫画人物福格特、毕希纳等等所揭开的巨大跃进奠定了基础，于是这个民族坚决摒弃了在柏林老年黑格尔派中陷入困境的德国古典哲学。柏林的老年黑格尔

① 习近平：《在文化传承发展座谈会上的讲话》，人民出版社2023年版，第8页。

派确实应该遭到这样的命运。但是，一个民族要想站在科学的最高峰，就一刻也不能没有理论思维。可是正当自然过程的辩证性质以不可抗拒的力量迫使人们承认它，因而只有辩证法能够帮助自然科学战胜理论困难的时候，人们却把辩证法同黑格尔派一起抛进大海，因而又无可奈何地陷入旧的形而上学。从此以后，在公众当中流行起来的一方面是叔本华的、尔后甚至是哈特曼的迎合庸人的浅薄思想，另一方面是福格特和毕希纳之流的庸俗的巡回传教士的唯物主义。在大学里，各种各样的折中主义互相展开竞争，不过在一点上它们是一致的，这就是它们全都是由过时哲学的十足的残渣拼凑而成的，并且全都同样地是形而上学的。在古典哲学的各种残余中，只有某种新康德主义得以幸存，这种新康德主义的最终结论就是永远不可知的自在之物，也就是康德哲学中最不值得保存下来的部分。最终的结果就是理论思维现在处处表现出杂乱无章。

——《马克思恩格斯选集》第 3 卷，人民出版社 2012 年版，第 875 页

二、坚持文化自信，实现精神上的独立自主

2023 年，在文化传承发展座谈会上，习近平总书记提出“精神上的独立自主”重大命题，丰富和发展了独立自主的时代内涵。在新时代赶考路上，着力推动文化繁荣、建设文化强国、建设中华民族现代文明，逐渐成为中国式现代化的应有之义、必行之举。

（一）以中华优秀传统文化为基因，夯实文化自信根基

登古城、访书院、寻文脉……习近平总书记对于探寻中华文明、守护中华文化始终饱含深情、念兹在兹。历经千年发展的中华优秀传统文化是中华民族最深厚的软实力，也是中国特色社会主义最鲜明的特征，并日益成为中华儿女文化自信的重要根基，以及实现中华民族伟大复兴的内在动力。建设中华民族现代文明，还应延续中华优秀传统文化的优秀基因，共同努力创造属于新时代的新文化。

1. 汲取传统文化滋养，坚守中华文明特性

20 世纪 80 年代，习近平同志在担任河北正定县委书记时，针对文物保护措施不力的问题，严肃指出："我们保管不好，就是罪人，就会愧对后人。"① 针对传统文化保护工作，习近平总书记从保护一个县、珍视一座城，到谋划一个国。时光荏苒，初心如磐。党的十八大以来，习近平总书记充分肯定中华优秀传统文化历史地位、科学总结中华优秀传统文化重要元素、深刻把握中华优秀传统文化中治国理政经验智慧，总结得出中华文明的 5 个突出特性。

建设中华民族现代文明，首先要深刻把握中华文明的突出特性。一是全面认识中华文明突出的连续性，既要把握长期形成的历史传承，理解古代王朝的兴衰成败；又要把握走过的发展道路、积累的政治经验、形成的政治原则，理解中国特色社会主义道路；还要把握现实要求、着眼解决现实问题，理解中国式现代化探索。二是充分发挥

① 《让群众过上好日子——习近平正定足迹》，人民出版社、河北人民出版社 2022 年版，第 142 页。

中华文明突出的创新性，以自强不息之精神支撑中华优秀传统文化在历史长河中熠熠生辉，以革故鼎新之行动打造更繁荣更强大的中华现代文明体系。三是全力维护中华文明突出的统一性，深化国土不可分、国家不可乱、民族不可散、文明不可断的共同信念，推进各民族文化上的相互借鉴、经济上的相互依存、情感上的相互亲近。四是生动彰显中华文明突出的包容性，秉持兼收并蓄之态度，充分吸收其他民族、其他国家的先进文化；秉持对外开放之原则，全面助力中华优秀传统文化元素的海外传播。五是积极主张中华文明突出的和平性，否定"国强必霸论"，发扬"亲仁善邻"之风，争做世界和平的建设者、全球发展的贡献者、国际秩序的维护者，努力开辟人类文明新形态。

2. 赓续传统文化血脉，坚定中国特色道路

中华民族在几千年历史中创造和延续的中华优秀传统文化，是中华文明的智慧结晶和精华所在，是中华民族的"根"和"魂"，也是我们在世界文化激荡中站稳脚跟的根基。"如果没有中华五千年文明，哪里有什么中国特色？如果不是中国特色，哪有我们今天这么成功的中国特色社会主义道路？"[①]2021 年，在福建南平武夷山市朱熹园的考察中，习近平总书记语气铿锵地道出了中国特色社会主义道路的自信之源。2023 年，在文化传承发展座谈会上，习近平总书记又语重心长地指出："我们的社会主义为什么不一样？为什么能够生机勃勃、充满活力？关键就在于中国特色，中国特色的关键就在于'两个

① 《习近平的小康情怀》，人民出版社 2022 年版，第 502 页。

结合’。”[1]“只有立足波澜壮阔的中华五千多年文明史，才能真正理解中国道路的历史必然、文化内涵与独特优势。”[2]

新时代，以传统文化赋能中国特色社会主义道路，要更加全面而深入地了解和研究中国传统文化，以科学的态度、时代的视角对传统文化进行选择，取其精华，去其糟粕，使传统文化的优秀品格显现出来，使传统文化的优秀基因延续下去，坚定中国特色社会主义道路的底气和信心。以传统文化赋能中国特色社会主义道路，要更加自觉主动地坚持“两个结合”特别是“第二个结合”，坚持用马克思主义指导中华 5000 多年文明宝库进行全方位挖掘，有效把马克思主义思想精髓同中华优秀传统文化精华贯通起来，聚变为新的理论优势，构建起中华民族现代文明的文化高地，开辟马克思主义中国化时代化新境界，实现中国式现代化的新探索新实践。

3. 鲜活传统文化表达，坚持更好走向世界

2021 年的河南卫视春晚舞台上，《唐宫夜宴》用现代化手段向世界展现了中华优秀传统文化之美，赢得广泛称赞。在 AR 技术的呈现下，14 个唐朝姑娘在屏幕上复活，她们穿过底蕴丰厚的博物馆，越过彩墨渲染的山岭，来到了金鱼飞在空中的故宫，以曼妙的舞姿呈现了一出“奇妙夜之旅”。节目在国内外火爆“出圈”，成为中华优秀传统文化鲜活表达的成功案例。新时代十年来，数字技术日益成为传统文化“破圈”的新帮手。2022 北京冬奥会开幕式上，二十四节气首次变身为倒计时器，以全新的表达方式展现中华民族 5000 多年的

---

① 习近平：《在文化传承发展座谈会上的讲话》，人民出版社 2023 年版，第 7 页。
② 习近平：《在文化传承发展座谈会上的讲话》，人民出版社 2023 年版，第 5 页。

文化底蕴，惊艳亮相在全球观众面前。《哪吒之魔童降世》《姜子牙》《长安三万里》等影视作品，以现代化的手段再现各种中国故事，掀起一阵阵国漫热……

党的十八大以来，传统文化元素和科学技术互相融合，产生深刻的“化学反应”，既展现了看得见的中华文明的优秀基因，更赋予了中华儿女强大的文化自信。中华民族现代文明是人们看得见、看得懂的文明，因此要以人们喜闻乐见的形式把中华优秀传统文化推广开来、传承下去。要在创新表达形式上下功夫，善于运用数字技术推动中华优秀传统文化的保护、传播、转化、创新，让收藏在博物馆里的文物、陈列在广阔大地上的遗产、书写在古籍里的文字都“活”起来。要在鲜活表达内容上下功夫，让传统文化元素变成人们能用、能听、能看的生活密友、伴手萌物，用心用情用力推动传统文化深度融入人们的日常生活，让人民群众在实践中体悟中华优秀传统文化，不断增强对中华优秀传统文化的认同感、自豪感。

（二）以“三种文化”为基点，提振文化自信自强

文化自信，是更基础、更广泛、更深厚的自信，是更基本、更深沉、更持久的力量。中华优秀传统文化、革命文化和社会主义先进文化这三种文化，既构成了中国特色社会主义文化的基本内容，又是在中国式现代化新征程上推进文化自信自强的强大动力。党的二十大报告指出，“以社会主义核心价值观为引领，发展社会主义先进文化，弘扬革命文化，传承中华优秀传统文化”[①]。在中国式现代化新征程上

① 习近平：《高举中国特色社会主义伟大旗帜　为全面建设社会主义现代化国家而团结奋斗——在中国共产党第二十次全国代表大会上的报告》，人民出版社2022年版，第43页。

推进文化自信自强，要以“三种文化”为基点，筑牢文化自信自强之“根”，夯实文化自信自强之“基”，铸就文化自信自强之“魂”。

1. 传承中华优秀传统文化，筑牢文化自信自强之“根”

历久弥新的中华优秀传统文化是增强文化自信的价值源泉。2022年10月，习近平总书记来到河南安阳殷墟遗址。在殷墟博物馆，总书记观摩青铜器、玉器、甲骨文等文物时指出：“殷墟我向往已久，这次来是想更深地学习理解中华文明，古为今用，为更好建设中华民族现代文明提供借鉴。”[①] 殷墟之下，埋藏着中华文明得以生生不息的密码，也积淀着历久弥新的中华优秀传统文化。在中华民族5000多年的历史长河中，无数中华儿女团结进取、奋进拼搏，创造了源远流长、博大精深的中华优秀传统文化，为中华民族的生生不息、发展壮大提供了强大的精神支撑。2023年6月，习近平总书记在文化传承发展座谈会上指出：“只有全面深入了解中华文明的历史，才能更有效地推动中华优秀传统文化创造性转化和创新性发展，更有力地推进中国特色社会主义文化建设，建设中华民族现代文明。”[②] 中华优秀传统文化中蕴含的天下为公、民为邦本、为政以德、天人合一等思想不仅承载着先辈们的智慧精髓，而且同科学社会主义核心价值观主张具有高度契合性，为马克思主义同中华优秀传统文化相结合提供了前提条件。要不断推动中华优秀传统文化创造性转化、创新性发展，加快构建中国话语和中国叙事体系，深化文明交流互鉴，推动中华文化更好走向世界。

---

① 《习近平在陕西延安和河南安阳考察时强调　全面推进乡村振兴　为实现农业农村现代化而不懈奋斗》，《人民日报》2022年10月29日。

② 习近平：《在文化传承发展座谈会上的讲话》，人民出版社2023年版，第1页。

2. 弘扬革命文化，夯实文化自信自强之“基”

浴火淬炼的中国革命文化是提升文化自觉的精神支撑。革命文化是我们党领导人民群众在革命、建设与改革中创造的，是新时代中国特色社会主义文化的重要组成部分。党的十八大以来，习近平总书记高度重视革命文化，多次瞻仰对我们党具有重大历史意义的革命圣地、红色旧址、革命历史纪念场所等，反复强调要结合时代条件传承好、弘扬好革命精神。一部中国共产党的百年历史，就是一部中华民族的抗争史，也是一部民族精神的淬炼史。在百年革命斗争的历史中孕育的井冈山精神、长征精神、延安精神、西柏坡精神、抗洪精神、抗震救灾精神、抗疫精神等伟大精神，集中体现了党的坚定信念、根本宗旨、优良作风，彰显了革命文化历久弥新的强大生命力，为党和国家的各项事业发展提供了强大的精神动力。党的二十大闭幕后不久，习近平总书记带领新一届中央政治局常委来到陕西延安革命圣地，强调新一届中央领导集体要赓续红色血脉、传承奋斗精神。习近平总书记指出：“把红色基因传承好，确保红色江山永不变色。”[①] 立足新时代，我们必须在推进中国式现代化的历史进程中继续传承和弘扬革命文化，在激扬信仰力量、凝聚价值共识、淬炼思想自觉中不断厚植社会主义文化强国的红色底蕴，夯实党和人民建设社会主义现代化强国的强大精神根基。

---

① 习近平：《用好红色资源，传承好红色基因　把红色江山世世代代传下去》，《求是》2021 年第 10 期。

3. 发展社会主义先进文化，铸就文化自信自强之“魂”

开拓进取的社会主义先进文化是推动文化自强的根本动力。社会主义先进文化是以马克思主义中国化时代化理论创新成果为根本指导的，面向现代化、面向世界、面向未来的，民族的、科学的、大众的社会主义文化，其中凝聚了全国各族人民的强大精神力量，是坚定文化自信、促进文化自强的重要动力。习近平总书记指出：“中国特色社会主义文化积淀着中华民族最深层的精神追求，代表着中华民族独特的精神标识，是中国人民胜利前行的强大精神力量。”[①] 正是由于我们党不断创造性转化、创新性发展中华优秀传统文化，继承革命文化，发展社会主义先进文化，才能建立起文化主体性，不断增强文化自信。党的二十大报告指出：“中国共产党为什么能，中国特色社会主义为什么好，归根到底是马克思主义行，是中国化时代化的马克思主义行。”[②] 社会主义先进文化是党领导人民推进中国特色社会主义伟大事业取得的精神文明成果，是弘扬革命文化、传承中华优秀传统文化不可或缺的支撑，具有鲜明的时代特色。大力发展社会主义先进文化，坚持中国特色社会主义文化发展道路，着力激发全民族文化创新创造活力。要坚守中华文化立场，立足当代中国现实，结合当今时代条件，发展社会主义文化，推动社会主义物质文明和精神文明协调发展。坚持以社会主义核心价值观引领文化建设，铸就文化自信自强之“魂”。

---

① 习近平：《在纪念红军长征胜利 80 周年大会上的讲话》，人民出版社 2016 年版，第 13—14 页。

② 习近平：《高举中国特色社会主义伟大旗帜　为全面建设社会主义现代化国家而团结奋斗——在中国共产党第二十次全国代表大会上的报告》，人民出版社 2022 年版，第 9 页。

（三）以增强文化认同为核心，抵制民族虚无主义

文化是民族的血脉，是人民的精神家园。抵制民族虚无主义，增强文化认同对筑牢民族发展价值、凝聚民族发展力量、实现民族复兴具有重大意义。推进新时代文化建设，要始终把握好文化建设的内容、立场、阵地，从而在固本培元中坚定自信、在站稳立场中行稳致远、在正本清源中举旗定向，铸就社会主义文化新辉煌。

1. 坚持培育和践行社会主义核心价值观，在固本培元中坚定自信

文化自信包含核心价值观的自信，坚定文化自立自信，必然包含着对社会主义核心价值观的培育和践行。培育和践行社会主义核心价值观是社会主义先进文化的根本使命，是推进文化自信自强，铸就社会主义文化新辉煌的重要支撑。习近平总书记指出：“一个民族、一个国家的核心价值观必须同这个民族、这个国家的历史文化相契合，同这个民族、这个国家的人民正在进行的奋斗相结合，同这个民族、这个国家需要解决的时代问题相适应。”[①] 社会主义核心价值观凝聚着我们中华民族最核心的精神品质，也承载着我们民族的理想和信念，是当代中国最广泛、最深厚的价值基础。坚定文化自立自信，要坚持培育和践行社会主义核心价值观，以社会主义核心价值观引领文化建设，发展社会主义先进文化，弘扬革命文化，传承中华优秀传统文化，巩固全党全国各族人民团结奋斗的共同思想基础。以社会主义核

---

① 习近平：《青年要自觉践行社会主义核心价值观——在北京大学师生座谈会上的讲话》，人民出版社 2014 年版，第 8 页。

心价值观为支撑，推动中华传统文化的创造性转化和创新性发展，使中华文化在时代特征、世界形势、中国国情的交互影响下稳步发展，不断增进中华文化的生命力、感召力、影响力，最终实现中华文化的自觉、自信、自强。

2. 坚持以人民为中心的工作导向，在站稳立场中行稳致远

“国以民为本，社稷亦为民而立。”秉持文化的自觉自信，党的十八大以来，以习近平同志为核心的党中央在文化工作理论和实践的探索中坚持以人民为中心的工作导向，深刻总结新时代党领导文化建设的非凡实践和宝贵经验，创造性地提出了一系列富有中国特色、体现时代精神、引领文明发展的新思想新观点新论断，形成并明确提出了习近平文化思想。习近平文化思想始终贯穿以人民为中心的主线，紧扣人民在历史、实践和价值层面的主体地位，科学回答了文化源于谁、为了谁、属于谁的根本问题，充分展示了习近平总书记深厚的人民情怀。党的二十大报告指出，“繁荣发展文化事业和文化产业。坚持以人民为中心的创作导向，推出更多增强人民精神力量的优秀作品”[①]。新时代，宣传思想文化工作承载着新的文化使命，必须坚持以人民为中心的工作导向，坚定文化自信，秉持开放包容，坚持守正创新，强化文化价值引领。坚持文化发展为了人民、文化发展依靠人民、文化发展成果由人民共享。牢牢把握人民立场，真正解决好文化发展“为了谁、依靠谁”这一根本问题。用中华优秀传统文化、革命文化和社会主义先进文化涵养人民的思想道德、精神境界、文化修

① 习近平:《高举中国特色社会主义伟大旗帜　为全面建设社会主义现代化国家而团结奋斗——在中国共产党第二十次全国代表大会上的报告》，人民出版社 2022 年版，第 16 页。

养，着眼新形势下人民精神文化需求的转变，不断满足人民对美好精神文化生活的新要求新期待。

3. 坚守意识形态主阵地，在正本清源中举旗定向

2023年6月，习近平总书记在文化传承发展座谈会上指出：“对文化建设来说，守正才能不迷失自我、不迷失方向，创新才能把握时代、引领时代。守的是马克思主义在意识形态领域指导地位的根本制度，守的是‘两个结合’的根本要求，守的是中国共产党的文化领导权和中华民族的文化主体性。”[①] 新时代新征程，文化建设面临新形势新任务，必须坚守意识形态主阵地，在马克思主义指导下努力开创宣传思想文化工作新局面，助力建设文化强国。党的十八大以来，以习近平同志为核心的党中央高度重视意识形态工作，把意识形态工作明确定位为“一项极端重要的工作”[②]，并把能否做好意识形态工作上升到事关党的前途命运、事关国家长治久安、事关民族凝聚力和向心力的战略高度。要牢牢掌握党对意识形态工作领导权，巩固马克思主义在意识形态领域的指导地位，巩固全党全国人民团结奋斗的共同思想基础，着力建设具有强大凝聚力和引领力的社会主义意识形态，坚持正确政治方向，站稳政治立场，积极宣传党的理论和路线方针政策，唱响时代主旋律，发出更多中国强音。

---

① 习近平：《在文化传承发展座谈会上的讲话》，人民出版社2023年版，第11页。

② 《习近平对宣传思想文化工作作出重要指示强调　坚定文化自信秉持开放包容坚持守正创新　为全面建设社会主义现代化国家　全面推进中华民族伟大复兴提供坚强思想保证强大精神力量有利文化条件》，《人民日报》2023年10月9日。

历史钩沉

三星堆上新：为中华文明多元一体再添新证

“月光宝盒”、铜猪鼻龙形器、顶尊蛇身铜人像、金面罩铜头像……2022年6月13日，四川省文物考古研究院在四川广汉市公布了去年9月以来三星堆遗址的最新考古成果，数件造型奇特的“上新”文物丰富了三星堆遗址的铜器类别，呈现出更加丰富的种类和文化内涵，既体现了中华文明的多样性和丰富性，又见证了中华大地各区域文明早期交流互融，为中华文明多元一体增加了新的实物证据。2020年以来，四川省文物考古研究院、北京大学、四川大学等科研机构和高校组成联合考古队在三星堆祭祀区开展发掘，在1986年发现的1号、2号“祭祀坑”旁边，相继发现、发掘了距今约3000年的3号至8号6个“祭祀坑”。截至目前，6个“祭祀坑”共出土编号文物近1.3万件，其中相对完整的文物3155件。考古学家经过对三星堆新出土文物的仔细研究判定，三星堆遗址与国内其他地区存在的密切文化联系，三星堆是中华文明的重要成员。

以8号“祭祀坑”新发现的一件顶尊蛇身铜人像为例，整件文物分为3部分，中间是一个人首蛇身、凸目獠牙、戴有牛角面具的铜人像，它的双手撑在一个带方座的青铜罍上，头上还顶着一个朱砂彩绘觚形尊。“铜人像具有古蜀文明的特征，方座铜器是先周文化的代表，尊是中原文化的代表。这3种文化因素集合到同一件器物上，生动地体现出三星堆是中华文明的重要组成部分。”工作人员如是说。此外，三星堆新发掘6个“祭祀坑”中发现的铜尊、铜罍、铜瓿为中原殷商文化的典型铜器，玉琮来自甘青地区齐家文化，有领玉璧、玉璋、玉戈在河南、陕西、山东以及广大的华南地区都有发现，大量发现的金器则与半月形地带自古有之的金器使用传统相符，而神树、顶尊跪坐人像以及大量龙形象器物则表明，三星堆遗址的先民与国内其他地区人群在精神信仰方面相似。

——节选自《三星堆上新：为中华文明多元一体再添新证》，新华网 2022 年 6 月 13 日

三、秉持开放包容，推动中华文化走向世界

中华文明的繁衍、人类文明的进步，离不开求同存异、开放包容，离不开文明交流、互学互鉴。几千年来，中华文明始终“以海纳百川的胸怀打破文化交往的壁垒，以兼收并蓄的态度汲取各国文明的养分，以自信开放的姿态更好推动中华文化走出去，让中华文明在同其他文明的交流互鉴中不断焕发新的生命力”①。

（一）辉煌盛世的古老智慧

泱泱中华，历史悠久，源远流长。在漫漫历史长河中，中华民

① 《展现“包容性”，保持兼收并蓄的开放胸怀（人民观点）——深刻把握中华文明的突出特性⑤》，《人民日报》2023 年 6 月 19 日。

族留下了浩如烟海的宝贵文化成果，为中华文明提供了重要内容，为人类文明作出了重大贡献。辉煌盛世的古老中国始终兼收并蓄，吸收各民族优秀文明成果，始终坚持对外交流，展现本国本民族的崭新气象，绵延永续的中华文明深刻影响着人类文明进程。

1. 扩散传播：不吝传播自身辉煌成就

“深化文明交流互鉴，推动中华文化更好走向世界。”[①] 展现中华文明优秀发展成果，增强中华文明传播力影响力，是中华民族一直以来的伟大追求，也构成了中国人民几千年来的文化实践。公元前 100 多年，穿越荒漠戈壁，伴随声声驼铃，张骞踏上了通往西域的文化交流之路；明朝时期，郑和七下西洋，中国“宝船”满载和平、友谊和合作，向世界展现着东方大国真诚的文化互动与交流，彰显着中华文化的独特魅力。陆地与海洋，两条文化互鉴之路，贯穿世界各国、各民族优秀文明成果，贯通古今未来的文明交流之路，中国人民一步一个脚印，走好中华文明的传播之路。积极向世界展现中华文明的卓越风采，体现着中华文明的璀璨辉煌，彰显着中国人民的坚定自信。新时代中国坚持“讲好中国故事、传播好中国声音，展现可信、可爱、可敬的中国形象”[②]。2013 年，习近平总书记先后提出共建“丝绸之路经济带”和“21 世纪海上丝绸之路”，10 多年来，中国已同 150 多个国家和 30 多个国际组织签署了 230 多份共建“一带一路”合作文

---

① 习近平：《高举中国特色社会主义伟大旗帜　为全面建设社会主义现代化国家而团结奋斗——在中国共产党第二十次全国代表大会上的报告》，人民出版社 2022 年版，第 46 页。

② 习近平：《高举中国特色社会主义伟大旗帜　为全面建设社会主义现代化国家而团结奋斗——在中国共产党第二十次全国代表大会上的报告》，人民出版社 2022 年版，第 46 页。

件。“一带一路”打通中国特色社会主义文化与世界各国文化融通及交流的和平发展之路，中华文明以崭新的姿态继续向世界诉说着自己的发展之路、发展之法、发展之道，向其他各民族展现着新时代中国卓越的奋斗历史成就及期望与各民族、各国家共同发展的广阔胸襟。“一带一路”折射着中华民族、中国共产党人和中国人民对自身文化的坚定信心，展现着中华民族从古至今都致力于传播中华文化、扩大中华文化影响力的伟大追求。

2. 兼收并蓄：不断吸收各国优秀文明

“敦，大也。以其广开西域，故以盛名。”敦煌，作为点亮丝绸之路的璀璨明珠，承载着四大文明的交汇融通，是中华文明兼收并蓄的历史见证。“敦煌文化是各种文明长期交流融汇的结晶。”[①]自汉代以来，敦煌始终以兼收并蓄、开放包容的姿态绽放于中华文明悠久的历史长河中，彰显着中华文明鲜明的民族特性，闪耀着古代印度文明、波斯文明、希腊文明的璀璨光芒，色彩斑斓的古老壁画、形神各异的雕刻石像都是敦煌文化的发展结晶。于细微之处达观世界，敦煌文化兼收并蓄的发展特色，映照着中华文明发展的包容身姿。习近平总书记指出，“中华文明具有突出的包容性”[②]，这种包容性“决定了中华文化对世界文明兼收并蓄的开放胸怀”[③]，决定着中华文明能够在葆有根脉的基础上从世界各民族文化中汲取发展养分从而枝繁叶茂。党的十八大以来，以习近平同志为主要代表的中国共产党人坚持民族发展与世界发展同步，促进世界各民族文化交流互鉴，要求秉持开放

---

① 习近平：《论党的宣传思想工作》，中央文献出版社 2020 年版，第 406 页。
② 习近平：《在文化传承发展座谈会上的讲话》，人民出版社 2023 年版，第 4 页。
③ 习近平：《在文化传承发展座谈会上的讲话》，人民出版社 2023 年版，第 4 页。

包容，坚持马克思主义中国化时代化，传承发展中华优秀传统文化，促进外来文化本土化，不断培育和创造新时代中国特色社会主义文化[①]，继续坚持中华文化与世界各民族优秀文化成果的融合发展，使中华民族以兼容并包的风貌、海纳百川的胸怀屹立于世界民族之林，不断拓展中华文明发展空间。

3. 绵延不断：深刻影响世界文明进程

习近平总书记在主持中共中央政治局第三十九次集体学习时指出："在五千多年漫长文明发展史中，中国人民创造了璀璨夺目的中华文明，为人类文明进步事业作出了重大贡献。"[②]在人类文明发展史上，中华文明浩浩荡荡、绵延不息，是唯一的从未断流的文明，并不断以新风貌新形态屹立于世界东方。历经5000多年波澜壮阔的中华文明是中华民族的根脉延续，也是世界文明的时代延展，深刻影响着世界文明进程。习近平总书记在文化传承发展座谈会上深刻指出："对历史最好的继承就是创造新的历史，对人类文明最大的礼敬就是创造人类文明新形态。"[③]党的十八大以来，以习近平同志为核心的党中央团结带领全国各族人民，坚持把马克思主义基本原理同中国具体实际相结合、同中华优秀传统文化相结合，从"全过程人民民主"到"构建人类命运共同体"，从"绿水青山就是金山银山"到"促进人与自然和谐共生"，从"铸就社会主义新辉煌"到"创造人类文明新形态"，中国共产党始终把民族立场与世界眼光有机融合，始终把历

---

① 习近平：《在文化传承发展座谈会上的讲话》，人民出版社2023年版，第11页。
② 习近平：《把中国文明历史研究引向深入　增强历史自觉坚定文化自信》，《求是》2022年第14期。
③ 习近平：《在文化传承发展座谈会上的讲话》，人民出版社2023年版，第12页。

史底蕴与时代精神有机贯通，坚持以中国式现代化建设中华民族现代文明，不断为创造人类文明新形态贡献中国力量，深刻影响着世界文明发展进程。

（二）激荡变局的大国担当

和而不同、和谐万邦，始终是中国的天下情怀，也是中国的大国智慧。中国式现代化的发展不仅仅着眼于实现本民族的发展，更着眼于世界各民族的共同发展，旨在实现自身发展的同时兼顾和推动世界整体发展，始终不断为解决世界发展难题贡献中国智慧、中国方案。

1. 自信自强：沉着应对多重挑战

“当今世界，要说哪个政党、哪个国家、哪个民族能够自信的话，那中国共产党、中华人民共和国、中华民族是最有理由自信的！”[①] 置身于历史的坐标系中，中华民族由苦难走向辉煌、由衰落走向复兴的曲折历史征程，彰显着中华民族的自信气质与自强本领。从一穷二白到全面小康，从摸着石头过河到顶层设计，从亦步亦趋跟随别人的脚步到昂首阔步于中国式现代化道路上，自信自强是中华民族赢得历史、站稳现在，进而把握未来的重要法宝。中华民族的自信自强不仅体现在取得辉煌成就的历史长河中，更体现在新时代新征程的伟大实践上。面对内外风险交织叠加，不确定难预料因素增多以及各种“黑天鹅”“灰犀牛”事件，以习近平同志为核心的党中央以自信自立的姿态防范化解各类复杂矛盾，团结带领全党全军全国各族人民有效应对严峻复杂的国际形势和接踵而至的巨大风险挑战，以奋发有

---

① 习近平：《在党史学习教育动员大会上的讲话》，人民出版社 2021 年版，第 9 页。

为、自立自强的精神把新时代中国特色社会主义不断推向前进。面对西方敌对势力对中国特色社会主义道路的质疑、对中国特色社会主义理论的曲解、对中国特色社会主义制度的解构、对中国特色社会主义文化的侵蚀，中国共产党自立自强，立足中华文化发展立场，厚植中华文明根脉，在世界风云激荡的复杂环境中坚定不移地走出一条具有鲜明民族特色的文明发展之路。

2. 互鉴互利：坚定维护多边主义

“泰山不让土壤，故能成其大；河海不择细流，故能就其深”，互鉴互利是人间大道，中华文化的延绵赓续从不是孤立独行，中华民族伟大复兴也从不是唱独角戏，而是坚持以多边主义实现全世界各民族的团结发展，实现各民族经济文化的交流互鉴。习近平总书记指出：“21 世纪的多边主义要守正出新、面向未来，既要坚持多边主义的核心价值和基本原则，也要立足世界格局变化，着眼应对全球性挑战需要，在广泛协商、凝聚共识基础上改革和完善全球治理体系。”[①]党的十八大以来，以习近平同志为核心的党中央坚持平等包容、互利互鉴、开放协商，在立足本民族文明、维护本国利益的基础上胸怀天下，着眼于世界各民族文化的交流对话，致力于世界各民族发展的互利互鉴。面对世界各国家、各民族的意见分歧和利益冲突，中国始终坚持以对话解决争端、以协商化解分歧，在维护共同利益的基础上开展深入的交流合作，力求在最大程度上照顾各方利益关切，坚定不移地走好多边主义道路，实现世界各民族文明的交流互鉴，充分推动了

① 习近平：《让多边主义的火炬　照亮人类前行之路——在世界经济论坛“达沃斯议程”对话会上的特别致辞》，人民出版社 2021 年版，第 8 页。

世界各国合作，为解决世界问题贡献中国智慧、中国方案，进而展现了友善和平包容开放的大国形象。

3. 责任担当：主动把握时代变局

世界正在经历百年未有之大变局，新一轮科技革命和产业变革深入发展，国际力量对比深刻调整，这既是大发展的时代，也是大变革的时代。中华民族以天下为公、世界大同的广阔胸襟，中华文明以包容开放的姿态积极承担着时代责任，走近世界舞台中央。党的十八大以来，以习近平同志为核心的党中央始终站在构建人类命运共同体的高度，深刻把握人类发展面临的一系列发展难题和重大挑战，着力应对世界之变、时代之变、历史之变，积极破解"世界怎么了、我们怎么办"的时代课题，为全人类进步作出卓越贡献。面对新冠疫情的暴发、蔓延，中国肩负大国担当，同其他国家并肩作战、共克时艰，尽己所能向国际社会提供人道主义援助，支持全球抗击疫情；面对世界不同文明的冲突，中国坚持文明因交流而多彩，因互鉴而发展的理念，秉持多彩、平等、包容的文明观，始终让"文明交流互鉴成为增进各国人民友谊的桥梁、推动人类社会进步的动力、维护世界和平的纽带"①；面对全球治理失调，中国统筹发展与安全，倡导坚持共同、综合、合作、可持续的安全观，坚持以落实全球发展倡议为引领，将发展始终置于国际议程中心位置，积极为全球治理变革和建设提供中国方案……和而不同，天下大同。新时代中国共产党人倡导的和平、发展、公平、正义、民主、自由的全人类共同价值，为应对全球发展

① 习近平：《出席第三届核安全峰会并访问欧洲四国和联合国教科文组织总部、欧盟总部时的演讲》，人民出版社 2014 年版，第 15 页。

挑战、时代发展变局作出了突出贡献。

（三）民族复兴的自信气质

开放包容、兼收并蓄的中华文化，不仅缔造了中华民族灿烂辉煌的历史，塑造了新时代中国胸怀天下的形象，更将在进一步走向世界的历史进程中，以独立自主、面向世界的精神面貌，集中展现中华民族伟大复兴的自信气质。

1. 中华文化的繁荣复兴是民族复兴的重要前提

“文化是一个国家、一个民族的灵魂。文化兴国运兴，文化强民族强。没有高度的文化自信，没有文化的繁荣兴盛，就没有中华民族伟大复兴。”[①] 实现中华民族的伟大复兴，离不开高度的文化自信，也离不开文化的兴盛繁荣；实现中华文化繁荣复兴、推动中华文化走向世界，是实现中华民族伟大复兴的重要一环。当今世界，各国之间综合国力的竞争日趋激烈，文化也成为各国展示实力与形象的重要组成部分，要实现中华民族伟大复兴的中国梦，赢得国际社会的广泛认可，一个重要前提就是推动中华文化在国际文化领域获得相对应的地位。中华文化从来就不是封闭的文化，实现中华文化的繁荣复兴，就意味着不仅要让其在国内重现辉煌，而且要在世界文明中广泛吸收具有时代特征的有益成果，构建被认可、被接受的话语体系和同我国综合国力和国际地位相匹配的国际话语权，产生深刻而又广泛的文化影响，为中华民族的伟大复兴提供深厚的文化基础。

---

① 习近平：《决胜全面建成小康社会　夺取新时代中国特色社会主义伟大胜利——在中国共产党第十九次全国代表大会上的报告》，人民出版社 2017 年版，第 40—41 页。

2. 中华文化拥抱世界文明

“文明因多样而交流，因交流而互鉴，因互鉴而发展。”[①] 新时代的中国共产党坚持胸怀天下，积极学习借鉴世界各国优秀文明成果，树立和运用世界眼光，让中华文化更具开放性与世界性。习近平总书记指出：“中华文明的包容性，从根本上决定了中华民族交往交流交融的历史取向，决定了中国各宗教信仰多元并存的和谐格局，决定了中华文化对世界文明兼收并蓄的开放胸怀。”[②] 建设中华民族现代文明，向世界展现以中国式现代化全面推进中华民族伟大复兴的自信气质，需要继续秉持开放包容的态度，在推动中华文化走向世界的进程

2022 年 2 月 20 日晚，北京第二十四届冬季奥林匹克运动会闭幕式在国家体育场举行。图为焰火在“鸟巢”上空显示出中文“天下一家”和英文“ONE FAMILY”字样

① 《习近平谈治国理政》第 3 卷，外文出版社 2020 年版，第 468 页。
② 习近平：《在文化传承发展座谈会上的讲话》，人民出版社 2023 年版，第 4 页。

中，拥抱世界文明、吸收有益成果。我们要始终牢记，开放包容、拥抱世界的前提是自我为主、独立自主，让中华文化与丰富多彩、形态各异的世界优秀文明交流互鉴，前提是要牢记建设中华民族现代文明的使命任务、坚守中华文化的风格和气派，从自身的规划与需要出发，不过度解读、不盲目吸收。同时要进一步坚定拥抱世界的决心，每一种文明都有其独特魅力和深厚底蕴，都是人类的精神瑰宝，一切优秀的文明成果都值得尊重；一种文明的发展终有其局限，中华文化只有做到兼容并蓄，积极吸收借鉴其他文明的有益成果，才能更好实现自身的发展，才能以更加自信开放的姿态朝着建设中华民族现代文明的目标稳步前进。

3. 世界文明检验中华文化

中华文化走向世界，不仅仅意味着要促进中华文化在世界文明的浩瀚海洋中尽情遨游和汲取，更意味着要让世界文明认识、了解、尊重和认可中华文化，以中华文化为基点，进一步感知当代中国的发展活力。因此，我们要“加快构建中国话语和中国叙事体系，讲好中国故事、传播好中国声音，展现可信、可爱、可敬的中国形象”[①]，既要让世界听得懂、听得进去，把中华文化的精髓和我们“想讲的”、受众“想听的”有机结合起来，贴近外国受众的思维方式、审美情趣和语言习惯，体现中国对人类命运与共和全球治理变革的认识、思考和担当；又要让世界听得真，以新时代中国共产党带领人民开展的伟大实践和取得的突出成就为现实依据，让世界人民真正感受到中华文化

① 习近平：《高举中国特色社会主义伟大旗帜　为全面建设社会主义现代化国家而团结奋斗——在中国共产党第二十次全国代表大会上的报告》，人民出版社 2022 年版，第 46 页。

的历史温度和现实力量。

我们要"加强国际传播能力建设，全面提升国际传播效能，形成同我国综合国力和国际地位相匹配的国际话语权"[①]。中华优秀传统文化是构建中国特色国际话语体系的深厚文化基础，在推动中华文化走向世界的进程中，积极汲取中华文化中的哲理与智慧，向世界展现中华文化聚焦世界共同难题和人类美好未来的胸襟和情怀，以中华文化开放包容的特性，进一步提升中国国际话语权的认可度和传播力。

时代声音

"亚运之窗"：展现中华文化、融合世界声音

2023年9月23日14时50分，第十九届亚洲运动会在浙江省杭州市隆重开幕，昼夜均、寒暑平，在象征丰收的中国农历秋分时节，以体育为媒，向世界展现中国文化之美，讲好"中国故事"，传递"中国温度"。

以"亚运之窗"，讲好中国故事。亚运会期间，无处不诉说着深长悠远的中国故事。不论是穿越千年的吉祥物组合"江南忆"，还是蕴含着杭州故事的会徽"潮涌"，抑或是亚运会核心主题图形"润泽"，处处都能感受到亚运会对中国故事的挖掘与传递。通过这扇窗，不仅实现了传递中国和亚

---

① 习近平：《高举中国特色社会主义伟大旗帜　为全面建设社会主义现代化国家而团结奋斗——在中国共产党第二十次全国代表大会上的报告》，人民出版社2022年版，第46页。

运的美好故事，更让世界了解了更多中国式的“文化流量”。

以“亚运之窗”，展现中华文化。千年文化“正青春”，亚运会传统文化元素的融入，赓续了中国式现代化的文化自信，展现了千年古国独有的文化特色。火炬“薪火”融入甲骨文以及浙江八大水系，奖牌“湖山”来自千年良渚文明，礼服“星耀”结合青花瓷、牡丹等中国文化元素，共同掀起亚运“国潮风”，助力中华文化焕发新活力。

以“亚运之窗”，倾听世界声音。亚运会上，各国人民相聚钱塘江畔，各国文化在这里交织交融。正如亚运会主题歌曲《同爱同在》所歌唱的那样：“我们同拥有一个家，心相融爱相加，纵天涯隔不开牵挂，亿万个骄傲的声音，汇聚成一句话，你和我同住亚细亚。”

借由体育赛事的此岸到展现中华文化、融合世界声音的彼岸。杭州亚运会打出了文体交融的组合拳，不仅传播了中国故事，展现了中华文化，连接了世界声音，更为共创美好亚洲和美丽世界身体力行地提供着中国方案，汇聚着中国智慧，以实际行动展现着泱泱大国的责任与担当。

——节选自《人民体谈：“亚运之窗”，展现中华文化、融合世界声音》，人民网2023年9月28日

四、坚持守正创新，建设中华民族现代文明

习近平总书记在文化传承发展座谈会上的重要讲话中指出，在新的起点上继续推动文化繁荣、建设文化强国、建设中华民族现代文

明，是我们在新时代的文化使命，要坚持守正创新，以守正创新的正气和锐气，赓续历史文脉、谱写当代华章[①]。守正才能不迷失方向，创新才能把握未来，守中华优秀传统文化之正，创马克思主义中国化时代化之新，找规律、守正道、求创新，在守正创新中继续推动文化繁荣、建设文化强国、建设中华民族现代文明。

（一）守中华优秀传统文化之正

源远流长、博大精深的中华优秀传统文化是中华民族最深厚的文化底蕴，是塑造中华民族独特气质与形象的厚重历史文化积淀，建设中华民族现代文明，必须继续坚守中华优秀传统文化立场，进一步推动中华优秀传统文化创造性转化与创新性发展。

1. 中华优秀传统文化是中华民族的根

“优秀传统文化是一个国家、一个民族传承和发展的根本，如果丢掉了，就割断了精神命脉”[②]，中华优秀传统文化积淀着中华民族5000多年来最深沉的精神追求，包含着中华民族最根本的精神基因，代表着中华民族独特的精神标识，为中华文明生生不息、绵延不绝提供丰厚滋养，是中华民族的“根”。

根深方能叶茂，中华优秀传统文化是中华民族“根”之所在，作为世界文明史上唯一没有中断过的古文明，中华文明之所以仍能屹立在当今时代的潮头，重要原因之一便是中华优秀传统文化的滋养与支撑。中华优秀传统文化具有突出的内生性和主体性，根植于中华大地

① 习近平：《在文化传承发展座谈会上的讲话》，人民出版社2023年版，第11页。
② 《习近平谈治国理政》第2卷，外文出版社2017年版，第313页。

孕育而生，贯通于文明延续而兴，以其为文化载体，使得中华民族从文明源头处逐渐积淀形成的价值观念和思维方式得以代代相传，是中华民族具有强大生命力和凝聚力的根脉。

魂固才能神聚，中华优秀传统文化是中华民族“魂”之所系，中华优秀传统文化蕴含着千百年来中华民族共同培育的民族精神，彰显着中华民族独特的精神标识，赋予了中华民族生生不息的生命力，其中的许多思想精髓，演变成一种文化特质传承下来，如尊重地广人众的客观基础、坚持以人为本的核心理念、追求天下大同的价值追求等，与建设中华民族现代文明、全面推进中国式现代化的诸多理念原则相契合，在今天仍能发挥重要作用，是我们在世界文明激荡中站稳脚跟的坚实历史文化根基。

2. 推动中华优秀传统文化创造性转化和创新性发展

2023 年 10 月，习近平总书记就宣传思想文化工作作出重要指示，强调“着力赓续中华文脉、推动中华优秀传统文化创造性转化和创新性发展”[①]，为我们在新时代新形势下以中华优秀传统文化助力建设中华民族现代文明指明了方法路径、提供了根本遵循。中华文化之所以能够源远流长、历久弥新，一个很重要的原因就是一直保持着不断更新发展的状态，随着时代的变化不断丰富完善自我。聚焦新时代建设中华民族现代文明的目标，坚守中华优秀传统文化立场，创造性转化与创新性发展将提供不竭的精神动力。

以创造性转化为依托，唤醒中华优秀传统文化的生机活力。创造

① 《习近平对宣传思想文化工作作出重要指示强调　坚定文化自信秉持开放包容坚持守正创新　为全面建设社会主义现代化国家　全面推进中华民族伟大复兴提供坚强思想保证强大精神力量有利文化条件》，《人民日报》2023 年 10 月 9 日。

性转化中华优秀传统文化就是"按照时代特点和要求，对那些至今仍有借鉴价值的内涵和陈旧的表现形式加以改造，赋予其新的时代内涵和现代表达形式，激活其生命力"[①]。习近平总书记在治国理政中引经据典的智慧，为我们提供了努力方向，他经常在重要场合的发言中引用中华优秀传统文化中的名篇名句、历史故事和民间谚语等，表达其治国理政的立场、观点，在辅助理解的同时，也进一步激发了中华优秀传统文化的活力，让有价值的传统文化精髓在新时代的舞台上继续发光发热。

以创新性发展为关键，锻造中华优秀传统文化的时代烙印。创新性发展中华优秀传统文化就是"按照时代的新进步新进展，对中华优秀传统文化的内涵加以补充、拓展、完善，增强其影响力和感召力"[②]，要牢牢把握中华优秀传统文化与新时代中国发展理念的内在契合性，在尊重历史的基础上以时代精神不断丰富思想内涵、创新表达方式、更新表现形式，不断增强中华传统文化的吸引力和影响力，以焕然一新、自信自立的形象屹立在世界文化舞台。

（二）创马克思主义中国化时代化之新

没有马克思主义，就没有马克思主义中国化时代化，没有马克思主义中国化时代化，也就不可能真正坚持和发展马克思主义。马克思主义的价值在于指导和推动实践，马克思主义中国化时代化的意义在于把握和引领时代。随着时代的不断变化和发展，马克思主义也需要

① 《习近平总书记系列重要讲话读本（2016年版）》，学习出版社、人民出版社2016年版，第203页。

② 《习近平总书记系列重要讲话读本（2016年版）》，学习出版社、人民出版社2016年版，第203页。

不断地进行时代化的创新。只有紧密结合时代特征和中国人民的伟大实践，才能更好地回答时代提出的重大问题，推动中国特色社会主义事业不断前进。

1. 以科学思想回答时代课题

时代是思想之母，实践是理论之源。习近平总书记指出，“理论的飞跃不是体现在词句的标新立异上，也不是体现在逻辑的自洽自证上，归根到底要体现在回答实践问题、引领实践发展上”[①]，理论要满足时代需要，反映时代声音，凝结实践经验。首先，理论飞跃在于回答实践问题、引领发展。其次，马克思主义是实践理论，这一伟大的理论体系，始终与时代同步伐，不断与时俱进。最后，推进理论创新必须坚持在实践中发现真理、发展真理，用实践来实现真理、检验真理。

当今世界百年未有之大变局加速演进，世界之变、时代之变、历史之变正以前所未有的方式展开，全球化、信息化、数字化等趋势交织，各国竞争日趋激烈。对此，习近平总书记强调：“今天，我们推进马克思主义中国化时代化的任务不是轻了，而是更重了。”[②] 在这个充满机遇和挑战的时代，我们需要以更加宽广的视野，更加深入的研究，更加科学的态度，去探索中国式现代化道路的理论基础和实践路径。更要从历史的长河中寻找规律，从全球的角度看待问题，从未来的视角思考当下，深刻把握中国式现代化的历史沿革和实践要求，全面系统地提出解决现实问题的科学理念、有效对策。

① 习近平：《开辟马克思主义中国化时代化新境界》，《求是》2023 年第 20 期。
② 习近平：《开辟马克思主义中国化时代化新境界》，《求是》2023 年第 20 期。

2. 以坚强领导引领伟大变革

政治上的坚定来源于理论上的极端清醒和高度自信。中国共产党以马克思主义理论为指导思想，党的坚强领导核心是传承发展马克思主义科学理论的关键所在。党的领导核心是马克思主义中国化时代化理论成果的创造者，是引领中国发展进步方向的领航者。

在推进马克思主义中国化时代化的过程中，党的领导核心发挥着至关重要的作用。以毛泽东同志为主要代表的中国共产党人创立了毛泽东思想，实现了马克思主义中国化的第一次历史性飞跃。在毛泽东思想的指引下，党带领人民取得了新民主主义革命的胜利，并在社会主义革命和建设中取得了重要成就。以邓小平、江泽民、胡锦涛同志为主要代表的中国共产党人持续推进马克思主义中国化时代化，先后创立了邓小平理论、形成了“三个代表”重要思想、形成了科学发展观。新时代，以习近平同志为核心的党中央，积极适应中国社会主要矛盾的变化，于世界百年未有之大变局中，创立了习近平新时代中国特色社会主义思想，推动了新时代十年的伟大变革。这些理论成果和实践成果，是中国特色社会主义事业发展的重要保障，也是我们党不断推进马克思主义中国化时代化的重要成果。纵观中国共产党的发展历程，领导核心都是科学理论、指导思想的主要创立者。

3. 以原创理论指引前进方向

伟大时代呼唤伟大理论，伟大时代孕育伟大理论。习近平总书记指出：“我们坚持和发展中国特色社会主义，推动物质文明、政治文明、精神文明、社会文明、生态文明协调发展，创造了中国式现代化新道路，创造了人类文明新形态。”[1]党的百余年奋斗历史，就是不断推进马克思主义中国化时代化的历史，就是不断推进理论创新、进行理论创造的理论探索史。100 多年来，马克思主义深刻改变了中国，中国也极大丰富了马克思主义。中国特色社会主义事业越发展，新情况新问题就越多，也就越需要我们在实践上大胆探索、在理论上不断创新。

党的十八大以来，以习近平同志为主要代表的中国共产党人坚持把马克思主义基本原理同中国具体实际相结合、同中华优秀传统文化相结合，以巨大的政治勇气和智慧创立了习近平新时代中国特色社会主义思想，开辟了马克思主义中国化时代化新境界。党的二十大报告指出：“实践告诉我们，中国共产党为什么能，中国特色社会主义为什么好，归根到底是马克思主义行，是中国化时代化的马克思主义行。”[2]实践没有止境，理论创新也没有止境。习近平新时代中国特色社会主义思想不断丰富发展，以原创性理论贡献标注了马克思主义发展的新高度，必将为建设中华民族现代文明提供有力支撑。

（三）建设中华民族现代文明

守正，知所来；创新，明所往。习近平总书记指出，要坚定文化自信、担当使命、奋发有为，共同努力创造属于我们这个时代的新文化，建设中华民族现代文明。[3]担负起新的文化使命，努力建设中

---

① 习近平:《在庆祝中国共产党成立 100 周年大会上的讲话》，人民出版社 2021 年版，第 13—14 页。

② 习近平:《高举中国特色社会主义伟大旗帜　为全面建设社会主义现代化国家而团结奋斗——在中国共产党第二十次全国代表大会上的报告》，人民出版社 2022 年版，第 16 页。

③ 习近平:《在文化传承发展座谈会上的讲话》，人民出版社 2023 年版，第 12 页。

华民族现代文明是一个长期的历史过程。因此，我们要科学把握守正创新在世界观和方法论中的特殊地位，在守正中应变局，在创新中开新局。

1. 守文化之正，应百年变局

中华民族现代文明建设必须坚持走自己的路。当今世界百年未有之大变局加速演进，世界进入新的动荡变革期，治理赤字、信任赤字、和平赤字、发展赤字，成为摆在全人类面前的严峻挑战。对此，新时代中国特色社会主义文化建设必须在思路、话语、机制与形式等方面与时俱进、革故鼎新。这并不意味着简单地复制或粘贴其他民族的现代文化，中华民族的独特生命境遇和生存意义应通过我们自身的民族文化来呈现。在吸收一切有利于我们发展的文化元素的基础上，结合自身的实际情况，形成与当代中国发展相契合的新文化。

"守文化之正"作为守正的重要内涵之一，就是要坚守中华文化立场不动摇。中华民族现代文明建设必须坚定文化自信。习近平总书记指出："没有高度的文化自信，没有文化的繁荣兴盛，就没有中华民族伟大复兴。"[①] 中华优秀传统文化是中华民族的根，是中华民族的突出优势，是在世界文化激荡中站稳脚跟的根基。中国共产党既是中国先进文化的积极引领者和践行者，又是中华优秀传统文化的忠实传承者和弘扬者。中国的自信本质上就是文化自信。要以马克思主义为指导，坚守中华文化立场，立足当代中国现实，结合当今时代条件，发展面向现代化、面向世界、面向未来的，民族的科学的大众的社会主义文化。

① 《习近平谈治国理政》第3卷，外文出版社2020年版，第32页。

2. 创理论之新，开时代新局

中华民族现代文明建设要进一步在“两个结合”中塑造新的文化生命体。习近平总书记强调：“坚持马克思主义，坚持社会主义，一定要有发展的观点，一定要以我国改革开放和现代化建设的实际问题、以我们正在做的事情为中心，着眼于马克思主义理论的运用，着眼于对实际问题的理论思考，着眼于新的实践和新的发展。”[①] 党的十八大以来，我们提出的新理念新思想新战略，都是从当代中国和当今世界发展变化出发，经过审时度势、科学判断、深入思考的，为新时代坚持和发展中国特色社会主义提供了科学理论指导。

中华文明以其卓越的创新性而备受瞩目，中华民族秉承守正不守旧、尊古不复古的进取精神，我们认同中华文明，并非要将之视为古董并固定保护起来，而是要与时俱进，不断推动其创新发展。在当今新时代的背景下，中华文明的核心就是中国化时代化的马克思主义。由于历史不断发展和变化，相应的文明系统也需要进行动态更新和调整。中国式现代化所带来的变革是前所未有的，因此中华民族现代文明的主导性观念系统也需要具备极高的开放性和创新性。在新时代，中国化时代化的马克思主义完成了自我体系的又一次全面更新，经过实践的科学检验，展现出更加强大、更加具有理论活力的真理力量。

3. 秉持守正创新，赓续中华文明

守正是为了不迷失方向，创新是为了把握时代、引领时代。回顾中国共产党对于中华民族现代文明建设百年探索历程，我们可以清晰

① 《习近平著作选读》第1卷，人民出版社2023年版，第81页。

地看到，这条道路始终以中华民族独特文化传统和历史命运为基石，摒弃了西方现代文明发展定式，力图在马克思主义理论的指导下，创造出属于我们时代的新文化，构建具有中国特色的、与中国发展相契合的现代文明。中国共产党对于中华民族现代文明建设的百年探索历程表明，我们必须坚定文化自信，在不断地理论探索和实践创新中谱写中华民族现代文明建设的新篇章。

党的十八大以来，以习近平同志为主要代表的中国共产党人聚焦新时代文化领域的新形势、新变化，站在人类文明发展和世界文明繁荣的历史高度，“思考推进中国特色社会主义文化建设、建设中华民族现代文明这个重大问题”①。对此，习近平总书记提出了一系列新思想新观点新论断，以其精辟的论述和深刻的内涵丰富与发展了马克思主义文化理论，推动了中国特色社会主义文化的发展，构成了习近平新时代中国特色社会主义思想的文化篇章，形成了习近平文化思想。习近平文化思想代表了中国共产党人积极推进新时代文化建设的理论自觉，彰显着中国共产党人的责任担当。在习近平文化思想的指引之下，中国人民必然会在中国式现代化实践中创造适应时代、引领时代的新文化。

建设中华民族现代文明是中华文明永续发展之需，是中华民族文化伟大复兴之需，是维护人类社会和平之需，是当代中国的文化使命。中华民族现代文明的建设，需要一代又一代中国共产党人带领中国人民不懈努力奋斗，要求我们始终保持清醒头脑，坚定志不改、道不变的信念与决心，以高度的文化自信实现精神上的独立自主，把命运牢牢掌握在自己手中；继续秉持开放包容，融通中外、贯通古今，

① 习近平：《在文化传承发展座谈会上的讲话》，人民出版社 2023 年版，第 1—2 页。

更加积极主动地学习借鉴人类创造的一切优秀文明成果，不断培育和创造新时代中国特色社会主义文化；坚持守正创新，紧跟时代步伐，顺应实践发展，以积极的历史担当和创造精神，更好担负起新的文化使命，不断创造出跨越时空、富有永恒魅力的文明成果，在“两个结合”与中国式现代化探索中寻求中华民族现代文明的建设之路，为人类文明发展与进步贡献中国智慧和中国力量！

延伸阅读

爆款连连，山东文化“两创”更出圈

2023年夏，一场别具一格的“传统文化+话剧”实验在曲阜尼山举办。

由国家话剧院、山东省文化和旅游厅、济宁市人民政府主办的“尼好，戏剧！青年导演创作扶持计划第二季”活动中，11位青年戏剧导演的原创剧目上演，观众达2万余人次。很多年轻观众拉着拉杆箱远道而来，只为看戏。

“孔子怎么这么纠结，他什么星座呀？”“天秤座。”“哦，怪不得。”在话剧《长什么样不重要》中，当代泥塑学生孔文面对孔子的选择“困难”，发出这样的疑惑。几句台词，拉近了孔子与年轻人的距离。深入看下去，孔子人物形象和思想成就逐渐清晰。

高质量的创作，同样引爆“云端”。活动期间，单个短视频点击量最高过千万，3000多万人次观看直播，抖音话题“拉着拉杆箱来看戏”总播放量超3.5亿次，微博话题曝光量突破11亿。

深挖传统文化宝藏，从小切口入手，许多融媒产品的细节直戳人心。“总统亲自来提车”“黄河大集里的年味山东”“‘子曰’亮相全国两会”“走四廊一线看up山东”……山东文化“两创”词条频上各平台热搜。大众日报打造《诗词山东》《解山东》《山东地理》《半熟知识》《依盟探宝》等新媒体栏目，把带货直播间开进文旅博览会，轻量化的传播方式快速占领舆论场，让传统文化焕发出新的活力。

山东文脉绵长、底蕴深厚。近年来，山东系统推进文化“两创”，标志性成果不断涌现。媒体融合大潮下，山东深化宣传引导创新，各级媒体立足文化资源禀赋，不断守正创新，深入基层、锤炼“四力”，用心讲好文化“两创”的故事，以一个个有温度、有力量的精品佳作推动传统文化破圈出彩，让正能量赢得大流量。

——节选自《山东各级媒体立足文化资源禀赋，用心讲好“两创”故事》，山东省人民政府网2023年9月12日

后　记

强国建设、民族复兴，一刻离不开科学理论的指导。在党的理论创新进程中，从“第一个结合”到“第二个结合”，经历了百余年的艰辛探索。“第二个结合”作为又一次的思想解放，标志着我们党对中国式现代化建设规律的认识达到了新高度。深入理解“第二个结合”，最关键的是把握“根”与“魂”的问题。缘于对这一重大问题的深沉思考，《“根”与“魂”的对话——从“第一个结合”到“第二个结合”》一书应运而生。

本书由中共山东省委宣传部原副部长、一级巡视员，中国孔子基金会副理事长孔繁轲任主编，由中共山东省委讲师团团长冷兴邦和山东大学人文社科研究院院长、教授郑敬斌，山东社会科学院研究室主任、研究员韩冰任副主编。全书包括7部分内容：第一部分，由中共山东省委党校（山东行政学院）校刊部主任、教授谭建撰写；第二部分，由山东社会科学院哲学所副所长、研究员颜景高撰写；第三部分，由曲阜师范大学21世纪马克思主义研究院院长、教授李安增撰写；第四部分，由山东师范大学马克思主义学院院长、教授王增福撰写；第五部分，由山东社会科学院研究室主任、研究员韩冰撰写；第六部分，由山东大学马克思主义学院院长、教授张士海撰写；第七部分，由山东大学人文社科研究院院长、教授郑敬斌撰写。

本书的编写出版，得到了学习出版社的鼎力支持，学习出版社编辑李紫薇付出了大量心血；山东大学历史文化学院特聘教授、中华文明形态研究中心主任江林昌对部分文稿提出了重要修改意见；编者在书稿编写过程中，参考了已有的理论研究成果，同时采用了一些公开发表的图片资料。在此，一并表示衷心感谢。

本书选题重大、内容丰富，理论研究在不断深入。由于时间仓促和水平所限，书中难免存有不当之处，敬请读者批评指正。

编　者

2023 年 12 月